最新版　日本の15大財閥

菊地浩之

角川新書

はじめに

三菱東京ＵＦＪ銀行（現 三菱ＵＦＪ銀行）。

この長い名前の銀行は、その名の通り、複数の銀行が合併してできた銀行である。では、どことどこが合併してできた銀行かおわかりだろうか。

「三菱銀行と東京銀行とＵＦＪ銀行が合併したことはわかるけど、ＵＦＪ……って何？」

ＵＦＪ銀行とは、二〇〇〇年に三和《さんわ》銀行と東海銀行が合併した銀行である。

では、三井住友銀行は？

「三井銀行と住友銀行が合併してできた銀行でしょ？」

いや、正確には住友銀行とさくら銀行の合併銀行である。さくら銀行とは、旧称を太陽神戸三井銀行といい、この銀行も太陽銀行と神戸銀行と三井銀行が合併してできた銀行なのである。

では、みずほ銀行の前身は？

近年、ドラスティックな大合併・経営統合が相次ぎ、どの企業がどの企業と合併したのか、わからなくなってしまったとお嘆きの方も多いかと思う。

また、三井住友銀行、三井住友海上火災保険、三井住友建設という名前の企業が散見されるが、三井グループと住友グループは合併してしまったのだろうか。

三井グループの先祖が三井《みつい》財閥であることまでは、おおかた想像がつくところであるが、戦前の三井財閥と戦後の三井グループとはどこがどう違うのか。三井財閥がどのようにして、三井グループに生まれ変わったのか。このあたりは意外に知られていない。


そこで、戦前日本のおもだった財閥の沿革をなぞり、それら財閥の傘下企業が、戦後、どうなって現在に至ったのか。それを簡便にまとめてみようというのが本書の趣旨である。

※　戦後は株式会社が税制上優遇され、「会社」といえば、ほぼ株式会社を指すが、戦前はそうではなかった。株式会社の他に合名会社や合資会社など様々な形態があった。そこで、戦前の記載には法人格を極力附記した。ただし、戦後はそのほとんどが株式会社形態をとっているため、社名から「株式会社」を省略している場合がある。
※　また、漢字は原則として、旧字体、異体字を使用していない。
例　岩﨑彌太郎→岩崎弥太郎

目次

序　章

Ⅰ　財閥とは何か

実は定まっていない概念定義

そもそも「財閥」とは、いったい何か。

実は学界でも幾つかの学説があって、「これこれが財閥だ」と明言することが難しい。「財閥」という言葉は、元々はジャーナリズムで使われてきた言葉で、厳密に定義された学術用語ではなかったのだ。

何となく財閥という言葉が使われはじめ、「結局、どこが財閥なんだ。うまく説明できる定義をしなければならない」と、後付で用語の定義をした。だから、概念定義をする学者が、どの財閥を想定するかによって、定義がまちまちになってしまったのである。

「財閥」という言葉が初めて使われたのは、明治時代中期に活躍した「甲州《こうしゅう》財閥」だといわれている。ここでいう「財閥」は今の使い方とちょっと違う。明治期に甲州（＝甲斐《かい》、現山梨県）出身の事業家たちが結託して、経済界を席巻《せっけん》したことを指したものである。

ところが、時代の流れとともに「財閥」という言葉は、次第に「三井財閥」や「三菱《みつびし》財閥」のような、同一家族が経営する巨大企業の連合体に限定して使われるようになった。

そう、財閥のキーワードは「家族」である。大金持ちの家族が、日本を代表するような大企業をいくつも経営しているということだ。

学術的にいうと、日本経営史研究の第一人者・森川英正《もりかわひでまさ》氏が提唱する「富豪の家族・同族の封鎖的な所有・支配下に成り立つ多角的事業体」という定義が一番ぴったりだと思われる。

本書で取り上げた財閥

学界の中で「これが財閥だ」とコンセンサスが取れているのは、三井・三菱・住友《すみとも》財閥くらいまで。それ以外は諸説紛々である。戦前の書籍では、松下電器産業（現 パナソニック）の松下《まつした》一族、トヨタ自動車で有名な豊田《とよだ》一族も「財閥」として紹介されている。今となっては違和感があるが、戦前ではそちらの方が一般的な認識だったようだ。

では、本書はどのような視点で財閥を選んだのか。

筆者は、森川氏の定義に従って「財閥」の範囲を比較的広めにとっている。そのため、財閥すべてを詳述することは難しい。

そこで財閥の中から、現代企業まで系譜の繫《つな》がっている一五の財閥を選んだ。

通常、「十五大財閥」というと、終戦後、ＧＨＱ（連合国軍最高司令官総司令部）が財閥を研究し、解体した際に指定した十大財閥（三井・三菱（岩崎《いわさき》）・住友・安田《やすだ》・浅野《あさの》・古河《ふるかわ》・大倉《おおくら》・野村《のむら》・日産《にっさん》（鮎川《あいかわ》）・中島《なかじま》）、および、これに五つ（渋沢《しぶさわ》・川崎《かわさき》造船・日窒《にっちつ》（野口《のぐち》）・日曹《にっそう》（中野《なかの》）・理研《りけん》（大河内《おおこうち》））を加えた財閥を呼ぶことが一般的である。

しかし、これは終戦時の姿であって、それ以前に衰退、破綻《はたん》した財閥が除外されている。また、ＧＨＱの目的は軍需産業の解体にあったので、金融財閥より重化学工業に強い財閥に比重を置いていた傾向があった。

そこで本書では、上記の「十五大財閥」から、特定の重化学分野に偏っていた財閥を除き、代わりに金融部門を中心とした財閥を加えてバランスを取った。

すなわち、中島・日窒（野口）・日曹（中野）・理研（大河内）財閥を除き、鴻池《こうのいけ》・山口《やまぐち》・川崎《かわさき》金融財閥を加えた。さらに戦前すでに破綻していたが、幅広い産業に手を拡げていた旧鈴木《すずき》財閥を加えた。

II　財閥の歴史

明治維新

財閥が勃興《ぼっこう》したのは明治維新後、近代以降においてである。明治期に勃興した財閥は、江《え》戸《ど》時代の富商が財閥になったケースと、比較的低い身分の商人から一代で財閥を築いたケースの二つに大別できる。

三井・住友財閥は江戸時代の富商を淵源《えんげん》に持つ。しかし、それらが明治維新後の動乱を生き残るのは、かなり際どかった。後述するが、三井（第三章）は幕府から要求された莫大《ばくだい》な拠出金を値切り、住友（第二章）は官軍による別子《べっし》銅山差し押さえの解除に奔走した。

また、江戸時代以来の富商がすべて財閥になったわけではない。明治維新の動乱で時流に乗れなかった富商や、明治維新直後に政府の動向を見誤って潰《つぶ》れた富商もあった。比較的有名なところでは小野《おの》・島田《しまだ》・三谷《みたに》家などがあった。

本書で掲げる財閥において、三井・住友以外に江戸時代以来の系譜を持つものは、鴻池（第一二章）・山口（第一一章）・川崎金融（第一〇章）の三つで、そのいずれもが金融財閥である。江戸時代以来の富商は、近代工業化に背を向け、旧態依然の金融業で資産保持を図ったところが多かったようだ。

この五つの財閥以外は、ほぼ明治維新後に一代で興った財閥である。明治維新直後に岩崎弥太郎《いわさきやたろう》や大倉喜八郎《おおくらきはちろう》が政府と結託し、その庇護《ひご》の下、積極的に経済活動を展開して巨万の富を蓄えた。かれらはしばしば「政商」と呼ばれた。地方士族の反乱鎮圧に**三菱**（第一章）は海上輸送で協力し、**大倉**（第六章）は武器販売や軍備品調達に暗躍した。

かれらの他にも、民間の産業振興の過程で、銀行業を主軸とした**安田**（第四章）、セメントから事業展開していった**浅野**（第五章）、小野組解散後に鉱山で名を成した**古河**（第八章）などが明治期に興った財閥として挙げられる。

こうして見ていけばわかるように、初期の財閥には、事業分野を限定しているものが多かった。これに対し、金融・産業を幅広く網羅した財閥は、俗に「総合財閥」（もしくは三大財閥）と呼ばれた三井・三菱・住友財閥のみである。

ただし、その三大財閥でも、必ずしもすべての分野を網羅し、均等に力を入れていたとは言い難い。たとえば、住友は貿易には進出せず、三井物産に任せていた。

戦前は「三井、三菱、住友の各ご当主の間で、住友は素材産業に注力し、三菱はそれをもって製造工業に専念し、三井はその販売を引き受けるという話合いができている」と、住友の経営者は述懐している（『戦後産業史への証言　五　企業集団の形成』）。

第一次世界大戦での躍進

一九一四年七月、第一次世界大戦が勃発した。

この大戦は、二つの意味から日本経済に大きな影響を与えた。

一つは、主戦場となった欧州各国の経済が混乱に陥り、それまで外来品に頼っていた品目の輸入が途絶え、国産化の兆しが現れた。もう一つは、軍需品をはじめとする注文が日本に殺到し、空前の輸出・商社ブームが巻き起こったことである。

財閥の躍進という意味では、後者の影響が特に大きかった。

船成金や鉱山成金が生まれ、既存財閥は商社を設立して大好況を謳歌《おうか》した。中堅商社でしかなかった鈴木商店は、積極果敢な攻勢で三井・三菱財閥を追うまでの一大勢力にのし上がった（第一四章）。

しかし、一九一八年一一月に戦争が終結すると、軍需景気は沈静化し、見込み増産した製品が一気に売れ残り、恐慌を引き起こした。いわゆる「反動恐慌」である。

これにより商社が莫大な負債を抱えて破綻し、母体となる財閥の経営をも傾かせた。

浅野財閥の浅野物産は比較的軽微で済んだが（第五章）、古河商事が破綻して古河財閥の発展にストップをかけた（第八章）。久原商事が破綻して、久原《くはら》財閥は解体され、鮎川義介《あいかわよしすけ》の手で日産コンツェルンに生まれ変わった（第一五章）。一方、商事設立を見送った住友は、着実な歩みを続けることができた（第二章）。

昭和金融恐慌で広がる格差

第一次世界大戦後の反動恐慌で、勝ち組と負け組の格差が広がった。それを決定的なものにしたのが、一九二七年の昭和金融恐慌である。

関東《かんとう》大震災（一九二三年）の震災手形整理の法案審議中、大蔵大臣・片岡直温《かたおかなおはる》が「ただいま東京渡辺銀行が休業しました」と失言して、不安心理を煽《あお》り、庶民が預金取り付けに銀行に殺到した。

恐慌で疲弊した銀行は、この取り付け騒ぎで軒並み破綻した。

さらにそれら銀行に多くの資金を依存していた企業が、破綻の危機に追いやられた。台湾銀行の一時休業で、鈴木商店が破綻した（第一四章）。また、十五銀行の破綻で、薩《さつ》州《しゅう》財閥の川崎造船首脳は引責辞任に追い込まれた（第九章）。

一方、取り付けにあった預金は安全な銀行に預けられ、強い銀行はますます強くなり、三井・三菱・住友・安田・第一銀行の五大銀行体制が確立する。後に大阪の鴻池（第一二章）・山口（第一一章）・三十四銀行が合併して三和銀行が誕生し、六大銀行体制になった（この合併により、鴻池・山口財閥は主力銀行への影響力を失い、埋没していった）。

六大銀行が第二次世界大戦後、それぞれ六大企業集団を形成していくのである。

戦時体制と新興コンツェルン

昭和金融恐慌で、富める者にはますます富が集中し、貧しい者、特に地方農村部はますます窮乏した。

その不満は次第に「財閥批判」という形になって表れ、一九三二年三月、三井合名理事長（三井財閥の総帥）団琢磨《だんたくま》がテロにより暗殺された。

そこで、社会的な批判をかわすため、財閥は改革を余儀なくされた。いわゆる「財閥転向」である。財閥は創業者一族を役員から退任させ、寄付財団を設立し、傘下企業の株式を公開した。

一方、産業界では新興コンツェルン（もしくは新興財閥ともいう）が勃興した。新興コンツェルンは、既存財閥を批判する軍部と同調し、軍需に沿った重化学工業（自動車・合成硫安工業・アルミニウム製造）に進出した。

では、「コンツェルン」とは何か。財閥とどう違うのか。

コンツェルンとは「親子型の企業グループ」を指すことばで、一九一〇年代のドイツで学術用語として定着し、日本でも一九二〇年代後半には使われるようになった。

コンツェルンという言葉は、日本に伝わる過程で「企業集中」もしくは「産業横断的な組織」という意味が付け加えられ、その結果「コンツェルン＝財閥」として認識されるようになったという。

コンツェルンという言葉が使われ始めた一九三〇年代、日本では重化学工業が本格的に勃興し、それら新興の企業は傘下に多くの企業を擁していたので、「新興コンツェルン」と呼ばれた。

日産・日窒・日曹・森・理研コンツェルンの五つは、当初その代表例に過ぎなかったが、次第にこの五つのみが「新興コンツェルン」であると認識されるようになった。

第二次世界大戦下の軍備増強

一九四一年一二月、日本はハワイ真珠湾《しんじゆわん》の米軍基地を奇襲し、太平洋《たいへいよう》戦争が勃発。第二次世界大戦に参戦した。戦争に勝利するため、国策として軍備増強が図られた。

軍需に関わる重工業が飛躍的に成長を遂げ、製造業主体の三菱・住友財閥が、商業資本の三井財閥を追い上げた。

また、事業会社に対して安定的に資金を供給する意味から、金融機関の合併が奨励され、三井―第一、三菱―第百、安田―日本昼夜《ちゆうや》（旧 浅野昼夜）という巨大銀行の合併が世間を驚かせた。

銀行合併で主導権を握った三菱・安田（芙蓉《ふよう》）は戦後成長に弾みを付け、合併に失敗した三井・第一は戦後低迷し、合併を拒んだ住友は独自路線で成功を収めた。

Ⅲ　財閥解体と企業集団の形成

財閥解体

一九四五年八月、日本はポツダム宣言を受諾し、第二次世界大戦が終結した。敗戦した日本は、ＧＨＱによって占領された。ＧＨＱは日本が二度と戦争を起こさないように戦後改革を実施し、その一環として財閥が解体された。

では、財閥はなぜ解体されたのか。

ＧＨＱは、日本が世界大戦を起こすだけの力を持ち得た要因の一つに、財閥と一握りの資産家層に富が集中し、かれらが戦争遂行に協力したからと考えた。そのため、ＧＨＱは財閥と資産家層の徹底的な解体を試みた。「財閥解体」である。

具体的には、①持株会社の解体とその所有株式の分散、②戦時における役員の公職からの排除、③財産税の強化による大資産家の解体である。

財閥における傘下企業の支配形態（株式所有構造）は、創業者一族が持株会社の株式を所有し、その持株会社が財閥直系企業の株式を所有し、さらに子会社・孫会社へと広がっていくものだった。

そこで、ＧＨＱは「財閥家族」と「持株会社」を指定し、財閥家族の所有株式を取り上げ、持株会社を解散させた。そして、それらの所有株式を市場へ放出し、財閥による傘下企業への支配構造は完全に解体された。

一九四七年三月、十大財閥の創業者一族が「財閥家族」に指定され、その所有株式が全て放出された。

持株会社の指定は、それに先んじて一九四六年九月から始められた。

当初は十大財閥の持株会社のみを解散させる方針であったが、その後対象が拡大され、財閥の本社である純粋持株会社だけでなく、子会社を多く擁する事業会社（三井物産や日立製作所など八三社）も持株会社に指定された。

これと併行して、市場で独占的な地位を占めてきた大企業を解体し、市場競争を健全化する目的で、一九四七年一二月に過度経済力集中排除法（略称 集排法）が公布され、三二五社もの企業が企業分割の対象となった（結局、分割されたのは一一社にとどまった）。

一方、一九四六年一月には公職追放令（パージ）が発せられ、軍人をはじめ直接・間接的に戦争に荷担したものが職を追われた。財閥経営者も戦争協力の一翼を担ったと見なされ、

【財閥家族】

財閥	区分	氏名	所有有価証券	備考
三井	北家11代	三井高公(たかきみ)	88,392	本家
	伊皿子家9代	三井高長(たかひさ)	44,347	
	新町家10代	三井高遂(たかなる)	45,820	
	室町家12代	三井高大(たかひろ)	43,917	
	南家10代	三井高陽(たかはる)	45,645	
	小石川家9代	三井高修(たかなが)	46,044	
	松阪家10代	三井高周(たかかね)	15,348	連家
	永坂家9代	三井高篤(たかあつ)	14,936	
	五丁目家2代	三井高昶(たかあきら)	15,483	
	本村町家3代	三井高孟(たかおさ)	14,959	
	一本松町家2代	三井高光(たかてる)	15,679	
	(小計)	11人	390,570	
三菱(岩崎)	茅町家	岩崎久弥	28,663	岩崎弥太郎の長男
		岩崎彦弥太	55,882	岩崎久弥の長男
		岩崎隆弥	21,139	岩崎久弥の次男
		岩崎恒弥	20,424	岩崎久弥の三男
		岩崎勝太郎	2,169	岩崎豊弥(弥太郎の養子)の長男
		岩崎康弥	948	岩崎弥太郎の三男
	高輪家	岩崎忠雄	15,854	岩崎小弥太の養子
		岩崎淑子	2,912	岩崎小弥太の養子
		岩崎孝子	23,797	岩崎小弥太の未亡人
		岩崎輝弥	2,780	岩崎小弥太の弟
		岩崎八穂	2,739	岩崎俊弥(小弥太の弟)の未亡人
	(小計)	11人	177,307	
住友	16代	住友吉左衛門友成	265,353	家長
		住友寛一	16,534	吉左衛門の兄
		住友義輝	16,045	吉左衛門の甥
		住友元夫	17,032	吉左衛門の弟
	(小計)	4人	314,964	
安田	桐廼舎	安田　一	8,915	初代・善次郎の孫
	梅廼舎	安田善五郎	4,338	初代・善次郎の四男
	柏舎	安田楠雄	5,804	初代・善次郎の孫
	松廼舎	安田　新	5,847	初代・善次郎の孫
	竹廼舎	安田順子	1,353	初代・善次郎の養孫
	菊廼舎	安田武夫	3,091	初代・善次郎の妹の曾孫
	葵舎	安田孝一郎	3,307	初代・善次郎の妹の孫
	糸巻舎	安田彦太郎	3,300	初代・善次郎の妹の孫

財閥	区分	氏名	所有有価証券	備考
	糸巻舎	安田良吉	2,512	初代・善次郎の妹の孫
	桜舎	二代・安田善八郎	1,124	初代・善次郎の妹の孫
	(小計)	10人	39,591	
浅野		二代・浅野総一郎	19,524	初代・総一郎の長男
	綱町家	浅野良三	3,178	初代・総一郎の次男
	永坂家	浅野八郎	3,584	初代・総一郎の三男
	下高輪家	浅野義夫	3,794	初代・総一郎の四男
	(小計)	4人	30,080	
大倉		大倉喜七郎	51,048	喜八郎の長男
		大倉喜雄	1,199	喜七郎の婿養子
		大倉粂馬	2,086	喜八郎の婿養子
		大倉彦一郎	1,414	粂馬の長男
	(小計)	4人	55,746	
野村		野村文英	52,698	二代・徳七の孫(義太郎の長男)
		野村恵二	18,382	二代・徳七の孫(実三郎の次男)
		野村康三	1,025	二代・徳七の孫(実三郎の三男)
		野村元五郎	5,790	二代・徳七の五男
	(小計)	4人	77,895	
古河		古河従純	43,402	市兵衛の養孫
		中川末吉	308	市兵衛の甥の女婿
	(小計)	2人	43,710	
中島		中島知久平	34,321	創業者
		中島喜代一	13,391	知久平の弟
		中島門吉	11,244	知久平の弟
		中島乙未平	10,883	知久平の弟
		中島忠平	1,812	知久平の弟
	(小計)	5人	71,651	
日産		鮎川義介	484	創業者
	(合計)		1201,988	

※「所有有価証券」は金額(単位:千円)

【主要財閥の持株会社指定】

財閥名	指定①	指定企業名①	指定②	指定企業名②	備考
三井財閥	第1次	㈱三井本社	第3次	三井物産㈱	
			第3次	三井船舶㈱	
			第3次	三井鉱山㈱	
			第3次	三井化学工業㈱	
			第3次	北海道炭砿汽船㈱	
三菱財閥	第1次	㈱三菱本社	第3次	三菱商事㈱	
			第3次	三菱重工業㈱	
			第3次	三菱電機㈱	
			第3次	三菱鉱業㈱	
			第3次	三菱化成工業㈱	
住友財閥	第1次	㈱住友本社	第3次	住友電気工業㈱	
			第3次	井華鉱業㈱	住友鉱業が改称
			第3次	日新化学工業㈱	住友化学工業が改称
			第3次	扶桑金属工業㈱	住友金属工業が改称
			第3次	日本電気㈱	住友通信工業が改称
安田財閥	第1次	(名)安田保善社			
浅野財閥	第2次	㈱浅野本社	第3次	浅野物産㈱	
			第3次	日本鋼管㈱	
			第2次	沖電気㈱	
			第2次	沖電気証券㈱	
			第5次	共同興業㈱	
大倉財閥			第2次	大倉鉱業㈱	
			第3次	内外通商㈱	大倉商事が改称
			第2次	日本無線㈱	
渋沢財閥	第2次	渋沢同族㈱			
古河財閥	第2次	古河鉱業㈱	第3次	古河電気工業㈱	
薩州財閥			第2次	川崎重工業㈱	
川崎金融財閥	第5次	㈱定徳会			
野村財閥	第2次	野村㈴	第2次	敷島紡績㈱	
旧鈴木財閥			第2次	㈱神戸製鋼所	
			第2次	帝国人造絹糸㈱	
中島財閥	第1次	富士産業㈱			
日産コンツェルン	第2次	㈱日産	第2次	㈱日立製作所	
			第2次	日産化学工業㈱	
			第3次	日本鉱業㈱	
日窒コンツェルン	第2次	日本窒素肥料㈱			
日曹コンツェルン	第2次	日本曹達㈱			
森コンツェルン	第5次	若狭興業㈱	第2次	昭和電工㈱	
理研コンツェルン	第2次	理研工業㈱			

※財閥直系企業それ自体が傘下に子会社・孫会社を擁して、「持株会社」に指定された場合がある。その場合は「指定企業名②」に分類した。

翌年一月に財界追放が行われた。

これにより財閥期の重役は一掃され、財閥企業の経営陣は大幅に若返った。

一九四九年九月に財閥商号・商標の使用禁止が通達され、原則として「三井」・「三菱」・「住友」等を冠する社名が使えなくなり、財閥企業は社名変更を余儀なくされる。

これら一連の措置で、財閥企業は分割され、歴史ある看板を書き換え、徐々に勢力を弱めていった。

ところが、苛烈《かれつ》を極めた財閥解体が、その後、緩和の方向に転換していった。

一九四九年一〇月、毛沢東《もうたくとう》が中国で共産主義政権を樹立した。

それにともなう共産圏の拡大に憂慮したアメリカは、日本を「反共の防波堤」と位置づけ、健全な資本主義国として発展させる方向に舵《かじ》を切ったのだ（アメリカ本国の方針とGHQの実施内容の齟齬《そご》が大きくなり、本国から方針転換を迫られたからだともいう）。

企業集団の形成

一九五二年四月、サンフランシスコ講和条約の発効により、日本占領は終了し、公職追放や財閥商号・商標の使用禁止、過度経済力集中排除法等は失効した。

これにより、財閥企業の経営者は徐々に経済界に復帰し、社名を変更した企業の多くは旧称に戻した。また、旧財閥傘下にあった企業が再結集をはじめ、ジャーナリズムは「財閥の復活」論を唱えた。

一九五〇年代中盤から日本経済は高度経済成長期へと進んでいった。日本企業は空前絶後の急成長を遂げていったが、それには莫大な資金調達が必要だった。都市銀行を傘下に持つ三菱・住友は、銀行を中心に再結集して企業集団を形成した。三井がそれに続き、さらに都市銀行を中心に事業会社が集結して企業集団を形成していった。

このように、傘下に都市銀行と事業会社を持つ三大財閥（三菱・三井・住友）は、銀行を中心に企業集団（旧財閥系企業集団）に再編された。

一方、残り上位都市銀行は出身母体の財閥に固執せず、独自に成長戦略を描いて企業集団を形成していった。安田財閥の安田銀行（のちの富士銀行、第四章）、渋沢財閥の第一銀行（のちの第一勧業《だいいちかんぎょう》銀行、第七章）、山口・鴻池財閥の系譜を引く三和銀行（第一一章）が、新興系企業集団（芙蓉・三和・一勧《いちかん》）を形成していった。

そして、銀行を持たない財閥を母体とする事業会社が、新興系企業集団に参加していった。古河財閥（第八章）のように丸ごと一勧グループに取り込まれたものや、それぞれの企業が芙蓉・三和・一勧グループに参加した日産コンツェルン（第一五章）など、事情は様々である。

【財閥と企業集団の連続性】

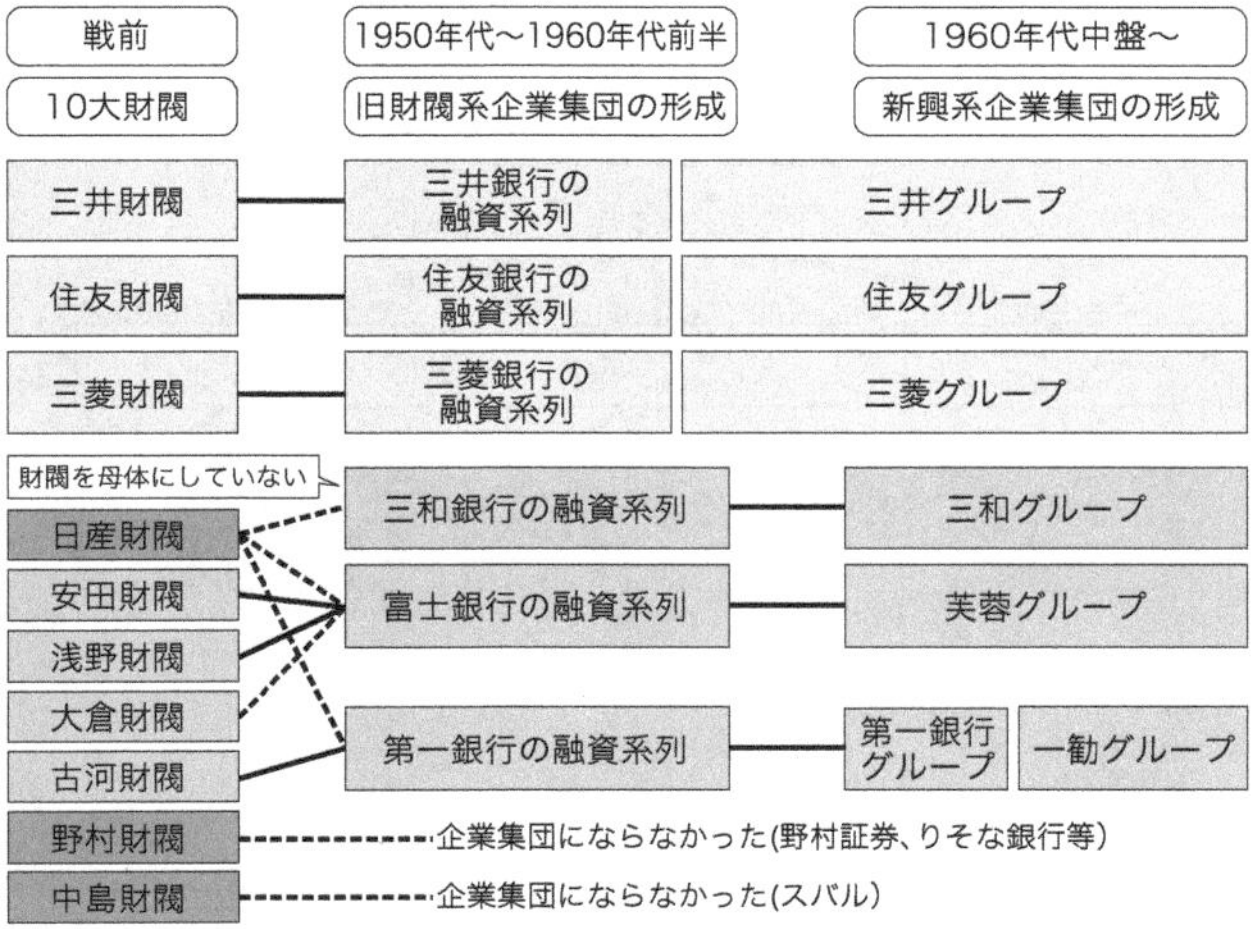

※実線は財閥が企業集団にほぼ丸ごと再編されたことを示す。
破線は財閥傘下の一部の企業が、企業集団に参加したことを示す。

かくして、一九六〇年代中盤には、六つの企業集団（三井・三菱・住友・芙蓉・三和・第一［のちの一勧］グループ）が出揃った。

財閥は事業分野に偏りがあったが、六大企業集団は当時の主要産業全てを網羅していた。

つまり、戦前のような事業分野の棲《す》み分けはなくなり、至る所で三井・三菱・住友（プラス芙蓉・三和・一勧）グループがライバル心をむき出しにして競合し合う構図が出来上がったのである。

企業集団と財閥の違い

財閥解体を挟んで、財閥は企業集団

【財閥と企業集団の連続性】

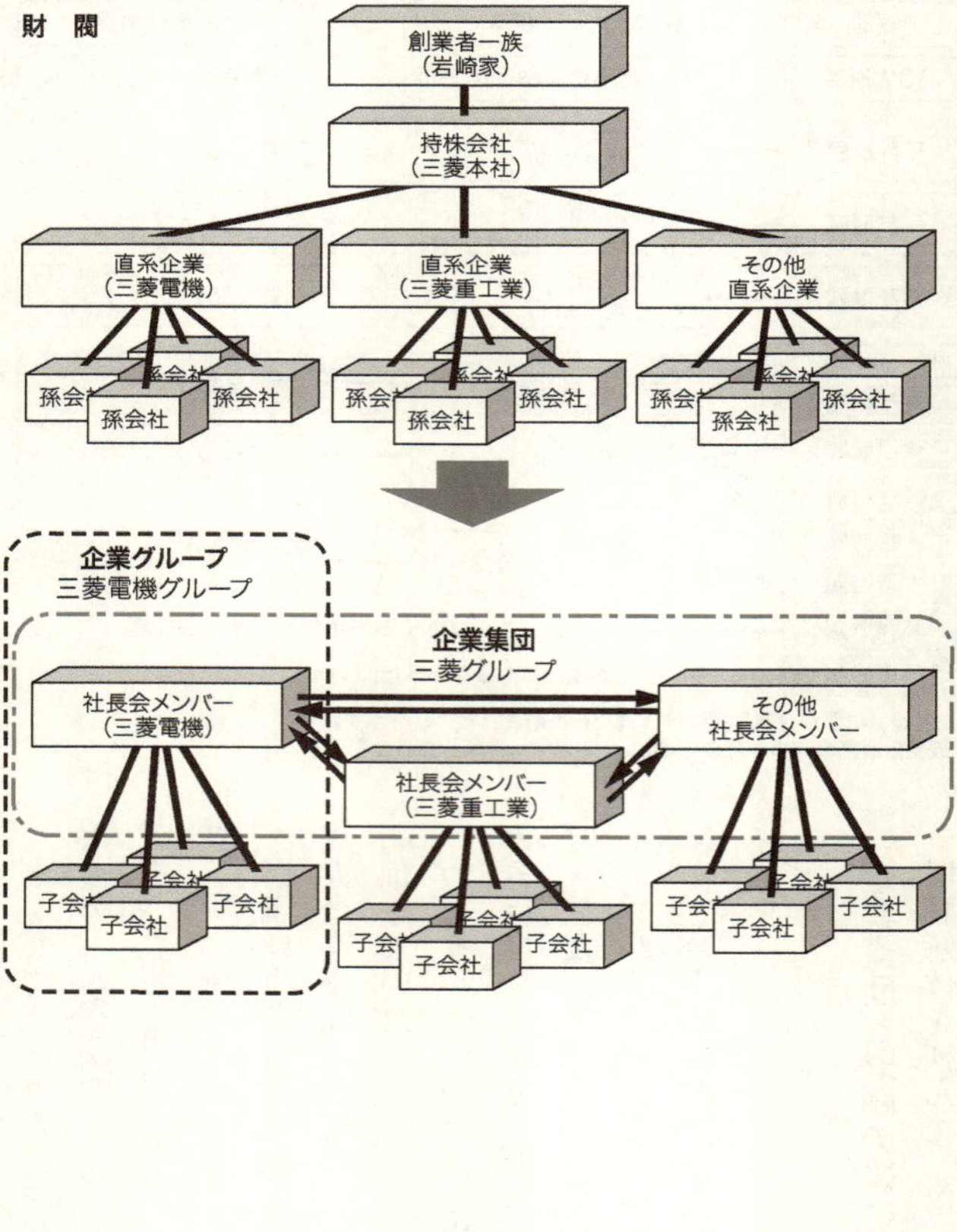

【六大企業集団の株式持ち合い比率】

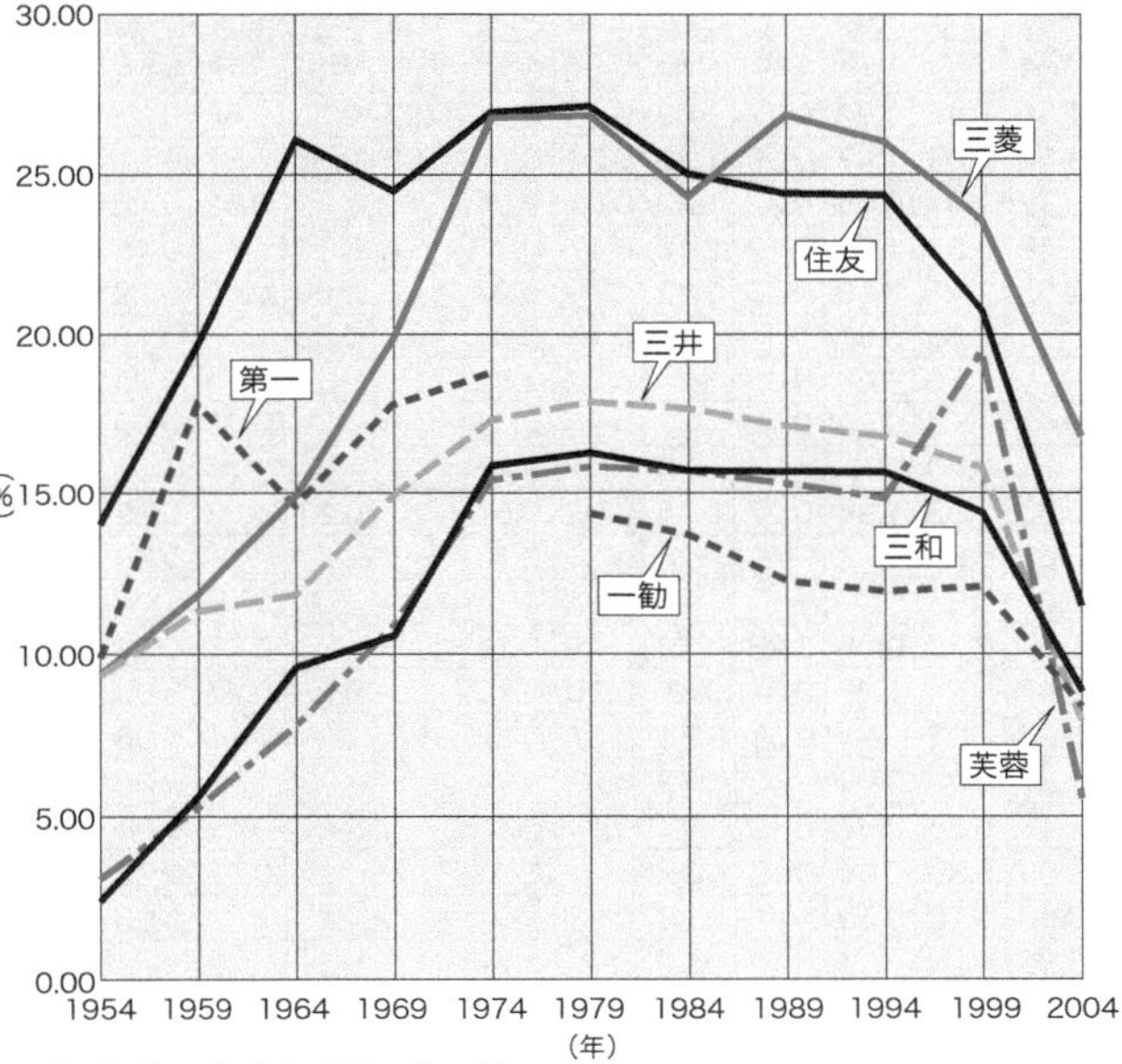

※出典　『三井・三菱・住友・芙蓉・三和・一勧』

に再編された。それは看板の書き換えだけだったのだろうか。そもそも企業集団とは何か、そして財閥とどう違うのか。

企業集団研究の第一人者・奥村《おくむら》宏《ひろし》氏は、企業集団を定義する「標識」として次の六つを挙げている。

①社長会の結成、②株式持ち合い、③都市銀行による系列融資、④総合商社による集団内取引、⑤包括的な産業体系、⑥共同投資会社による新規事業進出（公正取引委員会は、三井・三菱などの共通した

三菱製鋼	三菱金属	三菱電機	三菱重工	三菱地所	三菱倉庫	日本郵船	三菱化工機	三菱瓦斯化	三菱樹脂	三菱油化	麒麟麦酒	日本光学工	合計（%）
	0.00	1.36	3.46	0.92	0.32	1.09	0.14	0.35	0.03	0.32	0.89	0.27	24.71
	0.00	1.82	3.04	1.47	0.39	1.39	0.24	0.86	0.03	0.36	0.97	0.51	30.79
		0.12	1.91	0.65	0.22	1.22	0.01	0.06			0.52	0.12	21.69
	0.01	1.78	4.87	1.01	0.72	2.48	0.17	0.10		0.19		0.45	39.70
	0.32	0.52	2.41	2.50	0.25	0.82		0.27		0.50	0.64	0.29	42.59
			2.65	0.81			0.15	0.31		1.33		0.16	33.37
			2.56		0.06		0.22	2.63				0.23	36.36
	0.06	0.47		0.66	0.15		0.23	0.35			0.08	0.06	27.76
			0.50			1.00		0.17					15.43
		0.33	1.02	1.94	0.27	0.31	0.03	0.57		0.01	1.03	0.23	30.27
–		0.69	5.24									0.69	26.23
	–	0.69	0.82										21.38
0.01	0.06	–	2.22	0.68	0.23	0.19		0.13			0.07	0.04	18.75
	0.04	1.44	–	1.05	0.04	0.63	0.10	0.13		0.05	0.27	0.08	22.81
		0.84	1.04	–	0.31	0.83	0.01	0.04			0.17	0.06	22.59
		1.37	0.92	3.19	–	0.73	0.28				1.87	0.56	40.19
0.01		1.43	6.28	0.67	0.19	–	0.04	0.15			0.42	0.04	29.87
		1.03	5.39	0.84	0.16	0.37	–	0.37			0.47	0.22	37.96
		0.63	1.12	0.19		0.56	0.03	–				0.08	25.37
		0.56						0.79	–				63.39
	0.08		0.54			0.16	0.02			–			45.07
		0.19	0.68	0.29	0.21	0.35				0.14	–	0.04	14.47
			2.06	0.64	0.13		0.05					–	40.72
0.00	0.03	0.85	1.96	0.83	0.22	0.83	0.90	0.24	0.01	0.13	0.36	0.16	26.89

より作成。

【三菱グループの株式持ち合い(1979年)】

被所有＼所有	三菱銀行	三菱信託	明治生命	東京海上	三菱商事	三菱鉱業セメント	三菱レイヨン	三菱製紙	三菱化成	三菱石油	旭硝子
三菱銀行	－		5.95	4.70	2.20	0.38	0.06	0.23			2.04
三菱信託銀行	2.96	－	6.23	1.79	3.68	1.05	0.13	0.33	1.07		2.47
東京海上火災保険	5.74	2.66	4.34	－	2.30			0.08			1.74
三菱商事	7.48	4.88	6.07	6.95	－	0.61	0.03	0.53			1.36
三菱鉱業セメント	4.99	8.15	9.42	2.16	1.42	－	0.39	0.54	4.26		2.74
三菱レイヨン	7.84	3.88	7.74	1.73	1.25	0.54	－		3.04		1.94
三菱製紙	7.14	4.88	8.01	4.73	4.89	1.01		－			
三菱化成工業	5.56	4.41	8.88	3.48		1.91	0.33	0.02	－		1.11
三菱石油	3.22	3.63	2.08	3.48	1.35					－	
旭硝子	6.95	4.36	5.21	5.50	1.51	0.21	0.12		0.67		－
三菱製鋼	5.00	3.96	5.12	2.43	2.84			0.26			
三菱金属	4.68	3.21	6.94	1.23	1.43	0.65					
三菱電機	3.31	3.18	5.24	1.37	1.48	0.05	0.07	0.02	0.26		0.14
三菱重工業	5.49	2.64	4.03	3.14	2.47	0.12	0.04	0.14			0.91
三菱地所	3.83	3.11	3.92	3.85	1.03	0.65	0.06		0.59		2.25
三菱倉庫	5.47	5.96	8.01	6.30	1.97			0.09	1.18		2.29
日本郵船	3.83	3.25	5.11	6.35	1.67	0.21					0.22
三菱化工機	5.78	6.83	5.46	2.53	5.38	0.47		0.09	1.45		1.12
三菱瓦斯化学	5.79	4.48	3.68	2.19	0.63	0.37	0.07	1.29	1.17		3.09
三菱樹脂	1.63	1.67	1.56	0.93		0.35			51.00		
三菱油化	6.99	3.23	6.03	6.19	3.80	2.33	0.99		7.34		7.37
麒麟麦酒	3.55	3.15	3.69	0.73		0.13		0.08	0.10		1.14
日本光学工業	9.81	10.78	6.72	2.80	3.49	0.14		0.33			3.77
合　計	4.48	3.22	5.42	3.35	1.71	0.46	0.09	0.16	1.07	0.00	1.37

※『東洋経済臨時増刊／データバンク　企業系列総覧』1980年版、『年報　系列の研究』第21集(1981年版

商号・商標使用を含めて七つを列挙している)、である。

財閥と企業集団の最大の違いは、「株式持ち合い」に見られる株式所有構造にある。財閥の株式所有構造は、創業者一族→持株会社→財閥直系企業→その子会社・孫会社と連なっていた。

財閥解体で創業者一族と持株会社の所有株式が株式市場に放出された。GHQが進める「証券民主化」でその株式はいったん個人の手に渡っていったが、好不況の波に翻弄《ほんろう》されて株式を手放す者が増え、やがて法人所有(企業による株式所有)へと収斂《しゅうれん》していった。なかでも親密企業による株式所有が進み、互いに株式を持ち合う「株式持ち合い」が支配的な流れになった。

この株式持ち合い比率が企業集団の結束度合いを示す指標として用いられている。

企業集団における株式持ち合いの特徴は、個別企業レベルでは数パーセントしか株式を所有しておらず、戦前の財閥本社のような親会社が存在していないことである。

日立グループには日立製作所、トヨタグループにはトヨタ自動車といった親会社が存在するが、戦後の三菱グループや三井グループには親会社が存在しない。

では、三菱グループや三井グループの企業には支配的な株主集団はいないのかといえば、そうでもない。

たとえば、一九七九年の三菱グループ株式所有マトリックス表を見ると、三菱重工業は三菱商事株式を四・八七パーセントしか持っていない。同様に三菱銀行は七・四八パーセント、三菱電機は一・七八パーセント……しか所有していない。

しかし、三菱グループ二十数社の所有株式を累計すると、三菱商事株式の三九・七〇パーセントに達する。こうなると三菱商事は、大株主である三菱グループの意向を無視できなくなってくる。

つまり、企業集団の中核企業の社長が集まって、たとえばグループ全体の方向性などを決議すると、それら企業はその決議を尊重せざるを得なくなる。

六大企業集団にはそれぞれ中核企業の社長が月一回くらい集まる会合がある。それが「社長会」である。

高度経済成長期の結束強化

財閥解体後、財閥傘下の企業は、それぞれ独立した企業として企業活動を行っており、旧財閥時代を想起するようなグループ意識を前面に出すことはなかった。

ところが、一九六〇年代に入ると、三井・三菱・住友グループの各社は、統一商標のブランド・イメージを最大限に利用しはじめる。社長会の直轄下にグループ共同の広報委員会や

【六大企業集団の社長会メンバー(1979年)】

業種	三菱 (三菱金曜会27社)	住友 (白水会21社)	三井 (二木会23社)	芙蓉 (芙蓉会29社)	三和 (三水会39社)	一勧 (三金会45社)
銀行	三菱銀行	住友銀行	三井銀行	富士銀行	三和銀行	第一勧業銀行
信託銀行	三菱信託銀行	住友信託銀行	三井信託銀行	安田信託銀行	東洋信託銀行	
生命保険	(明治生命保険)	(住友生命保険)	(三井生命保険)	(安田生命保険)	(日本生命保険)	(朝日生命保険)
						(富国生命保険)
損害保険	東京海上火災保険	住友海上火災保険	大正海上火災保険	安田火災海上保険		日産火災海上保険
						(大成火災海上保険)
商社	三菱商事	住友商事	三井物産	丸紅	日棉実業	伊藤忠商事
					○日商岩井	○日商岩井
					岩谷産業	兼松江商
						川鉄商事
林業		住友林業				
鉱業		住友石炭鉱業	三井鉱山			
			北海道炭砿汽船			
建設	(三菱建設)	住友建設	三井建設	大成建設	大林組	清水建設
			三機工業		東洋建設	
					積水ハウス	
食料品			日本製粉	日清製粉		
	麒麟麦酒			サッポロビール		
				日本冷蔵	伊藤ハム栄養食品	
繊維				日清紡績	ユニチカ	旭化成工業
	三菱レイヨン		東洋レーヨン	東邦レーヨン	帝人	
パルプ・製紙	三菱製紙		王子製紙	山陽国策パルプ		本州製紙
化学	三菱化成工業	住友化学工業	三井東圧化学	昭和電工	徳山曹達	電気化学工業
	三菱瓦斯化学	住友ベークライト	三井石油化学工業	呉羽化学工業	積水化学工業	日本ゼオン
	三菱油化			日本油脂	宇部興産	旭電化工業
	三菱樹脂				日立化成工業	資生堂
	(三菱モンサント化成)				関西ペイント	ライオン
医薬品					田辺製薬	三共
					藤沢薬品工業	
石油	三菱石油			東亜燃料工業	丸善石油	昭和石油
ゴム					東洋ゴム工業	横浜ゴム
ガラス・窯業	旭硝子	日本板硝子				
	三菱鉱業セメント	住友セメント		日本セメント	大阪セメント	秩父セメント
鉄鋼	三菱製鋼	住友金属工業	日本製鋼所	日本鋼管		川崎製鉄
					○神戸製鋼所	○神戸製鋼所
					日新製鋼	
					中山製鋼所	日本重化学工業
非鉄金属	三菱金属	住友金属鉱山	三井金属鉱業		日立金属	日本軽金属
	(三菱アルミニウム)	住友電気工業			日立電線	古河鉱業
		(住友アルミ製錬)				古河電気工業
		(住友軽金属工業)				
機械	三菱化工機	住友重機械工業		久保田鉄工	NTN東洋ベアリング	新潟鉄工所
				日本精工		井関農機
						荏原製作所
電気機器	三菱電機	日本電気	東京芝浦電気	○日立製作所	○日立製作所	○日立製作所
				横河電機製作所	岩崎通信機	富士電機製造
				沖電気工業	シャープ	安川電機製作所
						富士通
						日本コロムビア
輸送機器	三菱重工業		三井造船		日立造船	川崎重工業
					新明和工業	石川島播磨重工業
			トヨタ自動車工業	日産自動車	ダイハツ工業	いすゞ自動車
精密機器	日本光学工業			キヤノン		旭光学工業
百貨店			三越		高島屋	(西武百貨店)
その他金融					オリエント・リース	日本勧業角丸証券
不動産	三菱地所	住友不動産	三井不動産	東京建物		
陸運				東武鉄道	阪急電鉄	
				京浜急行電鉄	○日本通運	○日本通運
海運	日本郵船		大阪商船三井船舶	昭和海運	山下新日本汽船	川崎汽船
倉庫	三菱倉庫	住友倉庫	三井倉庫			渋沢倉庫
サービス他						後楽園スタヂアム

"○"付は重複加入、カッコ付は非上場企業を示す。

マーケティング委員会を設置し、グループをあげての営業推進にとりかかったのである。

特に積極的だった三菱グループでは、一九六四年にキャッチコピーを使って、「ＢＵＹ三菱（三菱製品を買いましょう）」運動を自社従業員に呼びかけ、グループ内部の排他的な企業間取引をさらに強化した。

このことが三井・住友グループを結束強化へと走らせた。

三大財閥系以外の巨大企業もグループ化の必要性を痛感し、都市銀行を中心とした新興系企業集団の形成が進んだ。

当時の住友銀行常務（のちの頭取）・伊部《いべ》恭之助《きょうのすけ》は、経済記者に対して「やがて企業集団と企業集団とが直接ぶつかりあうことによって勝負がきまる時代が、やってくる。ひと口に系列化といっても、これは大変な仕事なんだが、事業家としては当然やらねばならんことだ」と語ったといわれる。

この動きに拍車を掛けたのが、「資本の自由化」である。

一九六四年、日本は経済協力開発機構（ＯＥＣＤ）に加盟し、資本の自由化の実施を迫られた。

資本の自由化が実施されると、外国資本による株式売買が自由となり、企業買収の危険性が増す。企業買収防衛のため、株式持ち合いが積極的に推進され、排他的なグループがさらに結束を強める事態となった。

オイル・ショック後の弛緩

一九七三年一〇月、第四次中東戦争が勃発。中東各国は石油の生産と輸出を制限するとともに、石油輸出国機構（ＯＰＥＣ）は石油価格を一挙に四倍に引き上げた。石油を中東からの輸入に頼っていた世界各国は、経済的に大打撃を受けた。オイル・ショックである。

それまで、企業集団の中核は都市銀行であった。それは高度経済成長期における企業の旺《おう》盛《せい》な資金需要を、都市銀行が支えていたからである。

ところが、オイル・ショックで日本経済が低成長期に入り、資金需要が後退すると、都市銀行の神通力は衰える。事業範囲の棲み分けを図っていた事業会社は、多角化して低迷を打開しようとする。

こうして銀行中心の企業集団というスキームが綻《ほころ》びを見せはじめていく。

たとえば、住友グループの有力企業である住友金属工業と住友化学工業は、それぞれ子会社を設立してアルミニウム産業へ進出し、「住友アルミ戦争」が勃発した。

住友グループでは「一業一社」の原則を遵守してきたが、有望な事業分野への参入を巡っ

【メガバンク再編】

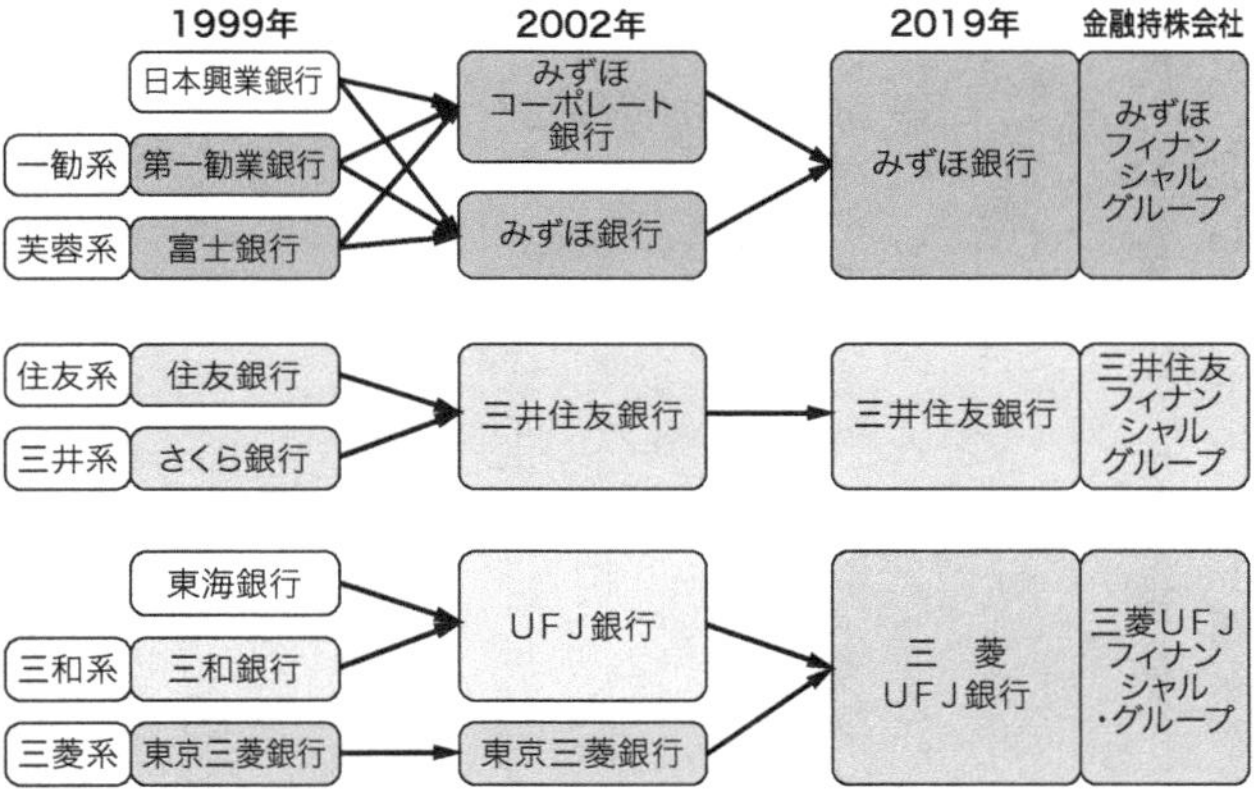

※出典　『三井・三菱・住友・芙蓉・三和・一勧』

て競合が生じたのである。

住友銀行をはじめ、グループ内部での調整を試みたが、どうにも収拾できず、ついには通産大臣（のちの総理大臣）・田中角栄《たなかかくえい》が調停に乗り出すまで話がこじれてしまったという。

都銀再編と企業集団の興亡

一九九九年八月に日本興業銀行、富士銀行、第一勧業銀行が経営統合を発表した。

いわゆる、みずほフィナンシャル・グループの誕生である。

巨大銀行三行の経営統合は大きな驚きをもって迎えられ、金融界では都市銀行のみならず、信託や生損保も含めて再編・統合が本格化した。

次いで、一九九九年一〇月、住友銀行とさ

くら銀行（旧三井銀行）が経営統合を発表した（三井住友銀行）。

三井・住友という旧財閥同士の経営統合は、不可能なものと誰もが考えていたため、再び世間を驚かせた。しかも、この発表の直後に三井・住友の組み合わせの経営統合が続出した。二〇〇〇年二月、三井海上火災保険と住友海上火災保険（三井住友海上火災保険）、二〇〇〇年一一月には、住友化学工業と三井化学、二〇〇二年一月には、三井建設と住友建設が経営統合を発表した（三井住友建設）。

住友化学工業と三井化学は統合計画を白紙撤回し、結局、三組（銀行・損保・建設）しか経営統合を行わなかったが、相次ぐ報道に、三井グループと住友グループそのものが融合するのではないかとの憶測を呼んだ。

一方、みずほフィナンシャル・グループに沿った経営統合として、二〇〇〇年一一月に安田火災海上保険（芙蓉系）が、一勧系の損保二社（日産火災海上保険、大成火災海上保険）と経営統合し、損保ジャパンとなった。二〇〇一年四月には、NKK（芙蓉系）と川崎製鉄（一勧系）が経営統合してJFEホールディングスとなった。

財閥から企業集団、そして現在へ

戦後、財閥解体によって、財閥家族と戦時の経営者は追放された。

三菱・住友の専門経営者たちは、おそらく経営的な判断というより、ノスタルジー的な心情から財閥企業の再結集を試みたと思われる。

ところが、それは結果的に、経営的にも正しい判断になった。資力の乏しい日本では、「企業集団」という都市銀行・総合商社を擁した水平的分業体制が極めて有効に働いたのである。

財閥の復活に興味を持たなかった三井や、有力な事業を持たない安田財閥の富士銀行が、企業集団化せざるを得なかったのも、「企業集団」というビジネスモデルが高度経済成長期には有効だったからに他ならない。

ところが、オイル・ショック後、日本を取り巻く経済環境が一転すると、有効性が失われた企業集団は解体に向かっていく。

しかし、都市銀行は自行をメインバンクとする企業を各産業に配置する、いわゆる「系列ワンセット」主義的な陣営の維持に執心し、これがしばしば系列を超えた合併の障壁となった。

ところが、二〇〇〇年前後のメガバンク再編で都市銀行自体が集約され、再編を後押しする法整備が進むと、企業同士の合併と再編が飛躍的に進んだ。

それでも、個別企業単位で見ると、財閥や企業集団の痕跡《こんせき》はまだ残っている。

たとえば、三菱グループ企業の本社では三菱電機のエレベーター、キリンホールディングス傘下の自販機が据え置かれ、社用車は三菱自動車という風になることが多い。これが住友グループでは電話機・パソコンはNEC、自販機はアサヒグループホールディングス、社用車はマツダとなる。

このように、自社ビルのエレベーターや電話機のメーカー、自販機の飲料品メーカーが特定のグループに偏っていることはよく見られる光景である。このようなことに注目していくと、面白い発見が見つかるし、本書はそのテキストになりうると信じている。

第一章　三菱財閥・三菱グループ

Ⅰ　財閥の発展

創業者・岩崎弥太郎

三菱財閥は、土佐《とさ》（現高知県）出身の岩崎弥太郎によって創設された財閥である。重化学工業分野に強い財閥として、戦前は三井財閥に次ぐ実力を誇った。戦後は三菱グループに再編され、高度経済成長期の波に乗って日本最強の企業集団となり、その名を世界にとどろかせ、現在に至っている。

岩崎弥太郎（一八三四〜八五）は土佐藩の最下層に位置する武士の出身であったが、藩の有力者である吉田東洋《よしだとうよう》に認められ、その甥《おい》・後藤象二郎《ごとうしょうじろう》の懇請で開成館《かいせいかん》長崎商会に派遣された。開成館は土佐藩の貿易を担い、大阪と長崎に拠点があった。後藤が長崎で借財を重ねており、その尻《しり》ぬぐいだったともいわれている。

ここで弥太郎は才覚を発揮、長崎における土佐藩の貿易を全て管理した。

その後、開成館長崎商会が閉鎖され、弥太郎は開成館大阪商会に移り、事実上の責任者となった。弥太郎の手腕によって、大阪商会は他藩からも貿易・金融の仲介を依頼されるまでになった。

明治維新後、近代国家建設を推し進める明治政府は、中央集権化を徹底させるため、各藩の経済的基盤を取り上げようとした。土佐藩は大阪商会の閉鎖を決定したが、板垣退助《いたがきたいすけ》・後藤象二郎は弥太郎と協議して大阪商会の存続を図り、一八七〇年一〇月九日に土佐藩から名目上分離し、九十九《つくも》商会という名で独立させた（三菱グループはこの日を創業日としている）。

一八七一年、廃藩置県《はいはんちけん》で土佐藩が廃されると、板垣・後藤ら旧土佐藩首脳は弥太郎に九十九商会を払い下げようとした。弥太郎は前途に逡巡《しゅんじゅん》して一旦《いったん》はこれを断るが、最終的には受け容《い》れ、翌一八七二年に当時の幹部であった三人（川田小一郎《かわだこいちろう》、石川七財《いしかわしちざい》、中川亀之助《なかがわかめのすけ》）の姓にちなんで三川《みつかわ》商会と改称し、経営を存続させた。

一八七三年、弥太郎は自ら社主となり、社名を「三菱商会」と改め、積極的に経営に乗り出した。社中における弥太郎の手腕が抜きん出ていたため、かれを前面に出していくことが得策と思われたのであろう。ちなみに「三菱」の社名は、岩崎家の家紋「三階菱《さんがいびし》」と土佐藩主・山内《やまうち》家の家紋「三《み》つ柏《がしわ》」を合成して作ったマークに由来している。

一八七〇年代に不平士族の反乱（佐賀の乱、西南戦争）が蜂起《ほうき》すると、三菱は明治政府に全面協力して兵員と軍需品の輸送に努めた。また、一八七四年の台湾出兵の際、半官半民の

【スリーダイヤの誕生】

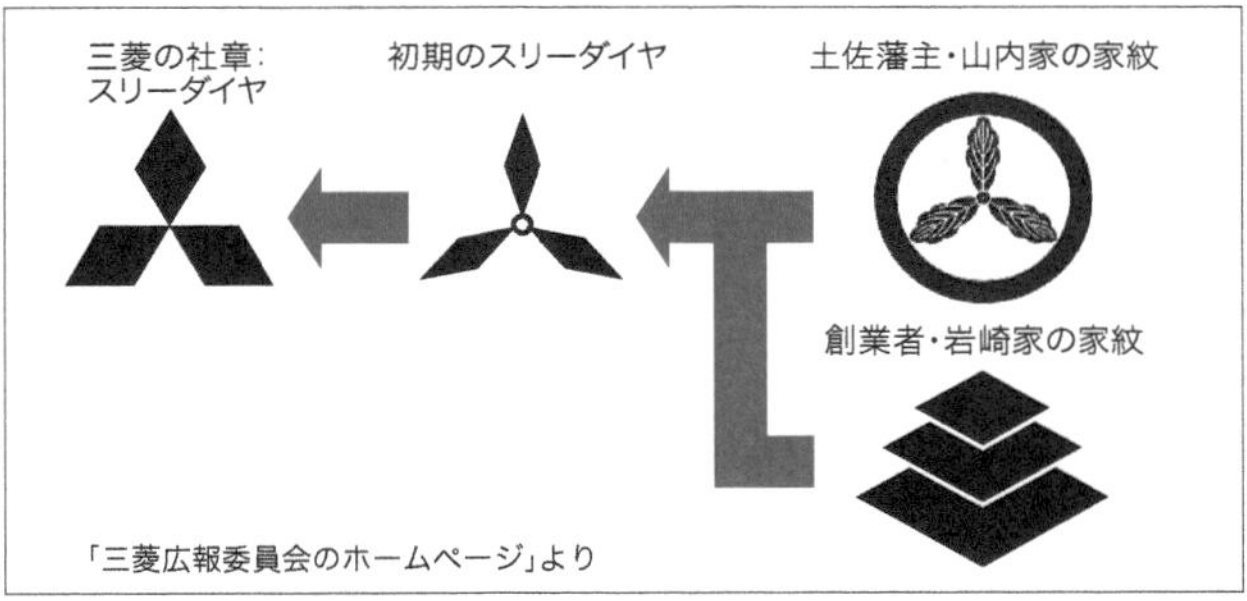

「三菱広報委員会のホームページ」より

日本国郵便蒸汽船《ゆうびんじょうきせん》会社が消極的だったため、大久保《おおくぼ》利通《としみち》と大隈重信《おおくましげのぶ》は激怒して三菱（一八七四年に三菱汽船会社と改称）に軍需輸送を要請し、官有船の使用を許可。翌一八七五年、明治政府は日本国郵便蒸汽船会社を解散し、同社船舶を三菱に払い下げて事実上吸収合併させた。これにより、三菱汽船会社は郵便汽船三菱会社と改称した。

　こうして三菱は「政商」として国内有数の海運会社に成長していった。さらに弥太郎は大胆な運賃切り下げで内外の海運業者を圧倒し、遂には日本周辺の海運業を独占するに至ったのである。

　しかし、一八七八年五月、三菱を贔屓《ひいき》とする大久保利通が暗殺され、大隈重信が「明治十四年の政変」で失脚すると、三菱へのバッシングが強まる。

　有力回船問屋が三井（第三章）と結託して共同運輸会社を設立し、三菱と熾烈《しれつ》な値下げ合戦を行った。

　この激闘がピークを迎える一八八五年二月七日、弥太郎は胃ガンにより死去した。弥太郎の死後、両社は共倒れを危惧《きぐ》して一八八五年九月に合併し、日本郵船会社（現日本郵船株式会社）を設立した。

二代目・岩崎弥之助、海から陸へ

弥太郎の死後、そのあとを継いだのは弟の岩崎弥之助《やのすけ》（一八五一〜一九〇八）だった。それまで三菱の中核事業は海運だったが、日本郵船会社が設立され、岩崎家の支配力が弱くなると、弥之助は海運業から手を引いた。

三菱では、すでに弥太郎時代から多角化を始めており、弥之助はそれら海運以外の事業で三菱の再構築を図った。三菱の多角化の特徴は、海運業を起点として、芋づる式に次々と関連業種に拡がっていくことにあった。

のちに三菱の中核事業となる造船業は、海運業に付随する船舶修理を起源とする。当時、長崎には幕府が設立した造船所があったが、明治政府は民間に払い下げることを決定。一八八四年、長崎造船所は三菱に貸与され、一八八八年に払い下げられた。弥之助はそれまで船舶修理中心だった長崎造船所に積極的な設備投資を行い、世界的な水準を誇る造船所に成長させた（現三菱重工業株式会社長崎造船所）。

明治時代初期の船舶燃料が石炭であったこともあり、一八八一年には高島《たかしま》炭坑を買収し、鉱山経営に進出した。これがのちの三菱鉱業株式会社（現 三菱マテリアル株式会社）の設立へと繋《つな》がり、さらに石油販売（三菱石油株式会社を経て、現 JXTGホールディングス株式会社）、石炭化学（三菱化成工業株式会社を経て、現 三菱ケミカル株式会社）へと事業を多角化していった。

また、海運業は海上保険と密接な関係を持っていた。一八七九年に渋沢栄一《しぶさわえいいち》（第七章）が日本初の損害保険会社・東京海上保険会社（現 東京海上日動火災保険株式会社）を設立すると、渋沢は三菱が大顧客となることを見越して、弥太郎に参加を推奨した。東京海上保険は華族の共同出資に基づく企業であったが、のちに弥太郎が筆頭株主となり、同社は三菱色を強めていった。

三菱といえば、丸《まる》ノ内界隈《うちかいわい》に本社ビルが林立し、通称「三菱村」と呼ばれるビジネス街が著名であるが、この基礎を作ったのも弥之助である。

ことのはじまりは、明治政府が師団増設の資金を捻出《ねんしゅつ》するため、丸ノ内の陸軍用地一括売却を画策したことにある。しかし、その代金が余りに巨額だったため、購入希望者がおらず、時の大蔵大臣・松方正義《まつかたまさよし》が、弥之助に丸ノ内購入を懇請した。弥之助は、欧米視察中の三菱の重役・荘田平五郎《しょうだへいごろう》（岩崎弥太郎の姪《めい》と結婚）に相談。平五郎は、ロンドンのビジネス街のような近代的オフィス街建設を企図して購入を進言した。

当時、丸ノ内は藪《やぶ》だたみの荒れ地だったので、「こんな広い場所を買って、一体どうなさるのか」と弥之助に訊《き》いた者がいた。弥之助は「ナニ、竹を植えて、虎でも飼うサ」と放言したという。

四代目・岩崎小弥太が分系会社を設立

一八九三年、弥之助は、三菱の事業を会社形式に整えて三菱合資会社《ごうし》（以下、三菱合資という）を設立し、弥太郎の長男である岩崎久弥《ひさや》（一八六五～一九五五）に社長を譲った。しかし、引退後も弥之助は影響力を持ち続け、弥之助の死後、ほどなくして久弥は社長の座を弥之助の長男・岩崎小弥太《こやた》に譲った。

岩崎小弥太（一八七九～一九四五）は旧制第一高等学校から東京帝国大学法科大学に進学するも、中退して英国ケンブリッジ大学に留学。帰国後、三菱合資の副社長となり、一九一六年に四代目社長に就任した。

小弥太の社長就任後、三菱合資は各部門を分離させ、相次いで直系企業（三菱財閥では直系企業のことを「分系会社《ぶんけい》」という）を設立した。

分離した分系会社は次の通りである。

一九一七年に造船部（長崎造船所）を分離して三菱造船株式会社を設立。

一九一八年に営業部を分離して三菱商事株式会社を設立。

一九一八年に炭坑・鉱山部を統合させて三菱鉱業株式会社を設立。

一九一九年に銀行部を分離して三菱銀行株式会社（現 三菱ＵＦＪ銀行株式会社）を設立した。


さらに三菱造船は事業を多角化するため、分離と統合を繰り返す。

三菱造船は、航空機の製造に着手して神戸造船所に内燃機《ないねんき》部を作り、一九二〇年にこれを分離して三菱内燃機製造株式会社（のちに三菱航空機株式会社に改称）を設立した。ところが、技術者不足が問題となり、小弥太は造船技術者を航空機部門に転用することを思いついたという。一九三四年に三菱造船と三菱航空機を合併し、三菱重工業が誕生した。

ちなみに「重工業」（Heavy Industry の和訳）という社名を初めて付けたのは小弥太だ。三菱重工業は軍需工場として著名であり、第二次世界大戦で活躍した戦艦武蔵《むさし》、零式艦上戦闘機《ぜろしきかんじょうせんとうき》（通称ゼロ戦）は、いずれも三菱重工業で開発されたものである。

また、三菱造船は船舶の電装品製造のため、電機部門に進出し、一九二一年に神戸造船所の電機工場を分離して三菱電機株式会社を設立した。

一方、化学部門では、一九三四年に石炭化学に進出すべく、三菱鉱業と旭硝子株式会社（現ＡＧＣ株式会社）の折半出資で日本タール工業株式会社を設立（旭硝子は、小弥太の実弟・

岩崎俊弥《としや》がガラスの国内生産を目的に設立した企業である)。同社は業容を拡げ、一九三六年に日本化成工業株式会社と改称する。

戦時中、政府が化学工業の非軍事部門の縮小と再編を進めたため、一九四二年に日本化成工業は新興人絹《しんこうじんけん》株式会社を吸収合併し、一九四四年には親会社に当たる旭硝子を合併して三菱化成工業株式会社(現三菱ケミカル株式会社)と改称。三菱グループの化学産業の中核企業に育っていった。

なお、この「化成」という社名は、宇宙万物の生成発展を意味する造語で、小弥太が中国の古典『易経《えききよう》』を参考にして考案したといわれている。

分系会社を分離した結果、三菱合資は持株会社の性格を色濃くしていった。

一九三七年に三菱合資を改組して株式会社三菱社、一九四三年には株式会社三菱本社と改称し、財閥本社として分系企業を統理助長する本社という位置付けを明確にした。

これらの企業変遷を見てわかるように、戦後、三菱グループの強みとなった重化学工業の基盤は、小弥太によって作られた。

小弥太は当初政治家を志望していたといい、高邁《こうまい》な理念を掲げ、国家への奉仕を説いた。

三菱商事は、創設時の小弥太の訓示を要約して「所期奉公」「処事光明」「立業貿易」(国家社会の公益を図り、不正な取引をせず、貿易に従事せよ)を社是とした。いわゆる「三菱の三綱領」である。三菱グループの理念として、今も三菱商事の役員会議室に掲げられている。「国家とともに」という三菱グループの合い言葉も、小弥太の考えを反映したものであろう。小弥太は一〇〇キログラムを超える巨体と、広い包容力で、社員から「大社長《おおしやちよう》」と呼ばれ、敬愛されていた。

その他の傘下企業

社名に「三菱」を冠する企業の多くは、三菱本社の現業部門を分離して出来た企業である。しかし、三菱グループの企業はそれだけではない。日本郵船、東京海上火災日動保険、旭硝子については軽く触れたので、それ以外の企業について次に掲げる。

麒麟麦酒《きりんビール》株式会社（のちにキリンビール株式会社を経て、現 キリンホールディングス株式会社）は、一八八五年にジャパン・ブルワリー・カンパニーとして在留外国人によって設立された。

しかし、経営者が本国イギリスに帰国を希望し、売却案が浮上。同社の販売代理店だった明治屋が日本郵船と岩崎家の出資を得て買収し、一九〇七年に麒麟麦酒株式会社を設立した（明治屋は、元日本郵船の社員・磯野計《いそのけい》が、船舶に食糧・雑貨を納入する店を構えたことに端を発する）。

ちなみに麒麟麦酒の商標は、三菱の重役・荘田平五郎が「西洋のビールには伝統的に動物の名前が用いられているので、東洋の霊獣『キリン』を商標にしよう」と発案したといわれている。

明治生命保険（現 明治安田生命保険相互会社）は、一八八一年、有限会社明治生命保険会社として国内初の生命保険会社として創設された。当時、慶応ＯＢが三菱に多くいたことから三菱の宴会で慶応ＯＢが生命保険会社の設立を談議し、荘田平五郎と阿部《あべ》泰蔵《たいぞう》が中心となり、阿部が初代社長となった。

日本光学工業株式会社（現 ニコン株式会社）は、潜水艦の潜望鏡を国産開発するために作られた企業である。第一次世界大戦でドイツからの光学機器輸入が途絶え、三菱造船が潜水艦を建造していた関係で、三菱は潜望鏡の国産化に踏み切った。一九一七年、日本光学工業を設立。同社が製造するのは軍需製品のため、高精度を求められ、戦後はその技術力をカメラや顕微鏡などの精密機器製造に転換した。

一九五〇年の朝鮮戦争で、米国カメラマンがニコンのカメラで現地撮影した写真が『ライフ』誌を飾り、この仕事が米国の最優秀写真賞を受賞したことから、ニコンの高品質が国際的に知られることになった。

傘下企業の株主構造、役員構成

三菱財閥では、出資状況と経営参加の程度から、傘下企業を以下の四つに分類していた。

①分系会社　三菱本社の統理助長下にある直轄会社。

②関係会社　三菱本社において相当数の株式を保有し、役員を派遣し、名実ともにその経営に参与しているもの。

③傍系会社　分系会社の直轄下にある会社で、総株式に対して三菱側（本社および分系会社）の持株割合が五〇パーセント以上のもの。ならびに五〇パーセント以下であっても、三菱側において経営の実権を握っているもの。

④縁故会社　岩崎家の個人事業として経営され、本社が直接関係しないもの。

なお、この分類はたびたび見直され、関係会社や傍系会社から分系会社に編入される事例もあった。

財閥は財閥家族による封鎖的な所有を基盤とするものだが、傘下企業が肥大化するにともない、資金調達のために株式公開を余儀なくされた。一九二〇年の三菱鉱業をはじめとして、一九二九年に三菱銀行、一九三四年に三菱重工業、一九三八年に三菱商事の株式が公開され、一九四〇年には持株会社の三菱社が株式公開された。

しかし、岩崎家が三菱社の四〇パーセント超の株式を所有し、三菱社が分系会社の半数近くを所有する株式所有構造は維持されたままだった。

当初、岩崎家は本社のみならず、分系会社の社長を兼任していたが、「財閥転向」を機に専門経営者に社長職を譲った。そして、各社の社長が本社の取締役や他の分系会社の取締役を兼務することで、財閥としての一体感を保っていた。

II　財閥解体と企業集団の形成

財閥解体

戦後、三菱財閥は財閥解体を経て、三菱グループに再編された。

GHQによる財閥解体で、三井・住友・安田財閥はその指示に従い、自発的な解体を表明した。

しかし、岩崎小弥太は「三菱が国家社会に対する不信行為をした覚えはなく、また軍部官僚と結んで戦争を挑発したこともない。国家の命ずる所に従い、国民としてなすべき当然の義務に全力を尽くしたのであって、顧みて恥ずべきところは何もない」という信念に基づき、自発的な解散を拒否。GHQの指令による解体を望んだ。

しかし、GHQは四大財閥の自発的解体に固執し、日本政府に指示を出した。時の総理大臣・幣原喜重郎《しではらきじゅうろう》は、大蔵大臣・渋沢敬三《けいぞう》（第七章）を小弥太のもとに走らせ、自発的に解体するように説得した（なお、幣原・渋沢夫人はともに岩崎家出身である）。

結局、小弥太は渋沢の説得を承諾したが、その翌日、急に悪寒を覚えて療養生活に入った。三菱本社理事長・船田《ふなだ》一雄《かずお》は、小弥太に代わって四大財閥が自発的解体を行う共同声明に同意。一一月に三菱本社の定時株主総会が開かれ、分系会社の統轄をやめ、岩崎一族および本社役員の引退を決議した。

この頃から、東京大学病院に入院していた小弥太は病状が悪化し、一九四五年一二月二日、大動脈瘤破裂《だいどうみやくりゆうはれつ》によって死去した。小弥太の非業《ひごう》の死は、残された専門経営者の結束を固める契機となった。

財閥解体で、株式会社三菱本社（第一次指定）、三菱重工業株式会社、三菱鉱業株式会社、三菱電機株式会社、三菱化成工業株式会社、三菱商事株式会社（第三次指定）が持株会社に指定され、三菱本社が解散させられた。

また、過度経済力集中排除法により三菱系企業の多くが企業分割の対象となった。特に三菱商事への解散指令は過酷なものだった。

一九四七年七月、ＧＨＱから日本政府への覚書という形で、三井物産と三菱商事に対する指示が通知された。

その内容は、①会社解散および清算の即時開始、②許可なくして商取引や資産の譲渡を禁止、③この覚書の日付以前一〇年の間に、役員・顧問・在内外支店支配人または部長であった者が集合して新たな会社をつくることを禁止、また、同一会社にこれらの人びとの二人以上が雇用されることを禁止、④これら役職員以外でも、一〇〇名以上が同一会社に雇用されることを禁止、⑤今後いかなる会社も、三井物産、三菱商事の商号ならびに類似の商号を用いることを禁止、⑥全ての帳簿および記録の維持、という重い内容だった。GHQは「総合商社」を特に危険視していた。

自主的に分割する企業群

その後、GHQの占領政策が方針転換したため、集排法により分割対象とされた企業の多くは分割を免れた。

ところが、三菱商事の解散を目の当たりにしたためか、三菱系企業は過剰に反応し、次々と解体を進めた（それら企業の社史では、分割しなくても良かったが、既定路線だったので、分割してしまったという語調が多い）。

三菱製鋼は一九四九年一二月に長崎製鋼と東京鋼材（のち三菱製鋼、三菱鋼材）に分割。

三菱重工業は一九五〇年一月に地域ごとに東日本重工業、中日本重工業、西日本重工業の三社（のち三菱日本重工業、新三菱重工業、三菱造船）に分割。

三菱化成工業は一九五〇年六月に業務ごとに日本化成工業、旭硝子、新光《しんこう》レイヨンの三社（のち三菱化成工業、旭硝子、三菱レイヨン）に分割された。

三菱鉱業は一九五〇年四月に金属部門（太平金属を経て、のちに三菱金属）を分離し、二分割した。

これら分割された企業の多くは、一九五二年のサンフランシスコ講和条約発効を機に、三菱商号に復帰し、その後、数十年の時を経て再び合併し、戦前の形に復活した。

バラバラに解散させられた三菱商事も次のような変遷をたどって再結集した。

解散後、旧役職員は数人が集まって企業を設立した。三菱商事社史では、これら企業を百数十社の「新会社」といっている。

それら新会社は順次合併して一九五三年には四社に集約され、翌年七月には四社が「大合同」して三菱商事が復活した。その陰には、戦前の三菱商事首脳の指示、三菱グループ首脳の支援があったという。

多い「近親婚」

三菱重工業は三社に分割されていたが、これら三社が一九六四年六月に合併。新生・三菱重工業が誕生した。三菱重工業の合併は海外でも注目され、米経済誌『フォーチュン』は

「よみがえる日本の巨人」という見出しを付け、三菱の復活を大々的に報道した。

三菱重工業の子会社的な立場にあった三菱製鋼も三菱鋼材と二分割されていたが、一九六四年二月に合併し、三菱製鋼に復活した。

また、三菱鉱業は一九七三年に子会社・三菱セメントと合併（三菱鉱業セメント）、さらに一九九〇年に三菱金属（＝一九五〇年に分離した太平金属）と合併し、三菱マテリアルとして復活した。

さらに、三菱化成工業は一九九四年に三菱油化と合併して三菱化学となり、一九九九年に東京田辺製薬を吸収合併して三菱東京製薬を設立（現 田辺三菱製薬）。二〇〇五年に持株会社・三菱ケミカルホールディングスを設立した。

そして、二〇〇七年に三菱樹脂を三菱ケミカルホールディングスの完全子会社に組み込み、二〇一〇年には三菱レイヨンと経営統合。

二〇一七年四月には、三菱化学、三菱レイヨン、三菱樹脂が統合して、三菱ケミカルとなった。

社長会「三菱金曜会」の結成

三菱グループは、グループ企業同士の「近親婚」が多いことも特徴である。

どこからどこまでの企業を、三菱グループと定義するのか。三菱グループはホームページを開設しているが、そこでは次のように記している。

「今日『三菱グループ』としてその存在が知られていますが、『三菱グループ』の明確な定義はありません。会長・社長の会である三菱金曜会を例にとれば、三〇社がグループのメンバーということになります。また、共同で広報活動を行う三菱広報委員会の場合は、四五社となります。三菱金曜会メンバー及びその子会社・孫会社がメンバーになっています」。

ホームページ上で書かれているように、三菱グループには「三菱金曜会」（毎月第二金曜日開催）という社長会がある。

戦後、公職追放で各社の役員が軒並み会社を追われ、各社社長は一〇歳前後若返り、中核会社の三菱重工業、三菱電機、三菱鉱業の社長には、たまたま一九一七年入社の同期が揃った。

かれらと同期だった石黒俊夫《いしぐろとしお》（一八九二〜一九六四）は、三菱銀行の支店長から本社秘書役に抜擢《ばってき》され、三菱本社常務となり、解散する本社の代表清算人に就いていた。

石黒を中心として同期入社の社長たちが密《ひそ》かに集まり、虎視《こし》眈々《たんたん》と三菱再結集を狙っていた。

この会合がのちに社長会「三菱金曜会」へと繋がっていく（一説には、小弥太が死の直前、かつて秘書だった石黒を呼び、三菱再生のメモを託したともいわれている)。

三菱本社は解散するに当たって、丸ノ内一帯の不動産を別会社として分離していたが、一九五三年に三菱地所がその会社を吸収合併すると、石黒は三菱地所会長に就任し、久弥の長男・岩崎彦弥太《ひこやた》や旧本社役員を取締役や相談役に迎えた。

ここに三菱地所が三菱本社の不動産と役員を継承し、あたかも三菱本社が復活したような構図が生まれた。石黒はその会長として「三菱金曜会」を主宰したのである。

バイ三菱運動

一九六四年に石黒俊夫が死去すると、三菱商事社長・荘清彦《しょうきよひこ》が三菱グループで主導権を握った。

荘清彦(一八九四~一九六七)は三菱合資専務理事・荘清次郎《きよじろう》の子に生まれ、東京大学経済学部を卒業し、三菱造船に入社した。のちに三菱商事に転じ、機械部長を経て、常務に就任。三菱商事解散後は三菱商事の復活に尽力し、一九五九年に三菱商事社長、一九六六年には会長に就任した。

荘は一九六〇年代の三菱重工業、三菱銀行のトップと親しく、グループ内で発言力を強めていた。三菱銀行頭取・田実渉《たじつわたる》は母方のいとこで、のちの三菱重工業社長・牧田与一郎《まきたよいちろう》はかって（元三菱商事機械部）の部下だった。

また、荘は、岩崎家当主・岩崎彦弥太とは小学校からの友人で、田実・牧田夫人はともに岩崎彦弥太のいとこだった。

このように一九六〇年代中盤の三菱グループの主要企業トップは、極めて狭い範囲の人脈で構成されていた。しかし、その視野の狭さが商売の上では有利に働いた。

「荘さんは、全然商事そのものの仕事をしようとはしなかった。あの人は、貸借対照表見たってわからない人だから、とにかくグループ仲よくするということが、直接三菱商事の発展につながった」と、経済記者は荘を評している。

一九六〇年代に入ると、三井・三菱・住友グループの各社は、統一商標のブランド・イメージを最大限に利用。社長会の下に共同で広報・マーケティング委員会を設置し、グループをあげて営業推進にとりかかった。

中でも最も積極的だったのが三菱グループであった。

荘は陣頭指揮をとって「BUY三菱」（＝三菱製品を買いましょう）運動を推進し、一九六五年には「あなたの三菱、世界の三菱」をグループの共通宣伝標語として掲げ、三菱系企業一三社の従業員二七万人、その家族約一〇〇万人を対象にして「三菱ファミリー・ショー」を開催した。

荘は自ら主導したグループ戦略について、座談会で以下のように語っている。

三菱「グループ内で別々な動きをしていたんじゃ駄目だ。自分たちだけの力では、各個撃破されてしまう。外国じゃ現に、三菱一本だと思われている。金融面だって、三菱銀行と三菱信託、明治生命、東京海上と四つが、それぞれ業界の雄となっているのだから、その四つを集めてみれば、大変な金融力をわれわれのグループは持っていることになる。(中略)そうなると、買ったお金も結局三菱の金融機関に集《あつま》り、またグループ内の資金が大きくなる。こうして、お互いの力で育っていく。僕が〝バイ三菱〟というのは、その辺からなのだ」(『丸ノ内だんぎ』)。

三菱の従業員がキリンビール以外のビールを飲まなくなったのも、この頃からのようだ(最近はそうでもないらしいが)。

三菱自動車工業の蹉跌

戦後最大の企業集団であった三菱グループ。

その最大の弱点は、大衆商品、消費財部門に弱かったことだ。三菱を冠する企業で、一般的によく知られた企業といえば、家電製品も扱う三菱電機と、RV(レクリエーショナル・ビークル=レジャー車)製造で有名な三菱自動車であろう。

三菱自動車工業（現 三菱自動車）は、一九七〇年に三菱重工業の自動車製造部門を分離して設立された。

しかしその後、三菱重工業は自動車部門を単独でやっていくのは難しいと判断し、米国の自動車メーカー・クライスラー社と技術提携および資本提携を行い、クライスラー社が三菱自動車工業株式の筆頭株主となった。

ところが、クライスラー社が経営不振に陥り、同社との提携がかえって足枷《あしかせ》になってしまう。一方、クライスラー社は資金捻出のため、三菱自動車工業株式の売却を打診。一九九三年に資本提携を解消した。

三菱自動車工業はクライスラー社の制約から解き放たれ、積極経営を謳歌《おうか》したが、一九九〇年代に米国子会社のセクハラ訴訟や総会屋利益供与事件などのトラブルが続いて業績悪化が続き、抜本的な経営再建を余儀なくされ、またもや外資との提携を模索した。

一九九九年、三菱自動車工業はスウェーデンのトラックメーカー・ボルボ社と資本提携することで合意した（二〇〇三年、トラック・バス部門を分離し、三菱ふそうトラック・バスを設立）。

二〇〇〇年三月に、ダイムラークライスラー社（一九九八年にダイムラー・ベンツとクライスラーが合併。二〇〇七年に合併解消）と資本受け入れを含めた全面提携を発表した。

二〇〇〇年七月、内部告発を受けた運輸省が三菱自動車工業本社ビルに入って監査を行い、組織的なリコール隠しが明らかとなる。さらに二〇〇四年三月には「欠陥車事件」が発覚。元三菱自動車工業副社長・宇佐美隆《うさみたかし》ら五人が道路運送車両法違反（虚偽報告）で逮捕される事態になった。

二〇〇四年四月七日のダイムラークライスラー社の株主総会では、三菱自動車工業の支援に対して否定的な意見が相次ぎ、同社は四月二三日午前に支援打ち切りを発表した。

これを受けて、三菱グループ主要三社（東京三菱銀行、三菱商事、三菱重工業）は緊急首脳会議を開き、三菱自動車工業の大幅な経営陣刷新と四五〇〇億円規模の増資を伴う再建計画を決定した。

しかし、新体制発足後も偽装の発覚は続き、二〇〇四年六月に「欠陥車問題」で元三菱自動車工業社長・河添克彦《かわぞえかつひこ》ら六人が逮捕。三菱ブランドは地に落ちた。

三菱各社の寄り合い所帯で救済することに限界を感じた三菱グループは、二〇〇五年一月、三菱自動車工業を三菱重工業の持ち分法適用会社として再建を志すことになった。

三菱自動車工業救済劇は、三菱グループの強固な結束力を改めて世に知らしめることとなったが、その反面、迷走ぶりはグループの限界を露呈したともいえる。

二〇一六年四月、三菱自動車は再び偽装工作で不祥事を起こしてしまう。

きっかけは日産自動車からの指摘だった。三菱自動車は二〇一一年から日産自動車と軽自動車を共同開発する合弁会社を立ち上げていた。現行車種までは三菱自動車が開発していたが、次期モデルは日産自動車が開発することとなり、現行車種を測定したところ、報告値との著しい乖離《かいり》が見つかったという。

燃費データを改竄《かいざん》して、燃費を実際より最大一五パーセントも良くみせていたのだ。

二〇〇〇〜二〇〇四年のリコール問題では、「三菱御三家」が事態の収拾に動いたが、偽装工作問題では消極的だった。もはやグループ企業だからといって、自らを犠牲にするような支援ができない時代になっていたのだ。

二〇一六年五月、日産自動車（第一五章）による三菱自動車救済が発表された。三菱自動車が第三者割当増資で約二〇〇〇億円、三割強の株式を日産自動車に割り当て、実質的に傘下に入ることになった。

Ⅲ　三菱財閥・三菱グループの特徴

世間では、三井・三菱・住友の三大財閥を「人の三井」「組織の三菱」「結束の住友」といって比較することが多い。

三菱財閥の中興の祖・岩崎小弥太は、社員の個人プレーを好まず、あくまで三菱の「組織人」として動くことを要求していた。

三菱財閥は一九三四年まで財閥本社で一括採用して各社に振り分けていた。そのため、所属企業が違っていても、各社の役職員には「同じ釜《かま》の飯を食った」という一体感があった。この傾向は、一括採用組が各社のトップを務める一九七〇年代まで続いた。

一九六〇年代から一九七〇年代中盤にかけての高度経済成長期に、三菱グループは大躍進を遂げる。

それは、三菱グループが重化学工業分野に日本屈指の企業を擁していたからだけでなく、チームワークを重視し、集団戦を得意とする三菱グループのカラーが、当時のビジネススタイルに合致していたからであろう。

しかし、高度経済成長期の強烈な成功体験は、三菱グループから柔軟な発想を奪ってしまい、今では時代に取り残されてしまったようにすら思える。

たとえば、一九九九年に始まったメガバンク再編で、三井と住友の企業が合併する時代にあっても、三菱グループは他社との合併にはなかなか応じず、孤高を保ち、ひときわ異彩を放っていた。

三菱グループは何よりも「三菱」という商号への信用と誇りを大事にする。

他社との合併では、三菱商号の温存と主導権の確保を重視するため、なかなか経営統合がまとまらず、しばしば話が決裂した。そのため、メガバンク再編後、三菱グループは「最後の企業集団」といわれていた。

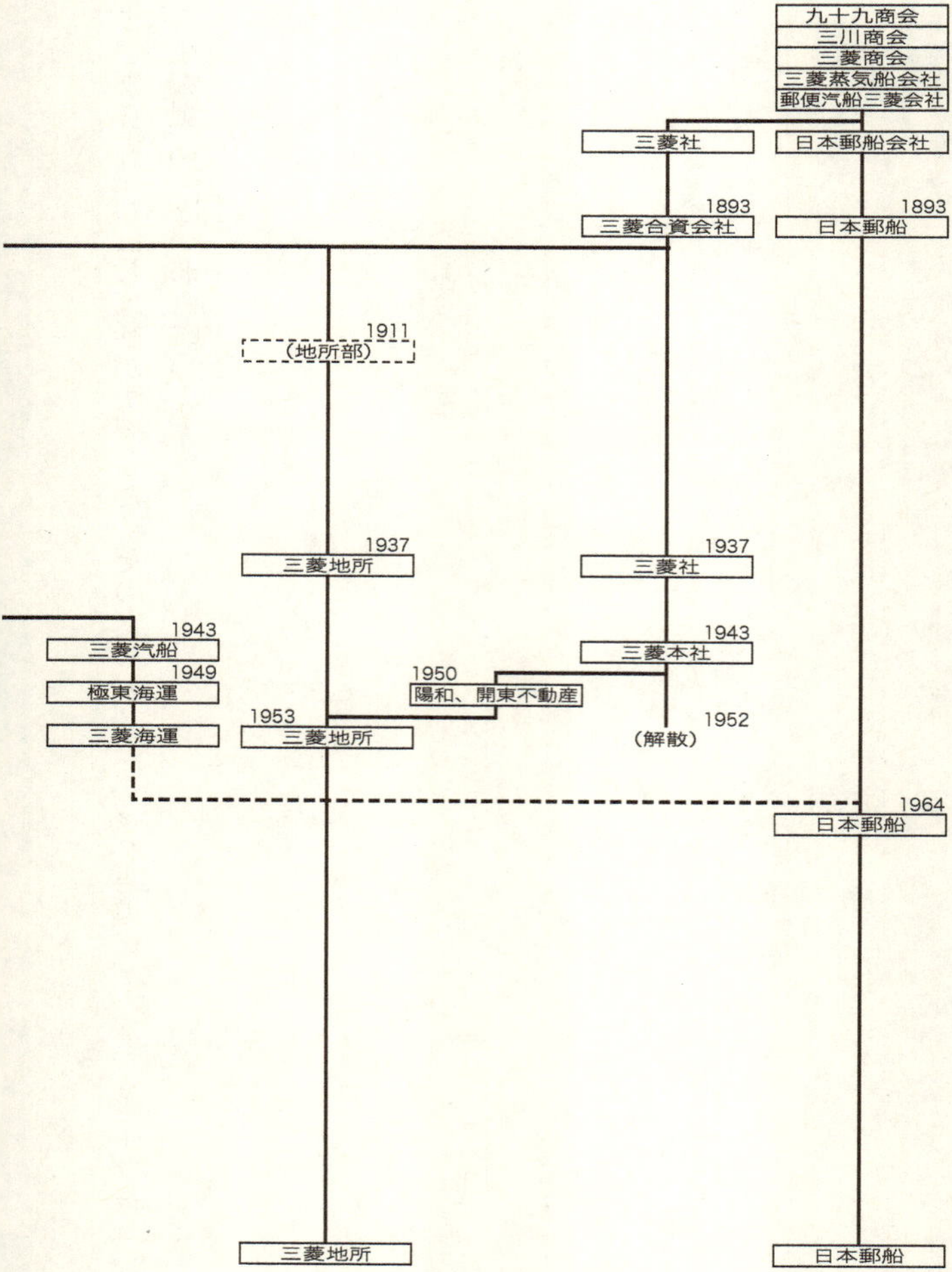
九十九商会
三川商会
三菱商会
三菱蒸気船会社
郵便汽船三菱会社
三菱社
日本郵船会社
1893
三菱合資会社
1893
日本郵船
1911
（地所部）
1937
三菱地所
1937
三菱社
1943
三菱汽船
1943
三菱本社
1949
極東海運
1950
陽和、開東不動産
1953
三菱海運
三菱地所
1952
（解散）
1964
日本郵船
三菱地所
日本郵船

【三菱系企業の企業系統図❶】

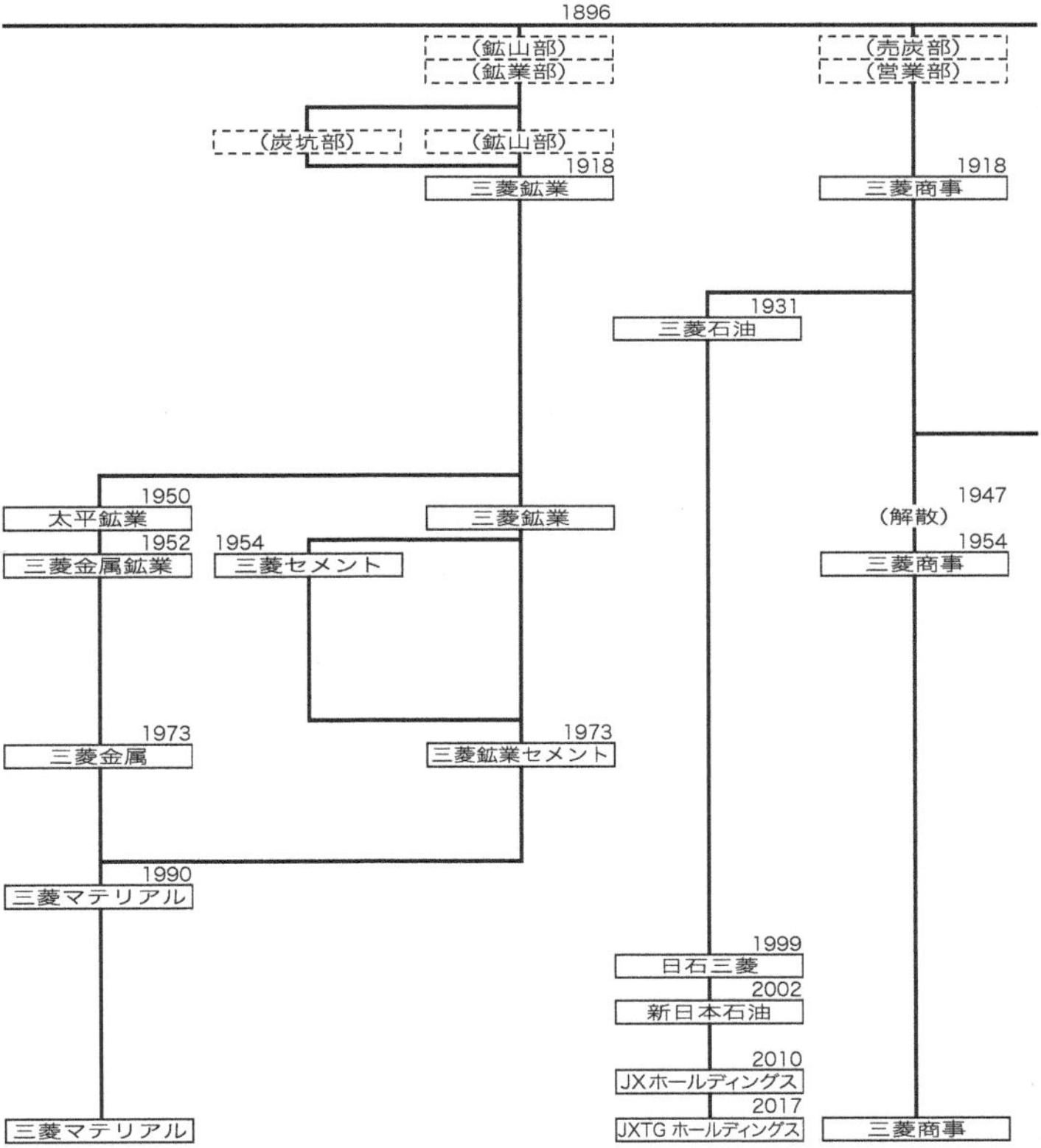

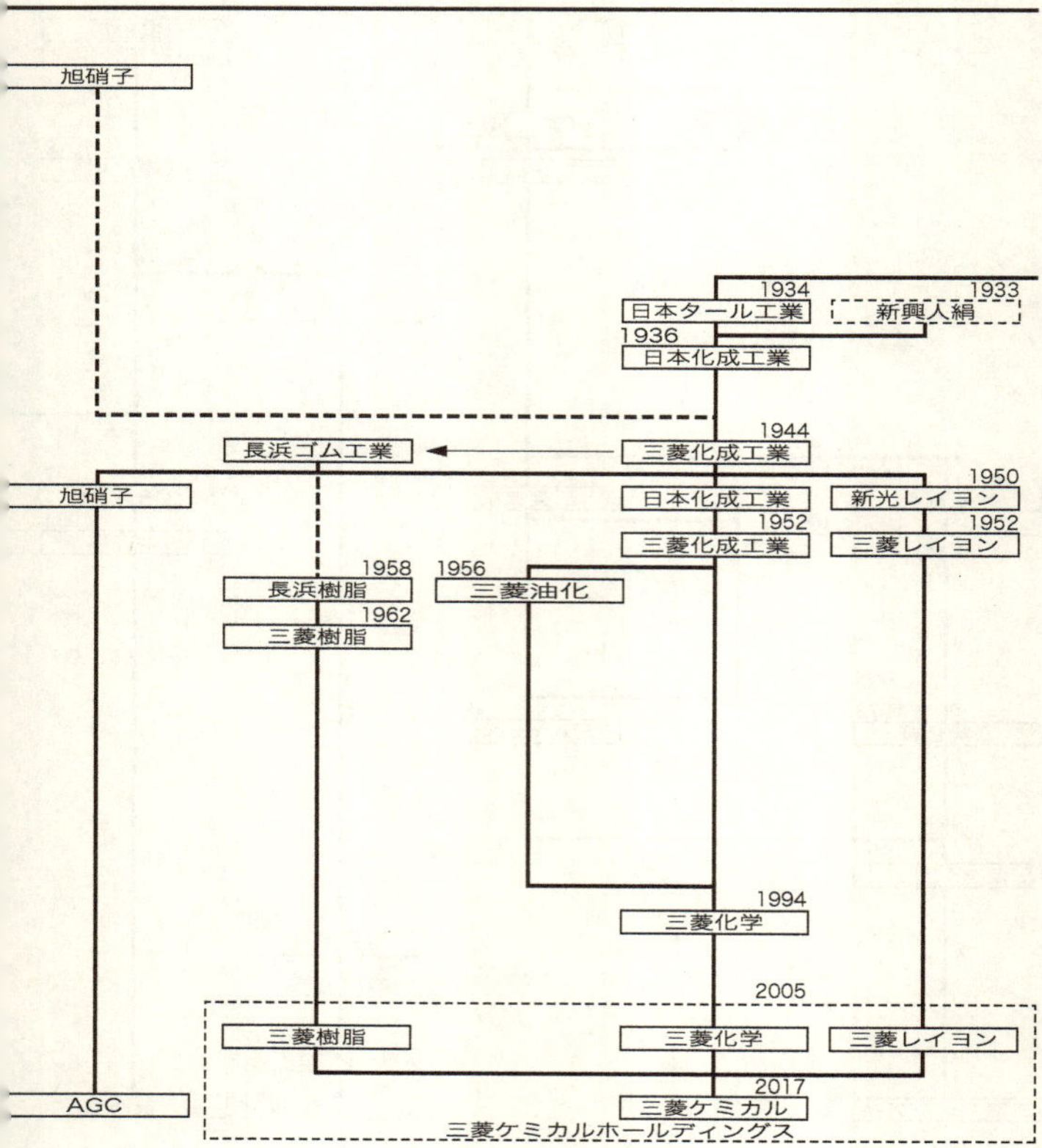
旭硝子
1934
日本タール工業
1933
新興人絹
1936
日本化成工業
1944
長浜ゴム工業
三菱化成工業
旭硝子
日本化成工業
1950
新光レイヨン
1952
三菱化成工業
1952
三菱レイヨン
1958
長浜樹脂
1956
三菱油化
1962
三菱樹脂
1994
三菱化学
2005
三菱樹脂
三菱化学
三菱レイヨン
2017
AGC
三菱ケミカル
三菱ケミカルホールディングス

【三菱系企業の企業系統図❷】

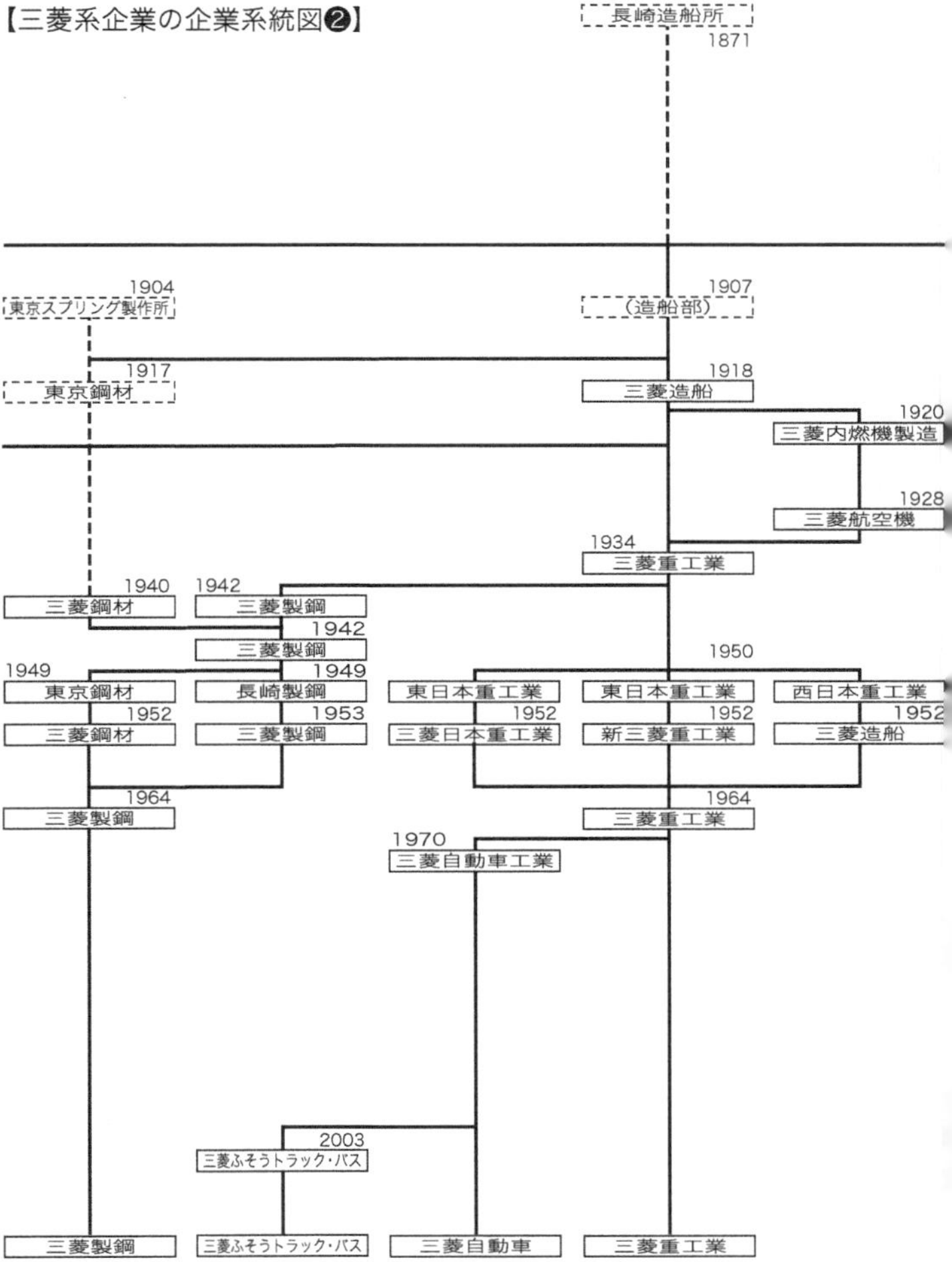

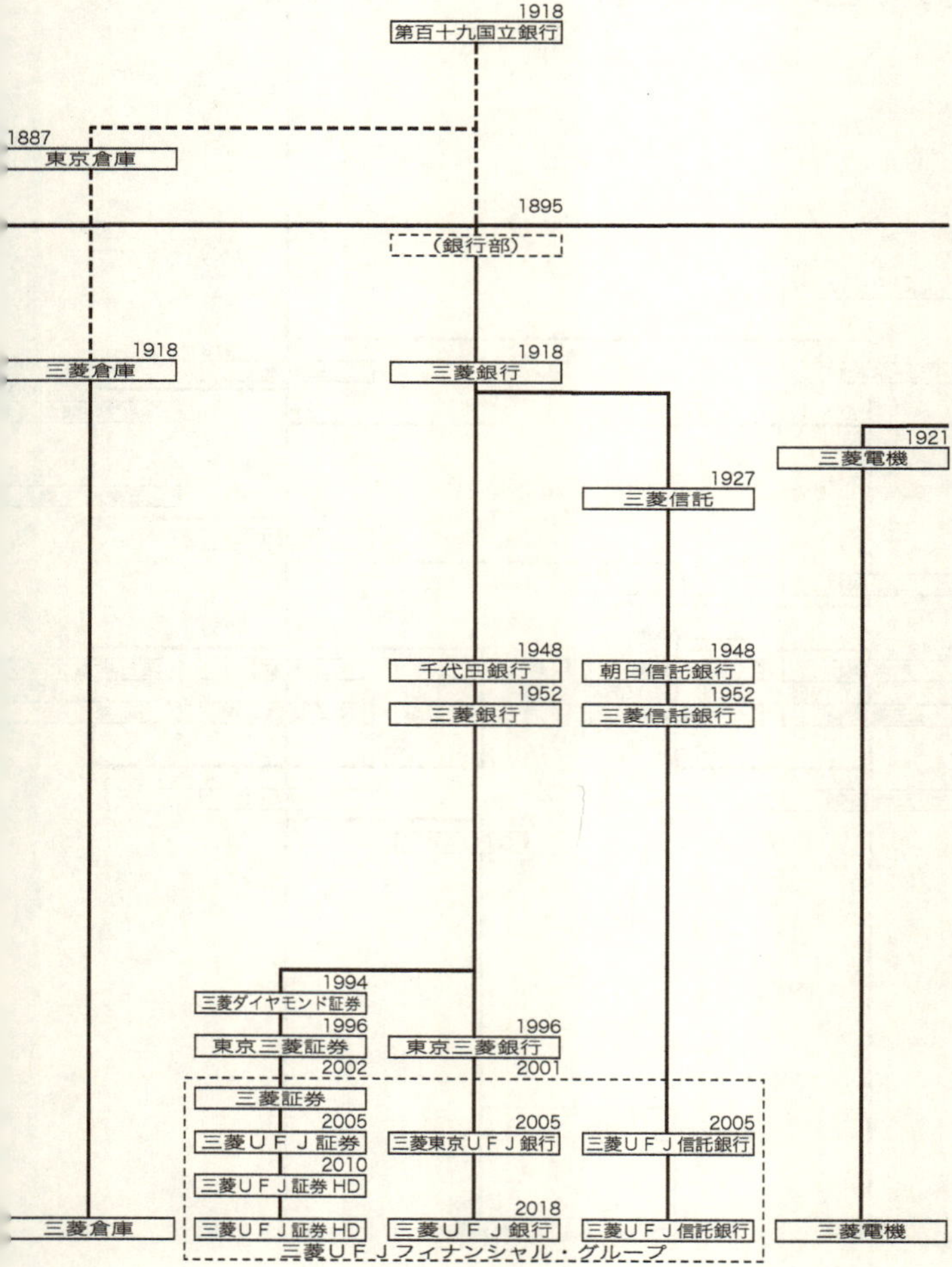
1918
第百十九国立銀行
1887
東京倉庫
1895
(銀行部)
1918
三菱倉庫
1918
三菱銀行
1921
三菱電機
1927
三菱信託
1948
千代田銀行
1948
朝日信託銀行
1952
三菱銀行
1952
三菱信託銀行
1994
三菱ダイヤモンド証券
1996
東京三菱証券
1996
東京三菱銀行
2002
三菱証券
2001
2005
三菱UFJ証券
2005
三菱東京UFJ銀行
2005
三菱UFJ信託銀行
2010
三菱UFJ証券HD
2018
三菱倉庫
三菱UFJ証券HD
三菱UFJ銀行
三菱UFJ信託銀行
三菱電機
三菱UFJフィナンシャル・グループ

【三菱系企業の企業系統図❸】

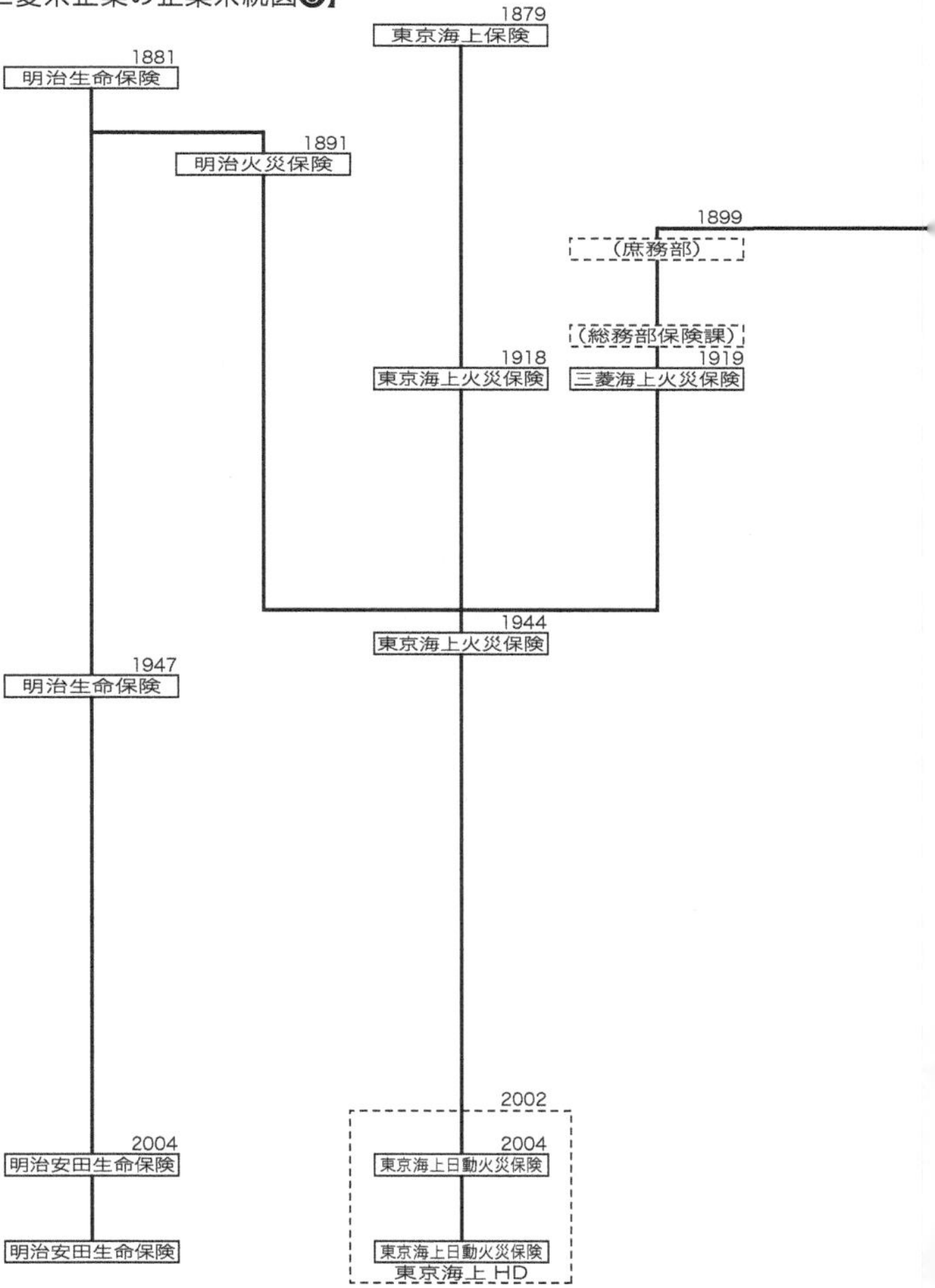

【岩崎家系図】

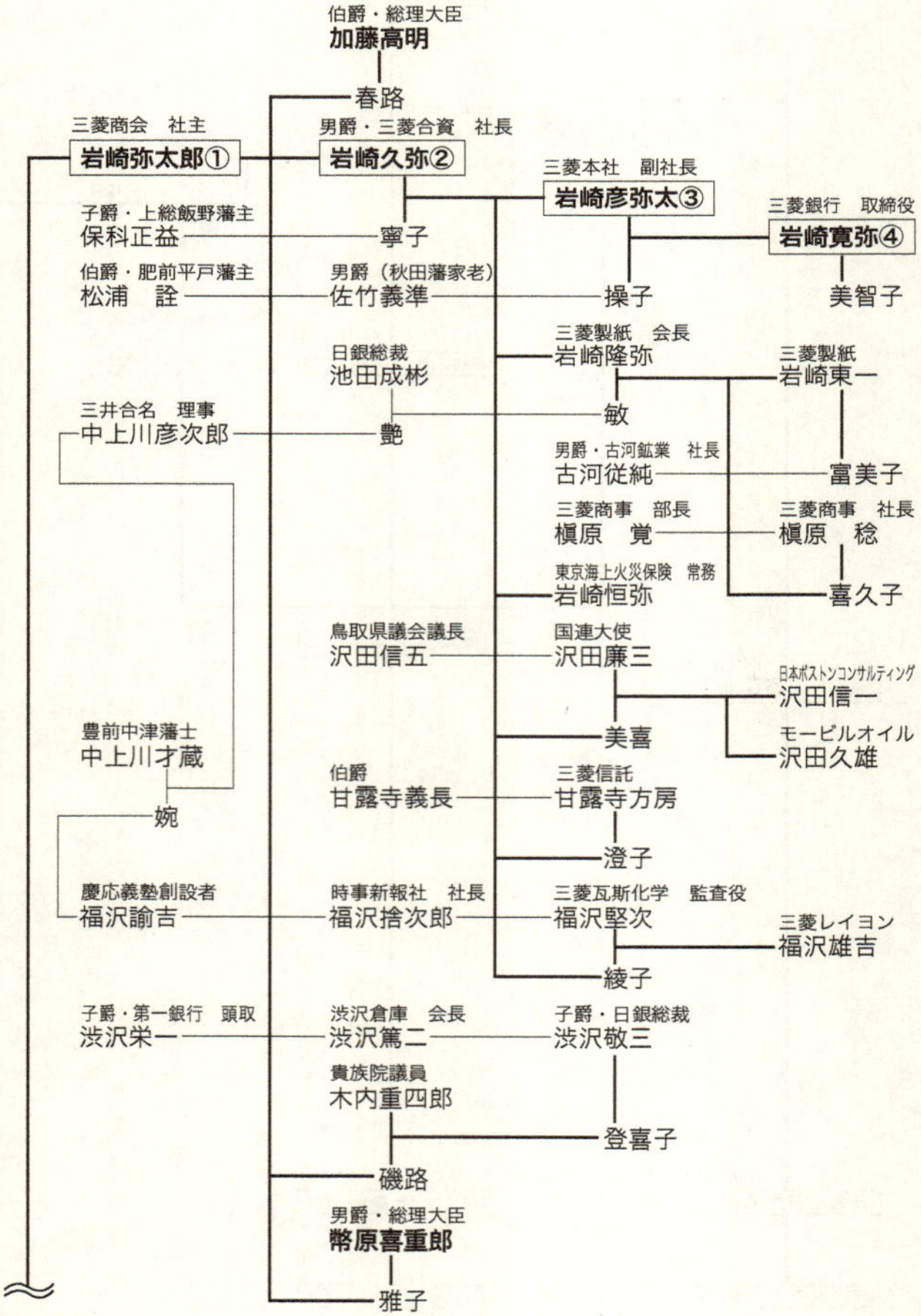
伯爵・総理大臣
加藤高明
春路
三菱商会　社主
岩崎弥太郎①
男爵・三菱合資　社長
岩崎久弥②
三菱本社　副社長
岩崎彦弥太③
三菱銀行　取締役
岩崎寛弥④
子爵・上総飯野藩主
保科正益
寧子
伯爵・肥前平戸藩主
松浦　詮
男爵（秋田藩家老）
佐竹義準
操子
美智子
三菱製紙　会長
岩崎隆弥
日銀総裁
池田成彬
三菱製紙
岩崎東一
三井合名　理事
中上川彦次郎
敏
艶
男爵・古河鉱業　社長
古河従純
富美子
三菱商事　部長
槇原　覚
三菱商事　社長
槇原　稔
東京海上火災保険　常務
岩崎恒弥
喜久子
鳥取県議会議長
沢田信五
国連大使
沢田廉三
日本ボストンコンサルティング
沢田信一
豊前中津藩士
中上川才蔵
美喜
モービルオイル
沢田久雄
伯爵
甘露寺義長
三菱信託
甘露寺方房
婉
澄子
慶応義塾創設者
福沢諭吉
時事新報社　社長
福沢捨次郎
三菱瓦斯化学　監査役
福沢堅次
三菱レイヨン
福沢雄吉
綾子
子爵・第一銀行　頭取
渋沢栄一
渋沢倉庫　会長
渋沢篤二
子爵・日銀総裁
渋沢敬三
貴族院議員
木内重四郎
登喜子
磯路
男爵・総理大臣
幣原喜重郎
雅子

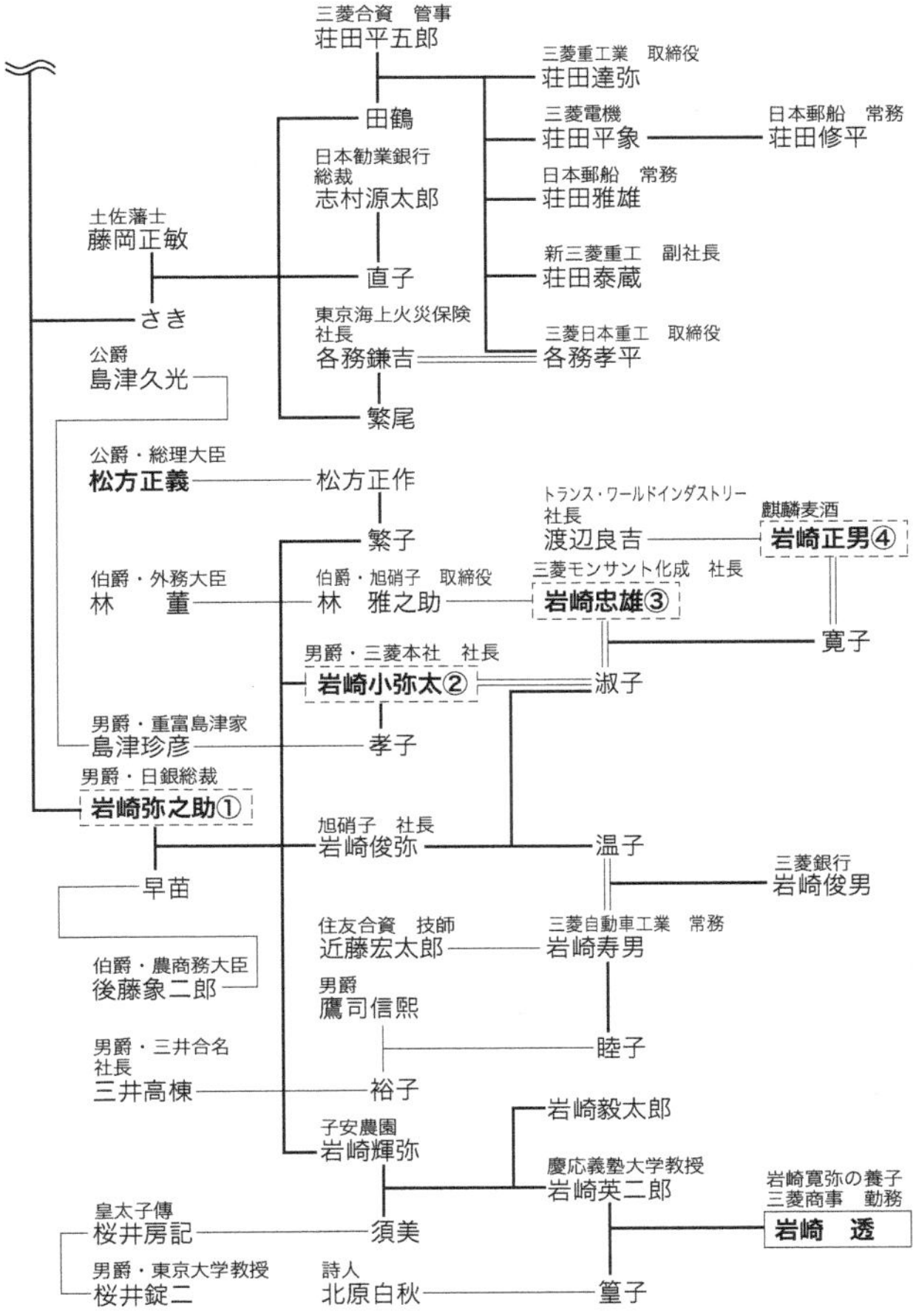
三菱合資　管事
荘田平五郎
三菱重工業　取締役
荘田達弥
田鶴
三菱電機
荘田平象
日本郵船　常務
荘田修平
日本勧業銀行
総裁
志村源太郎
日本郵船　常務
荘田雅雄
土佐藩士
藤岡正敏
新三菱重工　副社長
荘田泰蔵
直子
さき
東京海上火災保険
社長
各務鎌吉
三菱日本重工　取締役
各務孝平
公爵
島津久光
繁尾
公爵・総理大臣
松方正義
松方正作
トランス・ワールドインダストリー
社長
渡辺良吉
麒麟麦酒
岩崎正男④
繁子
伯爵・外務大臣
林　董
伯爵・旭硝子　取締役
林　雅之助
三菱モンサント化成　社長
岩崎忠雄③
寛子
男爵・三菱本社　社長
岩崎小弥太②
淑子
男爵・重富島津家
島津珍彦
孝子
男爵・日銀総裁
岩崎弥之助①
旭硝子　社長
岩崎俊弥
温子
早苗
三菱銀行
岩崎俊男
住友合資　技師
近藤宏太郎
三菱自動車工業　常務
岩崎寿男
伯爵・農商務大臣
後藤象二郎
男爵
鷹司信煕
睦子
男爵・三井合名
社長
三井高棟
裕子
岩崎毅太郎
子安農園
岩崎輝弥
慶応義塾大学教授
岩崎英二郎
岩崎寛弥の養子
三菱商事　勤務
岩崎　透
皇太子傅
桜井房記
須美
男爵・東京大学教授
桜井錠二
詩人
北原白秋
篁子

第二章　住友財閥・住友グループ

Ⅰ　財閥の発展

明治以前

住友財閥は、江戸時代から続く大阪の富商・住友《すみとも》家（屋号は泉屋《いずみや》）を前身に持つ。

戦前は三井・三菱に続く財閥ではあったが、三井・三菱・住友財閥の規模は七対五対二くらいで、その差は歴然としていた。

しかし戦後、住友グループに再編されると、一九六〇年代には三井・三菱・住友グループの比率が六対一〇対八くらいになり、三井グループをも凌《しの》ぐ日本第二位の企業集団となった。

「住友」という変わった社名は、創業者一族・住友家に由来する。住友家の先祖・忠重《ただしげ》が、父の姓名（須見友定《すみともさだ》）を合わせて「住友」を名乗ったのがはじまりだという。

忠重の子孫・住友若狭守政俊《わかさのかみまさとし》は、織田《おだ》家の武将・柴田勝家《しばたかついえ》に仕え、越前丸岡《えちぜんまるおか》（現 福井県丸岡町）に城を構えたというが、賤ケ岳《しずがたけ》の合戦に敗れて殉死した。

そのため、政俊の孫・住友政友《まさとも》（一五八五〜一六五二）は京都に落ちのびて町人となり、

【井桁の誕生】

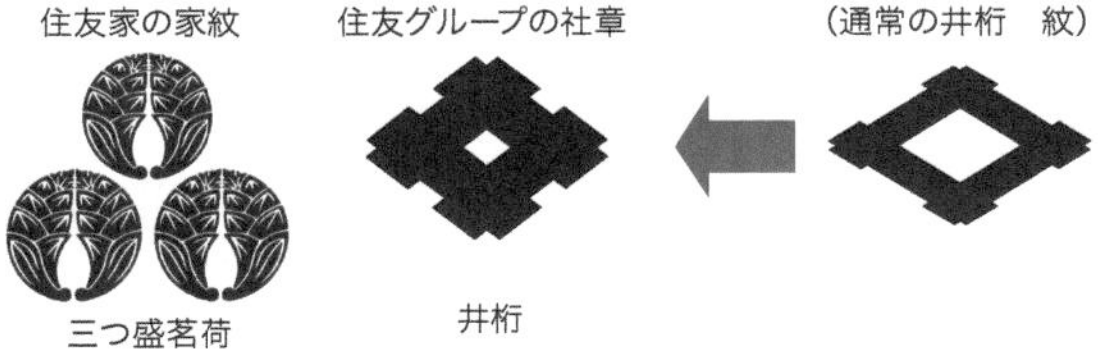

社章は「住友グループ広報委員会ホームページ」より

富士屋《ふじや》という薬舗・出版業を営む店を開いた。住友家の事業の出発点である。

政友の姉婿・蘇我理右衛門《そがりえもん》（一五七二〜一六三六）は泉屋を名乗る銅商であった。理右衛門は、南蛮（欧米）人・ハックスレーから「南蛮吹き」という粗銅から銅と金銀を選《よ》り分ける技術を教えられ、巨利を博した。

屋号のいわれは、ハックスレーに「白水《はくすい》」と当て字した後、上下合わせて「泉」としたのだ。なお、住友グループの商標「井桁《いげた》」は、泉のように水がこんこんと湧き出る井戸を連想して制定された（住友家の家紋は「三《み》つ盛茗荷《もりみょうが》」で井桁とは無関係）。

蘇我理右衛門の子・友以《とももち》が、住友政友の婿養子となり、住友家の家督を継いだ。

なお、住友家では、家系上の「家祖」住友政友と区別して、事業上の祖である蘇我理右衛門を「業祖」と呼んでいる。

二代目・友以は泉屋理兵衛《りへえ》を名乗って、京都から大坂に移り、以後、住友家は大坂を本拠地として、銅精錬と銅貿易商を行うようになった。

三代目・友信《とものぶ》の代に至って、各地（秋田・山形・岡山）で銅山を経営し、両替商を始めた（なお、友信は泉屋吉左衛門《きちざえもん》を名乗り、以後、住友家の当主は吉左衛門を襲名した）。

四代目・友芳《ともよし》の代になり、伊予《いよ》（現愛媛県）に別子銅山を発見して開坑に及んだ。別子銅山は国内最大規模の産銅額を誇り、住友家の発展に大きく寄与した。

また、豊かな資金力を背景に江戸に店を構え、両替商を拡大した。こうして住友家は、三井・鴻池家（第一二章）と並んで江戸時代に「三大豪福」と呼ばれるまでに成長した。

明治維新での危機を救った広瀬宰平

明治維新の際に住友家は大きな危機を迎えた。

一八六八年、別子銅山が幕府の資産として、川田小一郎（のち三菱財閥の重役、日本銀行総裁）が率いる土佐藩兵に差し押さえられたのである。

銅山の総支配人・広瀬宰平《ひろせさいへい》（一八二八～一九一四）は川田に対して、別子銅山は幕府直轄領であるが、住友家がその経営を請け負ってきていたことをねばり強く説得した。また、岩倉具視《いわくらともみ》に働きかけるなど、奔走した結果、差し押さえの解除に成功したという。

しかし、別子銅山は経営の危機に瀕《ひん》していた。これにともない住友家の財政も逼迫《ひっぱく》し、一時は別子銅山の売却が計画された。しかし、広瀬は別子銅山の売却に断固反対し、「住友を再建するには別子銅山の再生以外に道はない」と主張した。

広瀬は、別子銅山の経営合理化と経費節減に努めるとともに、外国人技師ラロックを招聘《しょうへい》して新技術を導入した。その結果、別子銅山の産銅額は飛躍的に増大した。

この別子銅山をめぐる危機克服を通じて、大阪本店に対する発言力を強めていき、一八七七年に住友家総理代人（のちの総理人、総理事。住友財閥の専門経営者トップ）に就任。独断的に事業を進め、多角化を推進した。

しかし、住友家は一八九一年の家法改定で、合議制に移行しつつあり、次第に広瀬の独善的な経営手法に対する反感が高まった。別子銅山副支配人であった大島供清《おおしまともきよ》は、住友財閥の重役や住友家当主に引見して広瀬排斥を訴えた。特に別子銅山では、広瀬・反広瀬の二派に分かれて反目するまでになっていた。

本店支配人・伊庭貞剛《いばていごう》は別子に赴いて抗争の沈静化に努め、住友家当主とその実兄・西園寺《さいおんじ》公望《きんもち》に相談した（住友家の系図については後述する）。

一八九四年、西園寺の説得で広瀬は辞任し、大島は除名され、内紛当事者は一掃された。

一八九七年に伊庭は総理事心得に就任し、その三年後、二代目総理事に就任した。

宰平の甥・伊庭貞剛

伊庭貞剛（一八四七～一九二六）は近江《おうみ》（現 滋賀県）の代官職の子に生まれた。母は広瀬宰平の姉で、伊庭は広瀬の甥《おい》にあたる。一八六九年に刑法官少監察となって司法官僚としての道を歩み、のちに大阪上等裁判所判事となった。しかし一八七八年、官界に失望して退官。叔父《おじ》の広瀬に挨拶《あいさつ》に出向いた折、住友への入社を勧められ、入社してすぐに本店支配人に抜擢《ばってき》された。

総理事に就任した伊庭は、広瀬が展開した多角化事業を整理し、将来性がないものを廃止した。その一方、将来性のある事業には積極的に投資した。

一八九五年に住友銀行（現 株式会社三井住友銀行）を設立し、広瀬が嫌っていた銀行業に進出した。また、銅の精錬だけでなく加工業にも進出した。一九〇〇年、日本製銅株式会社を買収して住友伸銅場と改称。翌一九〇一年、匿名会社日本鋳鋼所を買収して住友鋳鋼場に改組した（住友伸銅場と住友鋳鋼場の後継会社は一九三五年に合併し、住友金属工業株式会社［現 新日鉄住金株式会社］となる）。

住友の事業が安定すると、伊庭は「事業の進歩発達に最も害するものは、青年の過失ではなくて、老人の跋扈《ばっこ》である」と述べ、一九〇四年、総理事の地位を鈴木馬左也《すずきまさや》に譲って引退した。

住友財閥中興の祖・鈴木馬左也

鈴木馬左也（一八六一〜一九二二）は日向《ひゅうが》（現 宮崎県）高鍋《たかなべ》藩家老の子として生まれ、東京大学政治学科を卒業後、内務省に入省。一八八九年に愛媛県書記官、翌年には大阪府参事官となった。この年、住友家では別子銅山開坑二〇〇年記念式典が催され、鈴木が披露した祝辞に伊庭が感銘を受け、住友入りを懇請される。

一八九六年、鈴木は住友に入社した。外遊ののち、本店副支配人、本店理事、本店支配人等を経て、一九〇四年に三代目総理事に就任。四三歳の若さで住友財閥の専門経営者トップとなった。以来、一九二二年まで一八年間、総理事として活躍した。

鈴木の業績を経営組織の整備、事業展開、人材育成の面からまとめると次のようになる。

経営組織の整備では、一九〇九年に住友本店を住友総本店と改称し、傘下企業を次々と株式会社化した上、一九二一年に住友総本店を住友合資会社（以下、住友合資という）に改組した（なお、住友合資は、一九三七年に株式会社住友本社に改組した）。

事業展開では、別子鉱山、銀行、金属の三本柱に重きを置き、特に「国家の大方針」に沿って金属部門の積極的な育成を図り、住友金属工業発展の基礎を築いた。一方、多角化では、一九一〇年に住友伸銅場よりケーブル工場を分離して株式会社住友電線製造所（現 住友電気工業）を設立。銅製錬の副産物を利用した肥料製造を目的に、一九一五年に株式会社住友肥料製造所（現 住友化学株式会社）を設立した。

その反面、第一次世界大戦による好況で商社設立の気運が高まった折、鈴木は頑強に反対し、これを退けた（理由は、製造業主体の住友財閥には貿易のノウハウがないということらしいが、一般的には住友家の家訓の一節「浮利は追わず」を遵守《じゅんしゅ》したといわれている）。

同時期に古河財閥（第八章）などが商社を設立したが、反動恐慌でそれら商社は軒並み破綻《はたん》し、のちの成長戦略に影を落とした。そのため、住友財閥とそのトップである鈴木の判断が高く評価されたが、商社設立はタブーとされ、戦後になるまで商社（住友商事株式会社）が設立されることはなかった。

また、鈴木は「事業は人なり」をモットーに人材の招聘、育成に努め、一九〇七年に学卒者の定期採用を開始した。さらに鈴木は官僚や司法関係者をスカウトして、要職に抜擢した。そのため、住友財閥では永らく中途採用者がトップを歴任することとなった。

鈴木以降の総理事

鈴木以後は、中田錦吉《なかたきんきち》、湯川寛吉《ゆかわかんきち》、小倉正恒《おぐらまさつね》が相次いで総理事に就任した。いずれも官僚や司法官出身の中途採用組である。七代目の総理事・古田俊之助《ふるたしゅんのすけ》に至って、広瀬宰平以来の生え抜き総理事が誕生した。

古田俊之助（一八八六～一九五三）は東京帝国大学工科採鉱冶金《やきん》科を卒業し、住友に入社。住友伸銅場（現 新日鉄住金株式会社）の職工を振り出しに、住友伸銅所支配人、住友伸銅鋼管株式会社（いずれも改組や合併にともなう社名変更）専務取締役、住友合資理事、住友本社専務理事を経て、一九四一年に総理事に就任した。

第二次世界大戦中、銀行や化学産業は国策の上から合併を推奨され、住友銀行や日本板硝子も他社との合併を強要されるが、古田はこれに敢然として抵抗し、住友の独自性を守った。また、ＧＨＱによる財閥解体を整然と行い、「最後の総理事」として戦後の住友グループの経営者からも一目置かれる存在であった。

傘下企業の株主構造、役員構成

住友財閥では傘下企業を以下の三つに分類していた。

①連系《れんけい》会社　株式の全部または相当部分を住友本社または住友家が所有し、その役員は住友の利益を代表する者をもって構成され、したがって住友本社がその統制権を完全に掌握している会社であって、事業の規模・内容等を考慮し、住友本社より連系会社として指定するに値するもの。

②準連系会社　特別の定義はみられないが、連系会社に準ずるといった意味がふくまれてい

たものと解される。

③特殊関係会社　住友関係の持株率が相当大なるものか、または、住友関係から役員を出しているものか、または、住友関係の持株数が他の株主にくらべて最大のもの、もしくは特殊関係があるもの、のいずれか一つに該当するものであって、事実上の支配関係のあるもの。

持株会社・住友本社および住友家が連系会社の過半数の株式を所有しているケースが多く、封鎖的な所有を貫徹している。

そして、連系会社の社長は、当初、住友家の当主（家長）が兼務していたが、のちに空席となった。さらに総理事が各社の会長に就任していたが、多分に名誉職の色合いが濃かった。当時は副社長や副会長という役職は稀《まれ》だったから、専務が実質的なトップだった。

戦時期に専門経営者が各社の社長に就任するようになるのだが、その契機は意外なものだった。軍部が事業会社のトップを呼んで生産調整などの会合をすると、住友の連系会社は大会社であるのに、肩書きが専務なので末席に追いやられる。そこで、同業者が気を利かせて上座に座らせて――ということが続いたので、専門経営者のトップが社長に就くことになったらしい。

II　財閥解体と企業集団の形成

財閥解体と再結集

戦後の財閥解体で、株式会社住友本社、井華《せいか》鉱業（旧 住友鉱業）株式会社、日新化学工業（旧 住友化学工業）株式会社、扶桑《ふそう》金属工業（旧 住友金属工業）株式会社、日本電気（旧 住友通信工業）株式会社（第三次指定）が持株会社に指定され、住友本社が解散した。

一九四六年、住友本社の解散にあたり、古田俊之助は、財閥本社解散後も連系会社が「精神的な繋《つな》がりをもって、できるだけ緊密な連絡協調を保ち、扶《たす》け合いながら日本再建のために努力してほしい」との希望を述べた。

住友化学工業社長・土井正治《どいまさはる》（一八九四～一九九七）は「各社が独立経営していくうちに、旧住友の者たちもだんだんと顔を合わせる機会も少なくなり、自然疎遠になってバラバラになってしまうことになる。従って、ときどき会合して懇談をし、平素から意志の疎通をはかっていくことが必要ではないか」と考え、主要各社の社長に話をもちかけ、古田の賛同も得て、各社のトップが集まる会合を結成した。この会合が一九五一年に社長会「白水会《はくすいかい》」として正式発足した（住友家の屋号・泉屋の「泉」の字を分解して命名）。

また、古田は、復員してきた社員の職業安定の見地から商事部門の設立を企図し、住友財

住友重機械	日本板硝子	住友倉庫	住友金属鉱山	住友石炭鉱業	住友セメント	住友建設	住友軽金属	住友ベークライト	住友林業	住友不動産	合計(%)
0.56	1.12	0.22	0.59	0.02	0.22	0.06	0.19	0.13	0.10		20.14
1.64	1.36	1.64	1.73	0.01	0.19	0.09	0.39	0.40	0.14		31.38
0.88	1.35	0.80	1.55	0.10		0.20	0.28	0.28	0.05		25.18
2.66	1.59	0.60	2.78	0.16	0.54	0.11	0.89	0.04	0.39		42.92
0.46	0.13	0.11	0.23	0.04	0.29	0.04	0.05	0.09	0.05		20.84
0.45	0.13	0.15	0.24	0.02	0.14	0.04	0.11	0.10			20.63
	0.23	0.28	1.50	0.05	0.07	0.04		0.07	0.06		35.97
0.19	0.13	0.16	1.07	0.01	0.27	0.05	0.12	0.02	0.07		26.70
–	0.61	0.35	0.91	0.08	1.60						34.23
0.92	–	0.09	0.17	0.00	1.25		0.21	0.63	0.21		30.97
1.54		–	0.76	0.01		0.09			0.05		42.94
0.87	0.18		–	0.11	0.66		0.34	0.07	0.37		25.43
1.60			2.06	–							31.62
2.74	0.67		1.19	4.35	–	0.24	0.24				32.17
0.98	0.83		7.89	10.27	3.43	–	0.34	0.11	0.90		45.14
0.41		0.17	1.01	0.04	0.46	0.11	–				59.43
	0.64			0.00				–			59.27
			12.75	0.09		0.18			–		39.89
0.82	0.86	1.96	1.92	0.11	1.48	0.30	0.82	0.15	0.30	–	41.65
0.66	0.54	0.32	0.91	0.22	0.35	0.06	0.16	0.13	0.08	0.00	27.20

より作成。

閥ではタブーとされた商事部門への進出を決断した。

不動産会社の住友土地工務株式会社が、土木建築用資材の販売を行いたいと住友本社に提案していたため、同社を改編して商事部門を新設。一九四五年に日本建設産業株式会社として発足させた。一九五二年に日本建設産業が住友商事株式会社と改称し、現在では住友グループの中核商社となっている（なお、当時の住友家当主の妹が、三井物産初代社長・三井《みつい》武之《たけの》助高尚《すけたかなお》に嫁いでいたこともあり、戦前、住友は三井物産に貿易を委《ゆだ》ねていた）。

【住友グループの株式持ち合い(1979年)】

被所有＼所有	住友銀行	住友信託	住友生命	住友海上	住友商事	住友化学	住友金属工業	日本電気	住友電工
住友銀行	—	1.50	5.13	1.89	1.78	2.46	1.97	1.17	1.05
住友信託銀行	3.48	—	4.31	1.52	3.05	3.11	2.92	2.76	2.34
住友海上火災保険	4.55	2.80	4.87	—	1.57	1.89	1.31	1.71	1.01
住友商事	6.14	4.38	5.43	3.33	—	3.37	3.60	5.18	1.78
住友化学工業	4.44	2.76	8.64	1.26	1.39	—		0.56	0.29
住友金属工業	4.14	6.04	4.84	1.02	1.85		—	0.92	0.44
日本電気	6.79	4.85	9.39	3.83	3.07	0.84	1.52	—	3.38
住友電気工業	3.70	5.81	8.94	0.88	1.18	0.72		3.36	—
住友重機械工業	6.34	4.31	9.71	2.82	3.88	1.15	1.04	0.45	0.98
日本板硝子	6.48	5.75	5.30	3.21	2.41	1.69	1.40	1.03	0.23
住友倉庫	6.25	7.09	9.88	6.12	2.94	1.37	0.84	4.80	1.22
住友金属鉱山	3.42	2.89	3.76	1.83	3.28	0.89	1.11	3.73	1.92
住友石炭鉱業	5.78	2.28	2.68	2.50	3.17	2.56	4.23	4.76	
住友セメント	6.45	1.67	7.69	0.90	2.87	1.04	1.24	0.61	0.27
住友建設	4.50	1.62	6.76	1.58	1.78	1.61	0.84		1.71
住友軽金属工業	7.13	6.65	4.48	1.64	3.93	2.66	28.92	0.96	0.86
住友ベークライト	2.20	6.15	4.47	1.16		42.17	1.26	1.21	
住友林業	5.21	4.49	8.94	1.34	3.16	1.35		1.67	0.71
住友不動産	8.22	5.34	4.89	2.55	3.44	1.39	2.39	2.32	2.39
合　計	3.98	3.73	6.27	1.75	2.09	1.76	1.77	1.37	1.04

※『東洋経済臨時増刊／データバンク　企業系列総覧』1980年版、『年報　系列の研究』第21集（1981年版

住友銀行の「外延的膨張」戦略

戦後、都市銀行を中心に企業集団が形成されていったが、住友グループでは、金融機関に強豪（株式会社住友銀行、住友生命保険相互会社、住友信託銀行株式会社）を揃えていたのに対して、事業会社は素材産業に偏り、住友金属工業、住友化学工業以外は比較的中堅の企業が多かった。

そこで、住友銀行は豊富な資金力を活《い》かして、非財閥系の有力企業に対して積極的な融資を行い、住友グループの周辺にそれら企業を囲い込む戦略をとっ

た。

いわゆる「外延的膨張」戦略である。これは一九五〇年代に住友グループ首脳が練りに練った戦略論に基づくものだという。

外延的膨張戦略の結果、松下電器産業（現 パナソニック）、三洋電機、ブリヂストン、出光興産（出光昭和シェル）、東洋工業（現 マツダ）、朝日麦酒（現 アサヒグループホールディングス）、小松製作所（現 コマツ）、鹿島建設（現 鹿島）、大正製薬など、各主要企業が住友銀行をメインバンクとした。

そして、住友銀行はこれら企業に対して、住友系企業との商取引を推進した。

たとえば、一九六〇年代の経済雑誌では、「住友倉庫が連系会社の仕事よりも松下電器産業、伊藤忠商事、旭化成工業などとの取引が増え、三洋電機の荷を一括引き受けする方向で交渉している」と報じている。

戦前は三大財閥の一角に加えられながら、三井・三菱・住友財閥の資産比較は七対五対二といわれ、住友と三井、三菱の差は歴然であった。

しかし、戦後は、「外延的膨張」戦略によって非財閥系有力企業が住友グループの親密企業となり、その存在が住友グループの強みとなった。その成果もあって、住友グループは三井グループを凌ぐほどまでに成長した。

住友の社風を変えた「安宅産業事件」

一九七五年一二月に「十大総合商社」の一角・安宅《あたか》産業が倒産した。安宅産業の従業員は三六〇〇人（関連会社を含めると二万人）、取引先三万五〇〇〇社。昭和金融恐慌を再現するような連鎖倒産の発生が関係者の脳裏をよぎった。

この時、住友銀行はメインバンクの責任で安宅産業の破綻処理を遂行し、信用不安を回避すると発表。副頭取・磯田《いそだ》一郎《いちろう》（一九一三～九三）を中心としたプロジェクト・チームを編成して精鋭部隊を送り込み、安宅産業を「生体解剖」して不採算部門を切り離し、一九七七年一〇月に伊藤忠商事に吸収合併させた。

住友銀行は同年九月決算で一一三二億円の不良債権を一挙に償却し、一一年守っていた収益トップの座を降り、都銀一三行の中で八位に陥落した。

決算発表の席で、頭取に昇格していた磯田は「一〇〇〇億円をドブに捨てた」と発言、さらに「三年後にはトップを奪回する」と宣言して世間を驚かせた。

そして、京大のラガーマン出身らしく「向こう傷を問わない」と宣言。減点主義から加点主義へと舵《かじ》を切った。住友銀行「モーレツ商法」時代の到来である。

それまでの住友銀行は「逃げの住友」と呼ばれていたが、一九八〇年代終盤には「営業姿勢が強引すぎる」「あまりにも合理的すぎて、目先の利益を追求しすぎる」という評価に変わっていったのだ（『週刊ダイヤモンド』一九八九年六月一〇日号）。

住友銀行の暴走

一九九〇年代中盤まで、金融機関は規制が厳しく、店舗の出店・統廃合すら認可を受けなければならなかった。そうした中、住友銀行は一九八六年一〇月に平和相互銀行を吸収合併して首都圏の店舗を一気に増やす離れ業に打って出た。

平和相互銀行は首都圏を中心に駅前一等地に一〇三店舗を持っていたが、創業者一族の内紛、関係会社の破綻などの不祥事が相次ぎ、信用不安に陥っていた。

大蔵省（現 財務省、金融庁）は平和相互銀行をどこかの銀行に吸収合併することで事態を収拾しようと模索。住友銀行だけでなくシティバンク銀行や三和銀行（ＵＦＪ銀行を経て、現在の三菱ＵＦＪ銀行）など複数の銀行が手を挙げた。

そこで暗躍したのがイトマン社長・河村良彦《かわむらよしひこ》である。河村は高卒にもかかわらず住友銀行常務まで登りつめ、経営不振に陥ったイトマン再建のために派遣された「磯田の腹心」である。

住友銀行はイトマン経由で平和相互銀行の株式を手に入れ、吸収合併に成功したのだ。

しかし、その代償は大きかった。平和相互銀行は政治家がらみのダーティーな案件が多く、住友銀行もトラブルに引きずり込まれた。

先のイトマンが不動産事業にのめり込み、自称「組（暴力団）のスポンサー」伊藤寿永光《いとうすえみつ》をスカウトし常務に抜擢、果てしない闇の世界に呑《の》み込まれた。住友銀行もその余波をかぶり、多額の不良債権を抱えた。いわゆる「イトマン事件」である。

一九九〇年、磯田一郎は騒動の責任を取って住友銀行会長を辞任。一九九三年に一部上場会社のイトマンは非上場会社・住金物産《すみきん》（二〇一九年四月日鉄物産改称予定）に吸収合併され、一一〇年の歴史に幕を閉じた。

三井・住友グループは融合するのか？

一九九九年十月、住友銀行とさくら銀行（旧三井銀行）は経営統合を発表した。

三井・住友という旧財閥同士の組み合わせは、世間の耳目《じもく》を驚かせた。しかも、その後、三井・住友系企業の経営統合という組み合わせが続出し、三井グループと住友グループが融合するのではないかとの観測が流れるまでになった。

その伏線は、一九九九年八月のみずほフィナンシャルグループの誕生（＝富士銀行、第一勧業銀行、日本興業銀行の経営統合）である。都銀という寡占業態で、しかも巨大銀行同士の合併が成立した場合、当然、他行は同様の経営統合を敢行し、追随する他ない。

そこで注目されたのが、さくら銀行の動向である。

当時、さくら銀行は単独での生き残りが難しいと噂され、経営統合の相手として御しやすいと考えられていた。

六大都市銀行のうち、富士銀行と第一勧業銀行が経営統合を決めたため、さくら銀行と東京三菱銀行、住友銀行、三和銀行が互いに経営統合を模索するようになった。三和銀行以外は全て財閥系であったが、当時、財閥系同士の経営統合は考えられない時代であった。

三和銀行は、さくら銀行と経営統合の交渉に臨んだが、さくら銀行に選択の余地がないことを見越して、かなり高飛車な態度を取ったと伝えられている。

一方、残された住友銀行としては、関西《かんさい》のライバルであった三和銀行が、さくら銀行と統合し肥大化することは避けたかった。むしろ、住友銀行がさくら銀行と経営統合する方がベストな選択であると気付いたらしい。

住友銀行はさくら銀行の立場を尊重しつつ、経営統合を申し入れ、一九九九年一〇月、住友銀行とさくら銀行は二〇〇二年四月をメドに合併すると発表した（二〇〇一年四月に両行は合併して三井住友銀行となり、二〇〇二年一二月に金融持株会社・三井住友フィナンシャルグループを設立）。

それから数日経たぬうちに三井海上火災保険、日本火災海上保険、興亜火災海上保険の三

【三井と住友の経営統合】

年	月	事項
2000	2	三井海上火災保険、住友海上火災保険が経営統合を発表。
	11	三井化学、住友化学工業が経営統合を発表。
2001	10	三井海上火災保険、住友海上火災保険が合併して、三井住友海上火災保険が誕生。
2002	1	三井建設、住友建設が経営統合を発表。
	3	三井化学、住友化学工業が経営統合の白紙撤回を発表。
	4	三井建設、住友建設が合併して、三井住友建設が誕生。
2009	11	中央三井トラストHDと住友信託銀行が経営統合を発表。
2011	4	中央三井トラストHDと住友信託銀行が経営統合し、三井住友トラストHDを設立。
2012	4	中央三井信託銀行、三井アセット信託銀行、住友信託銀行が合併し、三井住友信託銀行が誕生。

※著者作成

社が経営統合を発表した。だがこれは、さくら銀行と三和銀行との合併を前提として経営統合を進めていたと思われる（三井海上火災保険は三井グループで、日本火災海上保険、興亜火災海上保険は三和銀行と親密な関係にあったからだ）。

損保三社は統合発表後、住友海上火災保険に統合への合流を打診したが、住友海上火災保険は不参加を表明した。これを受けて、三井海上火災保険は二〇〇〇年二月に三社経営統合から離脱して、住友海上火災保険との合併に方向転換。同年一〇月に三井海上火災保険と住友海上火災保険が合併し、三井住友海上火災保険となった。

その翌月、住友化学工業と三井化学が、二〇〇一年秋をメドに経営統合すると発表した。この発表は「金融界では住友銀行とさくら銀行が二〇〇一年四月に合併するなど、住友・三井グループが接近しており、産業界でも旧財閥グループの枠を超えた大型化再編が加速するのは必至だ」と新聞報道をにぎわせた（結局、住友化学工業と三井化学との経営統合は二〇〇三年三月に白紙撤回された）。

さらに、二〇〇二年一月、三井建設と住友建設が経営統合を行うと発表し、二〇〇三年に合併、三井住友建設となった。

財閥の枠を超えた住友銀行とさくら銀行の合併は、産業界にも大きな影響を与えた。都銀再編に沿った合従連衡等が繰り返され、六大企業集団（三井・住友・三菱・三和・芙蓉・一勧）が四大グループ（三井住友・三菱・三和・みずほ）に再編されるとの観測が拡がった。

しかし実際のところ、企業集団メンバーの再編統合は特定の業種（生命保険、損害保険、建設）でしか起こっていなかった。都銀再編は、都銀と関連の深い金融機関（生命保険、損害保険）と都銀の意向を汲《く》まざるを得ない不況産業（建設）に波及しただけで、企業集団の再編というような大がかりなものにはならなかったのである。

住友金属工業の「白水会」脱退

住友銀行や住友海上火災保険等は三井グループ企業との対等合併で生き残りを図ったが、中には事実上の吸収合併を余儀なくされ、「住友」商号を外し、「白水会」から離脱せざるをえなくなった企業もあった。

「住友御三家」の一角・住友金属工業は、二〇一二年の新日本製鉄との合併で、「住友」商号を外して新日鉄住金（二〇一九年四月 日本製鉄改称予定）と称し、「白水会」から脱退してしまう。

一九九〇年代以降、世界的な製鉄メーカーの再編・統合が相次ぎ、規模の拡大のため、国内の五大高炉メーカーは経営統合や提携を急いだ。二〇〇一年一二月、住友金属工業は新日本製鉄との連携を発表し、二〇一二年に合併した。

「『白水会への出席は継続したい』（友野宏社長＝当時、一一年九月の記者会見）との意向を持っていた。新会社名に住友の名前を残すため『新日鐵住友』への社名変更を模索したが、新日鐵側が拒否。新日鐵はどの企業グループにも属さず、三菱系や三井系の企業とも取引がある。当時の売上高で約3倍の開きがある新日鐵との合併を選択した時点で、住金側の意向が通る可能性は低かった」。

「『血判状』――。白水会に出席するグループ企業の社長が、そうたとえる書類がある。住友精神の順守などが定められるこの書類に押印しなければ、白水会への出席は認められない」「住金は結局、血判状に押印することができず、白水会を去った」（『週刊ダイヤモンド』二〇一六年四月二日号）。

住友金属工業の子会社・住友軽金属工業も二〇一三年に古河スカイと合併してＵＡＣＪ（United Aluminum Company of Japan の頭文字）と改称し、「白水会」から脱退している。また、住友石炭鉱業は業績不振から、二〇〇八年に住石マテリアルズと改称して「住友」商号を外し、「白水会」から脱退した。

住友系企業は、「住友」商号への過度の執着から、合併後も商号を名乗れるように、主導権を握れる合併でなければ応じなかった。しかし、そういった選択ができなくなるほど、素材産業を取り巻く状況が厳しくなっていったのだ。

Ⅲ　住友財閥・住友グループの特徴

創業者一族・住友家

三菱財閥（第一章）の岩崎家は強力なリーダーシップを示し、三井財閥（第三章）の三井家はしばしば経営介入し専門経営者を困惑させた。両者に比べ、住友家の存在感は限りなく薄い。誤解をおそれずにいうなら、住友家は何もしなかった。

一八九〇年、住友家の一二代・一三代目当主が相次いで死去した。

一三代目・住友吉左衛門友忠《ともただ》に子がなかったため、伊庭貞剛は友忠の母を暫定的に一四代目当主に立て、友忠の妹婿に徳大寺《とくだいじ》隆麿《たかまろ》（のちに住友吉左衛門友純《ともいと》と名を改めた）を迎えて一五代目当主とした。

徳大寺家はいわゆる平安《へいあん》時代以来の公家《くげ》に属し、五摂家《ごせつけ》に次ぐ高い家柄だった。しかも隆磨の父・徳大寺公純《きんいと》は江戸時代に右大臣を務め、実兄の西園寺公望は後の総理大臣になる人物である。

高貴な血筋に生まれた一五代目・住友吉左衛門友純は、住友家の家業には全く興味を示さず、事業を全て総理事に委ね、社交パーティに顔を出すくらいしか関与しなかった。

一方、官僚を中途採用して経営の中枢に充《あ》てた住友財閥では、国家意識が極めて強かった。住友の入社試験では「住友と国家の利益が相反《あいはん》する場合はどちらをとるか」との質問が出され、「住友の利益を先にとる」と答えた受験生は落第になったという。ちなみに「国家の利益を先に考える」という答えは平均点、一番良い答えは「国家の利益と相反するような事業には、住友は手を出さないはず」というものであった。

では、専門経営者が住友家を疎《うと》んじていたかといえば、そうではなかった。

全権を委任された専門経営者は、住友家当主に並々ならぬ恩義を感じていたらしい。

敗戦後、総理事の古田以下、専門経営者たちは、「いかにしたら、後世の物笑いにならないように、住友家の安泰を守れるか。極力、住友に累が及ばぬようにするか」と協議を重ねたという。

戦後も住友家は住友グループの象徴的な存在として敬愛され、毎年四月二五日に歴代住友家と物故従業員の霊を合祀《ごうし》する「祠堂祭《しどうさい》」が行われる。また、一一月には住友家のご招待宴が催され、年二回の住友グループOB会「老壮会」開催には住友家当主がしばしば出席するという。

一九八〇年代、住友不動産の強引な商売が週刊誌をにぎわせたことがあった。その悪評が住友家当主の耳に達し、住友不動産社長は祠堂祭で縷々《るる》説明する羽目になったという。まるで戦前の天皇が大臣を詰問するような事態が、合理的な関西商法で有名な住友グループの中枢で展開されていたとは面白い。

企業間には徹底した平等主義

近年、三井グループと接近しつつあった住友グループであるが、社風はむしろ三菱グループに近い。だが両者の違いがあるとすれば、三菱グループ内では各社間に厳然とした序列があるのに対して、住友グループが徹底した平等主義を取ってきたことだ。

これに関しては三菱グループと住友グループの両方の企業に勤めた人物が、或《あ》る経済雑誌で次のように証言している。

三菱「グループ内では金曜会が分野調整機能を果たしてきた。その裁定はいわゆる御三家が仕切ってきた（実態は重工の力が圧倒的）。かつて熾烈《しれつ》を極めた住友のアルミ戦争（住友金属vs.住友化学）のようなことは起きない。序列は厳然とあり、上位の重工が三菱電機の分野であるエアコンを手掛けることはグループ内で通る」。

平等主義という建て前は、理屈の上では誰にでも主導権を勝ち取ることができるということだ。その結果、住友グループは、グループ内での主導権争いや小競り合いが、比較的発生しやすい土壌となっている。

一九六〇年代後半、経済雑誌で次のような指摘があった。

「住友というグループは不思議な企業集団である。何事をやる場合でも、その推進役、中心的存在になった企業は、途中で、必ずどこかからクレームをつけられる。ちょっとしたトラブルが起きるわけだ。ところが、そのくせ、最後には、一致結束してコトに当たることになっている。この住友の奇妙な習癖は、おそらく住友御三家と呼ばれている住友銀行、住友金属、住友化学の微妙な関係、金属、化学の銀行に対する強烈な同格意識からくるものであろう」。

住友グループでは、原則としてグループ内での取引を最優先している。そのため、「人の三井」・「組織の三菱」と対比して、「結束の住友」と呼ばれるが、意外にグループ企業同士の仲は悪いとの評判が多い。しかし、最後は一致結束する。まさに「血は水よりも濃い」集団なのである。

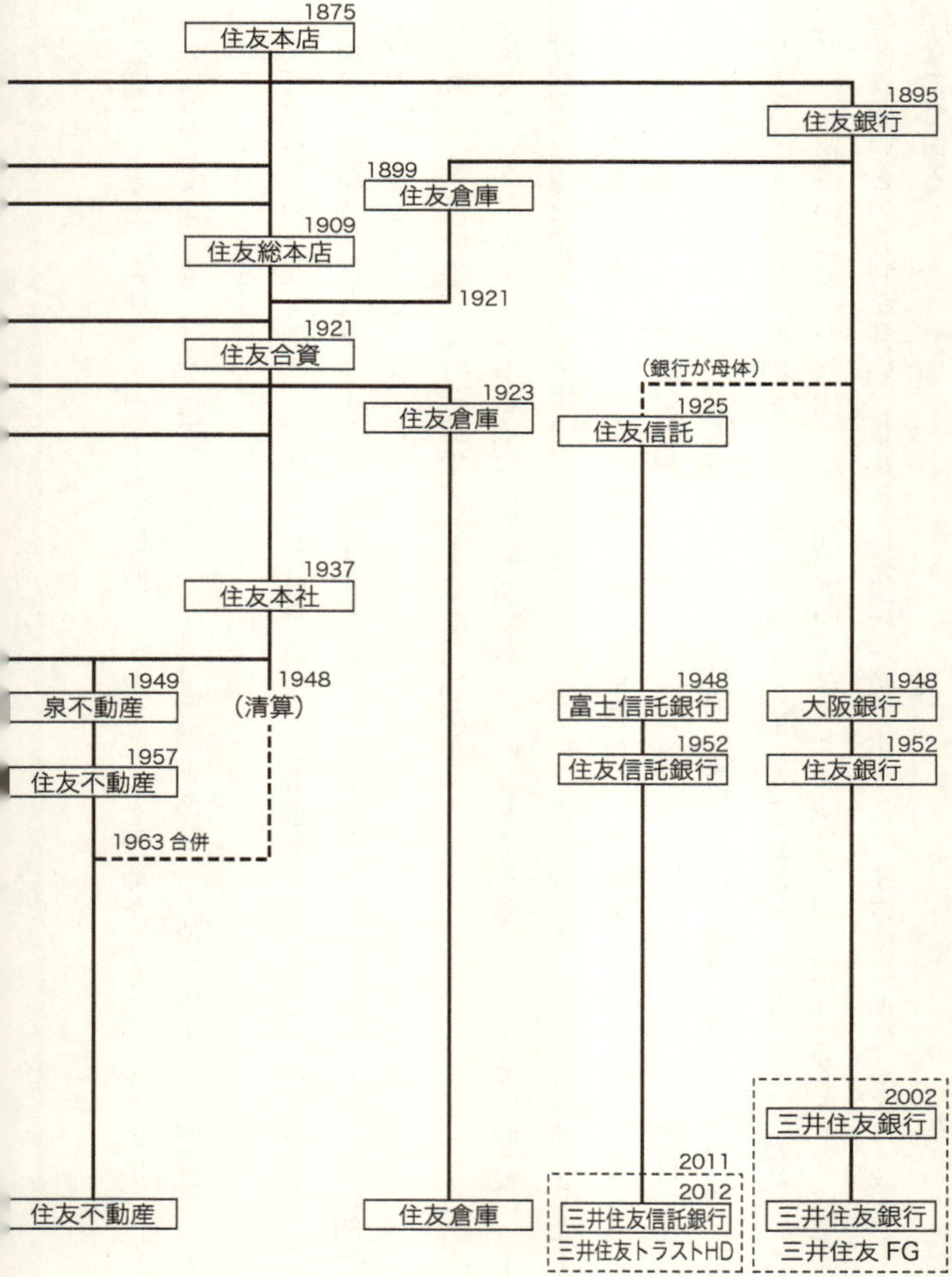
1875
住友本店
1895
住友銀行
1899
住友倉庫
1909
住友総本店
1921
1921
住友合資
（銀行が母体）
1923
住友倉庫
1925
住友信託
1937
住友本社
1948
（清算）
1949
泉不動産
1957
住友不動産
1963 合併
1948
富士信託銀行
1952
住友信託銀行
1948
大阪銀行
1952
住友銀行
2002
三井住友銀行
2011
2012
三井住友信託銀行
三井住友トラストHD
三井住友銀行
三井住友 FG
住友不動産
住友倉庫

【住友系企業の企業系統図❶】

←①

←②

←③

←④

←⑤

←⑥

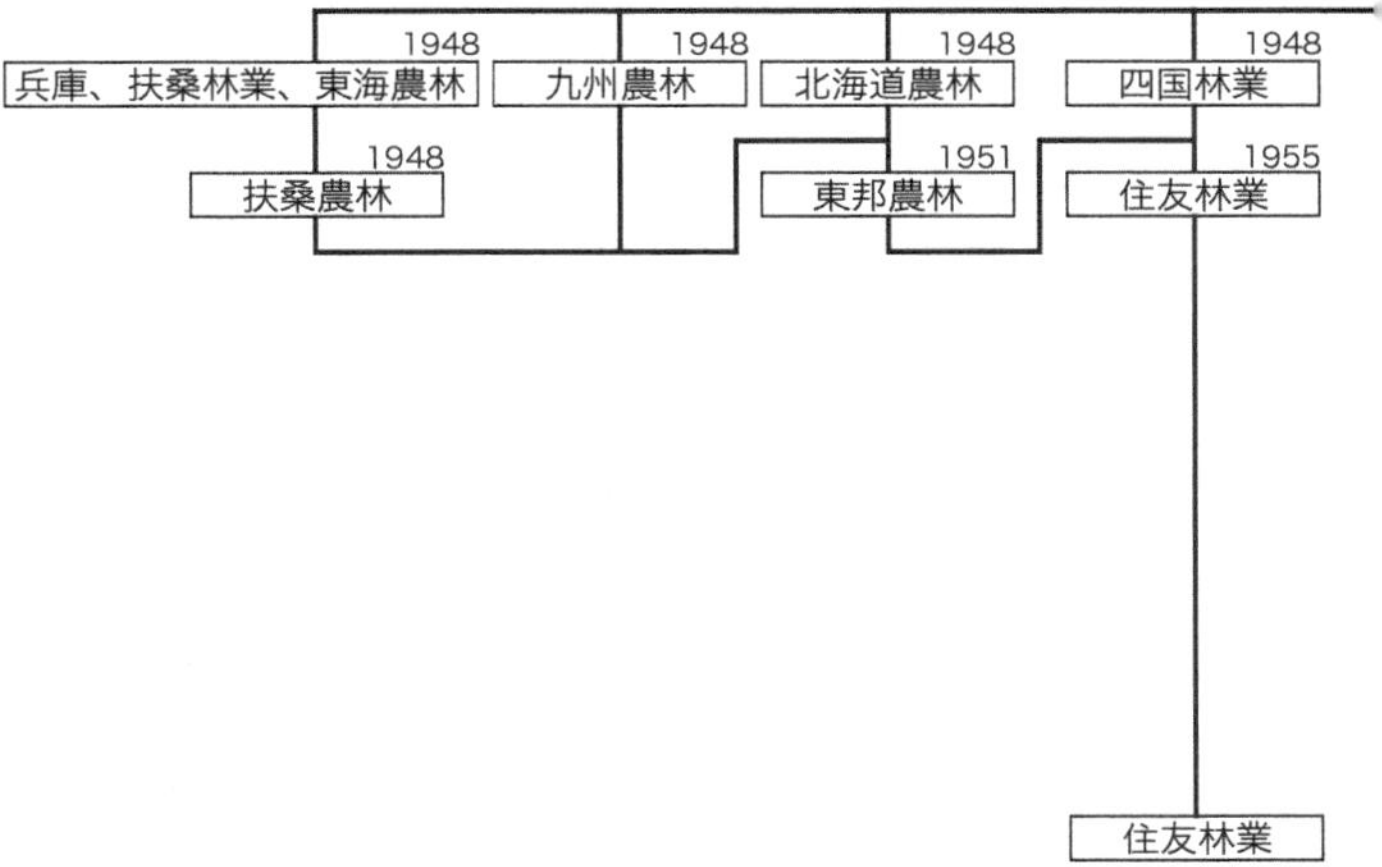

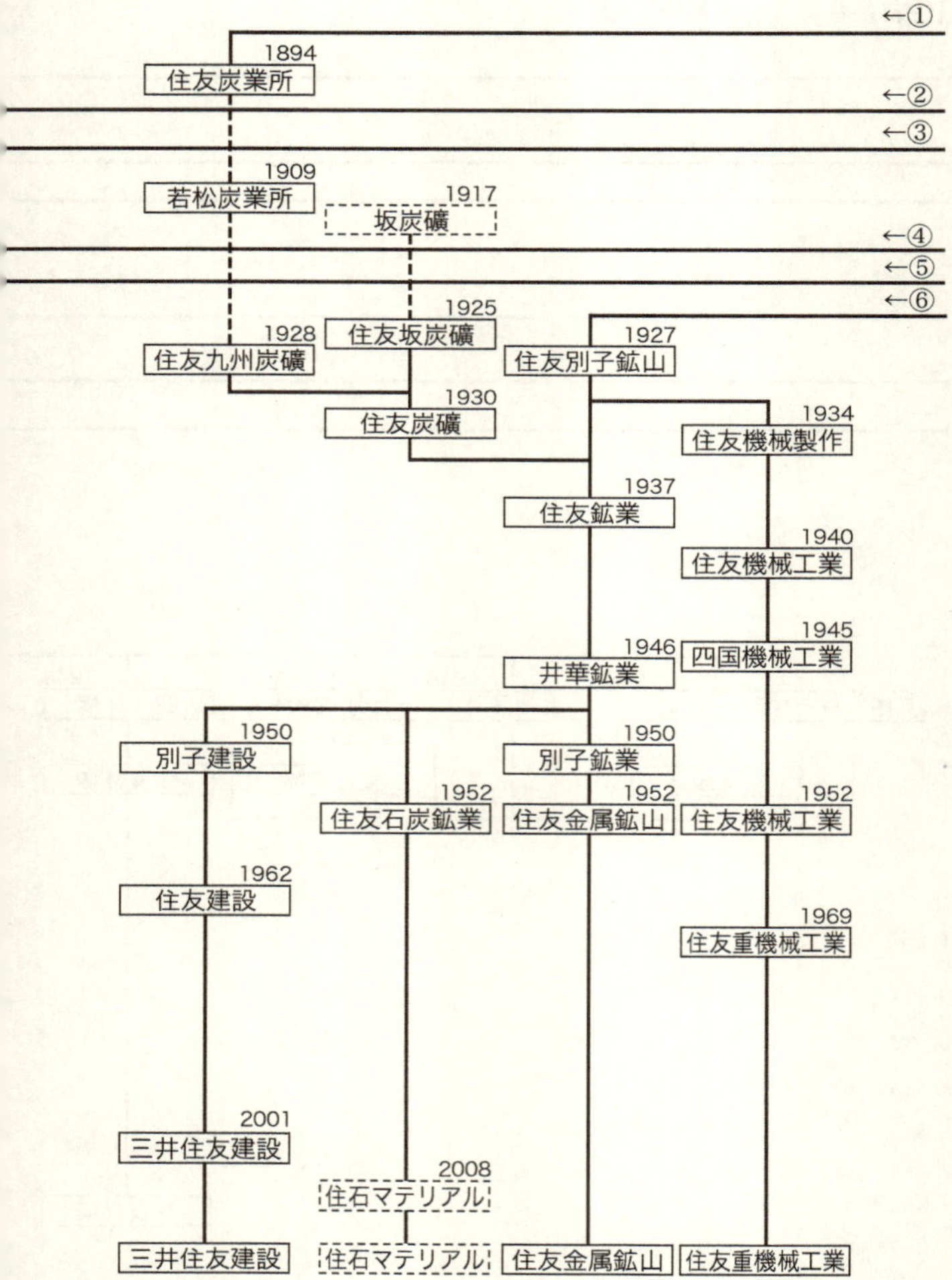
←①
1894
住友炭業所
←②
←③
1909
若松炭業所
1917
坂炭礦
←④
←⑤
←⑥
1925
住友坂炭礦
1928
住友九州炭礦
1927
住友別子鉱山
1930
住友炭礦
1934
住友機械製作
1937
住友鉱業
1940
住友機械工業
1945
四国機械工業
1946
井華鉱業
1950
別子建設
1950
別子鉱業
1952
住友石炭鉱業
1952
住友金属鉱山
1952
住友機械工業
1962
住友建設
1969
住友重機械工業
2001
三井住友建設
2008
住石マテリアル
三井住友建設
住石マテリアル
住友金属鉱山
住友重機械工業

【住友系企業の企業系統図❷】

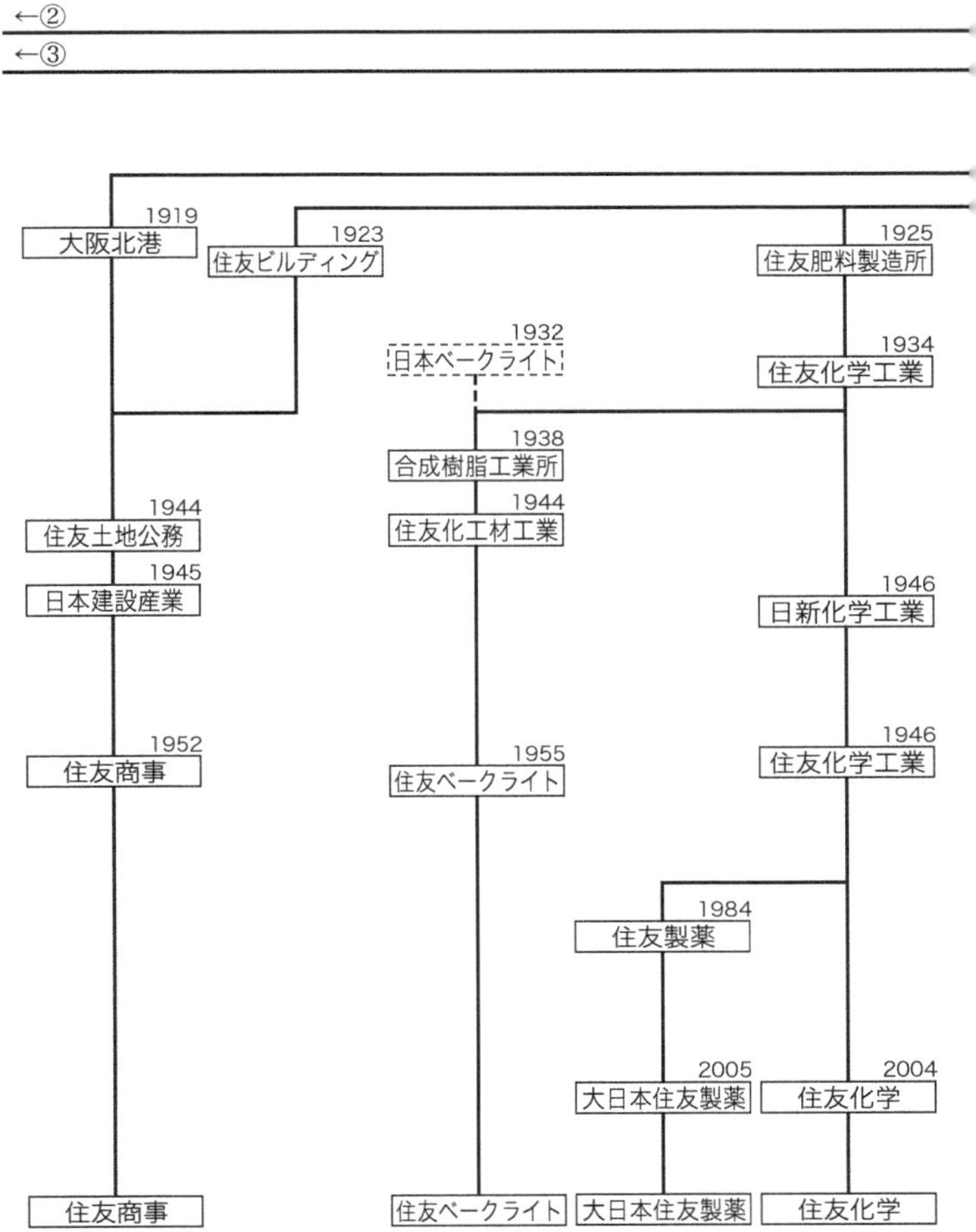

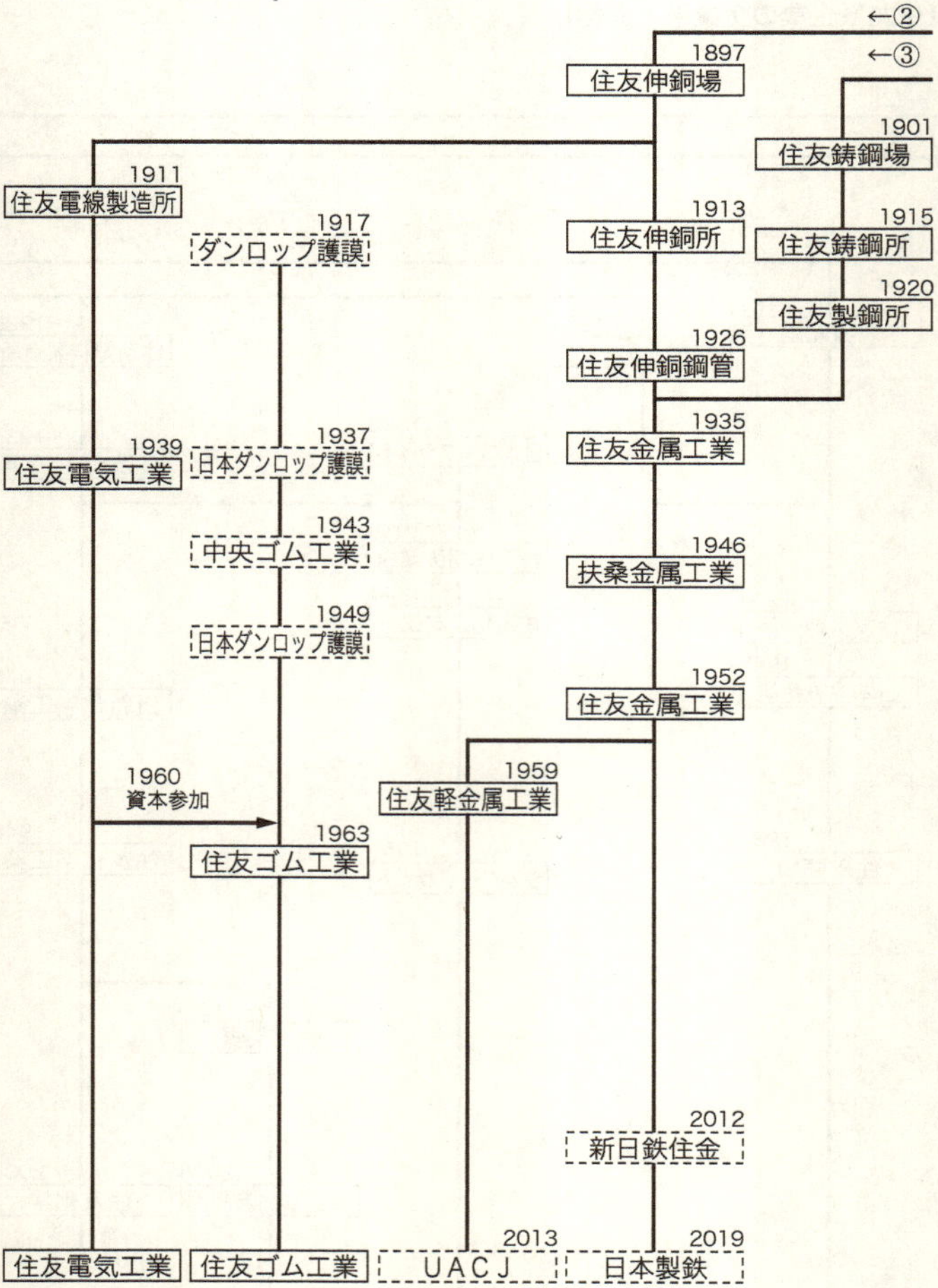

←②
←③
1897
住友伸銅場
1901
住友鋳鋼場
1911
住友電線製造所
1917
ダンロップ護謨
1913
住友伸銅所
1915
住友鋳鋼所
1920
住友製鋼所
1926
住友伸銅鋼管
1935
住友金属工業
1939
住友電気工業
1937
日本ダンロップ護謨
1943
中央ゴム工業
1946
扶桑金属工業
1949
日本ダンロップ護謨
1952
住友金属工業
1959
住友軽金属工業
1960
資本参加
1963
住友ゴム工業
2012
新日鉄住金
2013
2019
住友電気工業
住友ゴム工業
UACJ
日本製鉄

【住友系企業の企業系統図❸】

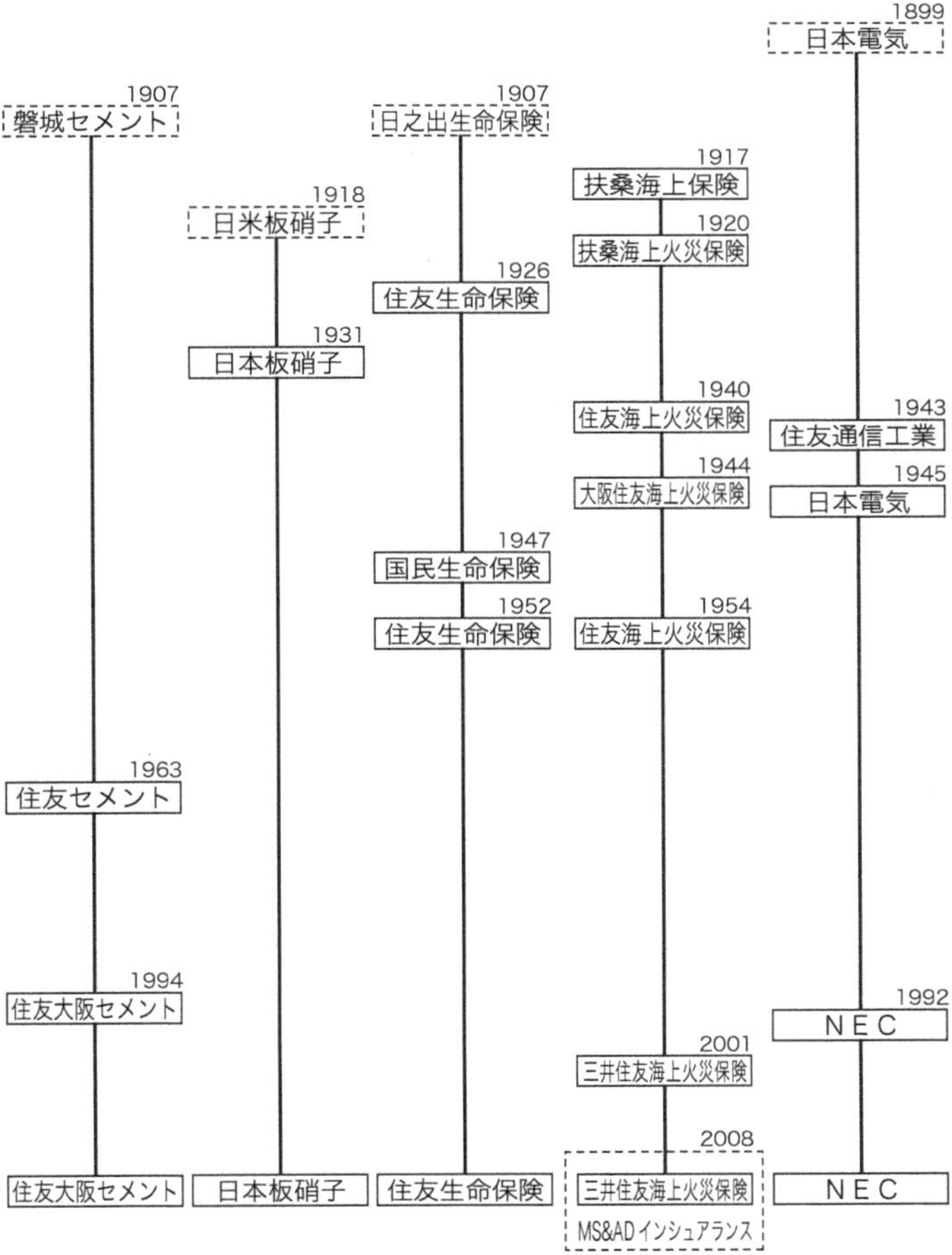

【住友家系図】

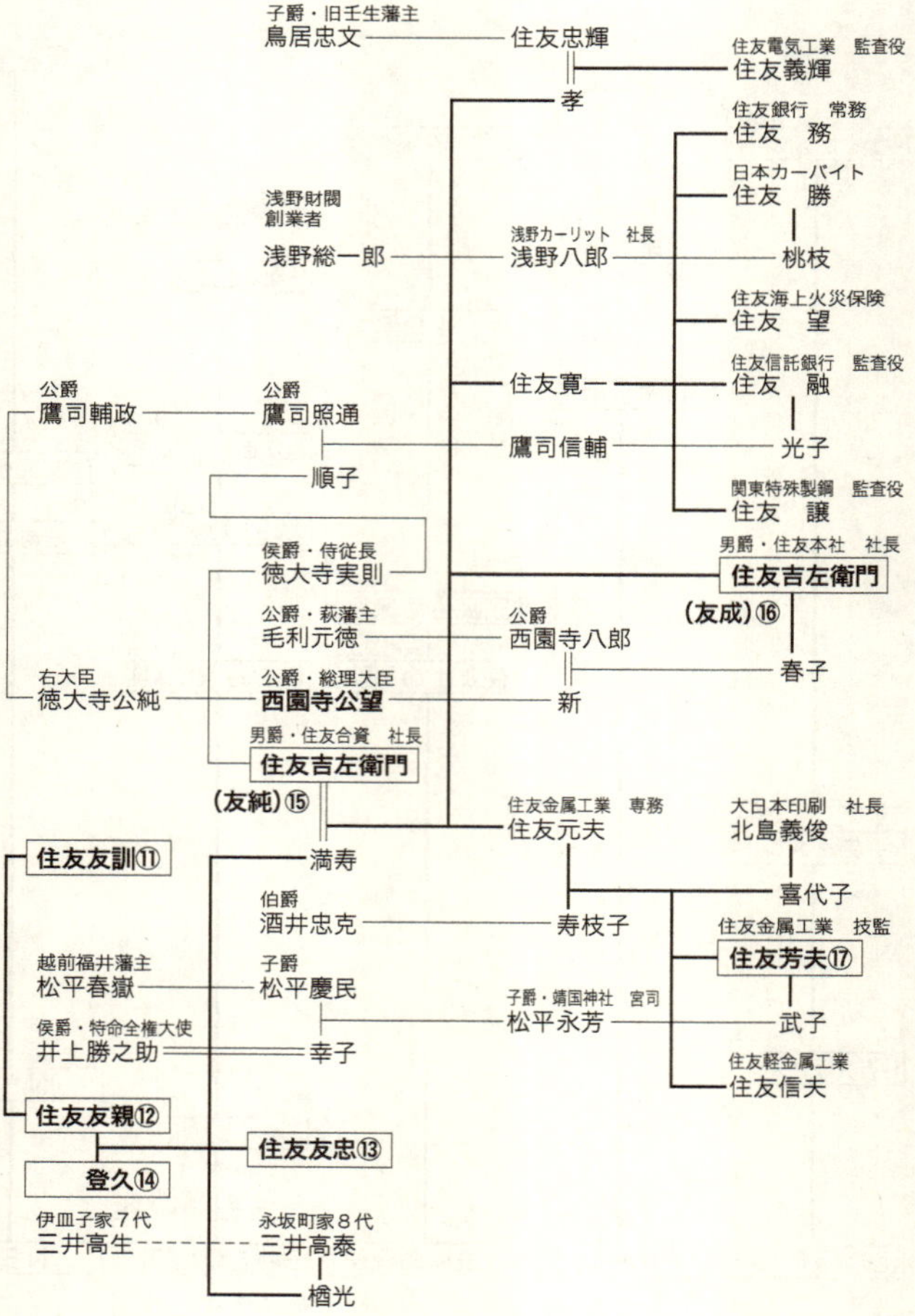
子爵・旧壬生藩主
鳥居忠文
住友忠輝
住友電気工業　監査役
住友義輝
孝
住友銀行　常務
住友　務
日本カーバイト
住友　勝
浅野財閥
創業者
浅野総一郎
浅野カーリット　社長
浅野八郎
桃枝
住友海上火災保険
住友　望
公爵
鷹司輔政
公爵
鷹司照通
住友寛
住友信託銀行　監査役
住友　融
鷹司信輔
光子
順子
関東特殊製鋼　監査役
住友　譲
侯爵・侍従長
徳大寺実則
男爵・住友本社　社長
住友吉左衛門
（友成）⑯
公爵・萩藩主
毛利元徳
公爵
西園寺八郎
春子
右大臣
徳大寺公純
公爵・総理大臣
西園寺公望
新
男爵・住友合資　社長
住友吉左衛門
（友純）⑮
住友金属工業　専務
住友元夫
大日本印刷　社長
北島義俊
住友友訓⑪
満寿
喜代子
伯爵
酒井忠克
寿枝子
住友金属工業　技監
住友芳夫⑰
越前福井藩主
松平春嶽
子爵
松平慶民
子爵・靖国神社　宮司
松平永芳
武子
侯爵・特命全権大使
井上勝之助
幸子
住友軽金属工業
住友信夫
住友友親⑫
住友友忠⑬
登久⑭
伊皿子家７代
三井高生
永坂町家８代
三井高泰
楢光

第三章　三井財閥・三井グループ

I　財閥の発展

明治以前

三井財閥は、江戸時代から続く富商・三井家を前身に持つ。

戦前は日本最大の財閥として、その名を世界にとどろかせた。

戦後は三井グループに再編されるが、再結集にもたつき、三菱グループはおろか住友グループの後塵《こうじん》を拝することとなった。

三井家の先祖は近江国（現 滋賀県）の武士で、戦国時代に織田信長《のぶなが》の近江侵攻をきっかけに、三井越後守高安《えちごのかみたかやす》は伊勢（現 三重県）に逃れ、その子・三井則兵衛高俊《のりべえたかとし》が伊勢松坂《いせまつさか》で質屋兼酒屋を開いたといわれている。

三井の創業者・三井八郎兵衛高利《はちろべえたかとし》（一六二二～九四）は高俊の四男に生まれ、一六七三年頃、京都と江戸に呉服店を出店し、「越後屋八郎右衛門《えちごやはちろうえもん》」の暖簾《のれん》を掲げた。「越後屋」という屋号は、祖父・越後守に由来している。

【丸に井桁三の字の誕生】

三井グループの社章　三井家の家紋

丸に井桁三の字　四つ目結

越後屋は「現金掛け値なし」（現金で定価販売）といわれた商売手法で高い人気を博した。

当時の商売は掛け売り、掛け値が一般的だった。つまり、商人と顧客が交渉して値段を決め、その代金を「付け」で払っていた。こうなると、商人は貸し倒れ等の損失を防ぐため、金利を付けて高い値段をふっかけることになる。

越後屋は定額販売を実施して、商品の値を下げ、爆発的な人気を得た。

その後、呉服店で得た資金を元に両替商を始め、江戸・京都・大坂間で為替《かわせ》業務を開始し、巨万の富を築いた。

また、三井家には分家制度と総有《そうゆう》制という大きな特徴があった。多くの子宝に恵まれた高利は、死に臨んで、総資産を長男以下に割り当てる分割相続を指示した。しかし、かれの遺児たちは実際には資産を分割せず、可能な限り共同事業を続けていく誓約を交わし、その事業を統轄する「大元方《おおもとかた》」という組織をつくった。高利の子女は九軒の分家を立て、明治には一一家に増え、「三井十一家」と呼ばれた。

こうして、三井家の財産は分家同士が共同で管理・運用し、原則として分割を認めない共有財産となった（この共有財産制度を経営史では「総有」制と呼んでいる）。

明治維新と三野村利左衛門

幕末から明治維新にかけて、三井家は大きな危機を迎える。

江戸幕府は長州《ちょうしゅう》征伐などの莫大《ばくだい》な経費支出に悩み、江戸の富商に御用金を課したが、中でも三井への割当額は大きく、一八六四年から五回に渡って計二六六万両という法外な御用金の上納を言い渡された。

しかし、三井は大名貸し（大名の借金）の不良債権化や、貨幣改鋳によるインフレなどで営業状態が悪化していた。そこで三井は、勘定奉行・小栗上野介忠順《おぐりこうずけのすけただまさ》と親交のあった三野村《みのむら》利左衛門《りざえもん》（一八二一～七七）を外部から起用し、幕府御用金の減免を図った。三野村は小栗に三井の窮状を説明して、減免を成功させた。

明治維新後、政府は大隈重信を抜擢《ばってき》して貨幣政策に当たらせたが、大隈夫人は旗本出身で小栗家と縁続きだった。そこで三野村は、大隈とその部下であった井上馨《いのうえかおる》に取り入り、一八七一年に「新貨幣為替御用」（金銀の地金を受け取って新貨幣を渡し、受け取った地金を造幣局に送る役目）を三井が独占的に拝命することに成功した。
三井が「政商」と化していく中、三野村は欠かせない存在となっていった。

呉服店の分離と三井銀行・三井物産の設立

その当時、三井家の本業ともいうべき呉服店は業績が振るわず、三井家は銀行業への本格進出を渇望した。

一八七二年、明治政府の財政を握っていた井上馨から、「三井家は呉服業を分離して銀行設立に専念せよ」との内命を受けた。

そこで、三井家は越後屋呉服店（現 三越伊勢丹ホールディングス。三越という名は、三井と越後屋の一字ずつを取って命名された）を形式上切り離し、一八七六年に日本初の私立銀行である私盟《しめい》会社三井銀行（現 株式会社三井住友銀行）を設立。三井家の営業部門を三井銀行に、非営業部門を「大元方」に移管した。

井上馨は政府内部の意見対立のため、一八七三年に部下の渋沢栄一（第七章）や益田孝《ますだたかし》とともに官を辞した。井上、益田らは、旧知の事業家・岡田平蔵《おかだへいぞう》と組んで岡田組（翌年、岡田が死去し、先収《せんしゅう》会社と改称）という貿易商社を設立するが、一八七五年に井上は元老院議官に任ぜられ、官界に復帰してしまう。

残された益田ら幹部は、三野村と相談して私盟会社三井物産会社（現三井物産株式会社）を設立し、先収会社の東京の業務を引き継いだ（大阪の業務は藤田伝三郎《ふじたでんざぶろう》が継承した）。

この時、三井家は同族のうち二人を戸籍から独立させ、かれらを三井物産の社主として、形式上、三井家との無関係を装った。その理由は資産の保全にあった。

すなわち、呉服店を切り離した今、三井家の事業は三井銀行と三井物産の二つしかない。いずれかが破綻《はたん》しても、その負債がもう一方の企業に及ばないようにするための知恵であった。このことが示すように、三井財閥の最大の関心事は、三井家の資産保全にあった。

中上川彦次郎と三井銀行改革

井上馨は、西郷隆盛《さいごうたかもり》から「三井の大番頭」と言われるまで三井との癒着を深めていくが、その一方で保守的な三井家に改革を促した。ところが、改革は遅々として進まない。

井上は三井家に圧力をかけ、一八七三年に三野村を「大元方総轄」という職に任命し、三井家政の全権を委任させ、三野村を中心とした改革を試みた。

三野村は使用人の地位向上などの改革を進めていったが、一八七七年に死去すると、再び三井家は旧態に復した。

一八九〇年、時代の変革に遅れをとった三井銀行は、不況のあおりを受け、多額の不良債権を抱えこむこととなった。この難局を乗り切るために、外部から人材を招聘《しょうへい》せざるをえなくなり、福沢諭吉《ふくざわゆきち》の甥《おい》・中上川彦次郎《なかみがわひこじろう》に白羽の矢が立てられた。

中上川彦次郎（一八五四〜一九〇一）は豊前《ぶぜん》（現 大分県）中津《なかつ》藩士の子に生まれ、慶応義塾を卒業後、留学先の英国で、外遊中であった井上馨の信頼を得る。その後、井上馨が工部卿《きょう》になると、その推挙で工部省の役人となり、井上に付き従って外務省に転じた。だが、明治十四年の政変で官を辞したのち、時事新報社社長や山陽鉄道社長を歴任する。

そして、一八九一年に井上の推挙で三井銀行理事に就任した。

中上川は、不良債権の整理から着手し、経営の近代化を図った。改革を推進する人材を確保するため、多くの学卒者（特に慶応義塾ＯＢや新聞記者出身者）を中途採用した。

その結果、それまで政商的だった三井の空気は一変。三井銀行の不良債権は、その多くが政治家や有力者との癒着で回収不能となっていたが、中上川は学卒者出身の行員を差し向けて厳しく督促し、断固として回収した。

また工業立国近代化に寄与すべく、工業化路線を積極的に推し進めた。

経営難に陥った鐘淵紡績《かねがふちぼうせき》株式会社（のちのカネボウ）に、朝吹英二《あさぶきえいじ》、武藤山治《むとうさんじ》、和田豊治《わだとよじ》を連れ、自ら乗り込んで再建。王子製紙株式会社（現 王子ホールディングス株式会社）に藤山《ふじやま》雷太《らいた》を派遣して実権を握り、不良貸し付けの整理によって入手した株式会社芝浦製作所（現株式会社東芝）の整備拡充を行った。

三井家では鉱山業に投機することを禁止していたが、中上川は三井物産の下にあった鉱山事業を統括して、一八九二年に三井鉱山合資会社（現 日本コークス工業株式会社）を設立し、三井家同族が直接出資する形とした。

こうした中上川の工業化路線は、資産の保全を第一に考える三井家の批判を受け、晩年の中上川は孤立し、一九〇一年に不遇のうちにこの世を去った。

中上川の死後、かれが育てた人材は各地で活躍した。藤山雷太は王子製紙の専務として同社を再建し、その手腕を買われて大日本製糖株式会社の社長となった。

その後、王子製紙は再び業績悪化に陥り、藤原銀次郎《ふじわらぎんじろう》が専務となって再建を果たす。藤原は、王子製紙に富士製紙株式会社と樺太《からふと》工業株式会社を合併させて一大製紙会社とし、「製紙王」と呼ばれるまでになった。かれが設立した藤原工業大学は、母校・慶応義塾大学に寄贈され、同校の工学部になっている。また、日比翁助《ひびおうすけ》は三越を呉服屋からデパートメント・ストア（総合百貨店）に変革し、小林一三《こばやしいちぞう》は阪急・東宝グループを創った。

益田孝と三井合名の設立

中上川の死後、三井家と井上馨の信任が厚かった三井物産社長・益田孝が、事実上、三井財閥の総帥となった。

益田孝（一八四八〜一九三八）は佐渡《さど》奉行所の役人の子として生まれ、父が箱館《はこだて》奉行所に抜擢され、同所で英語を学ぶ。一八六三年に幕府が欧州使節団をフランスに派遣すると、父に従って同行。帰国後、幕府が倒れたため、横浜《よこはま》で商売を始めたが、井上馨、五代友厚《ごだいともあつ》の推挙で造幣局に入った。その後、井上と行動をともにして先収会社で貿易事業を始め、同社が一八七六年に三井物産になると、事実上のトップとなった。

一八八〇年代、益田は紡績業の勃興《ぼっこう》を見越して紡績機械や棉花《めんか》の輸入に力を入れ、一八九〇年代には外国間売買で成功し、大きな利益を上げた。一九〇〇年代には三井物産の取引額は約二億円に達し、わが国貿易額の二割強を占めるに至った。

また、三井の事業を統括強化するため、一九〇二年、三井家同族会（一八九三年に設立された三井家の最高議決機関）に管理部を作って、その専務理事となり、事業の再編・方針転換を行った。三井物産を育ててきた益田は、商業・金融事業の推進者であり、工業分野への投資には否定的だった。益田は中上川の採った工業化路線を次々と否定し、三井家の事業を商業、金融、鉱山に特化していった。

三井の諸企業は年々、拡大の一途をたどったが、これが破綻すると三井家に甚大な危険を及ぼしかねなかった。そこで、益田は三井家からリスクを遠ざける方策を検討した。特に三井銀行が過去に取り付け騒ぎを起こしていたことから、三井銀行調査係長に報告書を提出させるとともに、欧米視察に出かけた際に財閥組織を研究し、事業会社を有限責任である株式会社化することを決断した。

一九〇九年、益田は三井家同族会管理部を法人化して持株会社・三井合名会社《ごうめいがいしゃ》（以下、三井合名という）を設立し、傘下の合名会社（三井銀行、三井物産、三井鉱山等）を株式会社に改組した。これにより、傘下の株式会社が破綻しても、その責任が波及するのは株主である三井合名までにとどまり、三井十一家には及ばない体制が構築されたのである。

理事長・団琢磨の暗殺

益田は三井財閥の事業・組織を体系化したことを見届け、一九一四年に勇退した。後任には三井鉱山の団琢磨を推挙。三井合名は業務規定を改定して理事長制を敷き、団が初代理事長に就任した。

団琢磨（一八五八〜一九三二）は福岡藩士の子に生まれ、旧藩主・黒田長知《くろだながとも》に随伴する海外留学生に抜擢され渡米。マサチューセッツ工科大学で鉱山学を学び、帰国後、三池《みいけ》炭礦に赴任した。ところが、明治政府所有だった三池炭礦を民間に払い下げることになり、一八八七年、三井物産が落札。団琢磨も三井入りした。

それまで三池炭礦は稚拙な設備で採炭しており、団は幾度となく設備増強を建言したが、政府筋は取り合わなかった。しかし三井の買収後、団の申し入れは受け入れられ、三池炭礦は良質の石炭を大量に採炭できるようになり、一躍、三井のドル箱と化した。

「あのヤマ（三池炭礦）を三井は少し高く買ったが、団さん付きと考えれば安い買い物だった」といわれたほど、団の評価は高かった。

団は、工業化を嫌う益田と協調しつつ、鉱業・化学を中心に三井の工業化路線を推進した。三井本家の当主・三井八郎右衛門高棟《たかみね》（一八五七～一九四八）は、団に並々ならぬ信頼を寄せ、口うるさい分家を抑えて、団を支援した。だが財閥批判の中、一九三二年、団は右翼テロによって暗殺されてしまう。

団の死後、三井銀行筆頭常務・池田《いけだ》成彬《せいひん》が三井合名筆頭常務理事（事実上、三井財閥の総帥）に招聘された。また、三井家当主は高棟が引退し、長男・三井八郎右衛門高公《たかきみ》（一八九五～一九九二）が三井合名社長に就任した。

しかし、若い三井家当主では分家を抑えることができず、池田は「合名に行ってから、私の時間なりエナージー（エネルギー）なりの七、八割まではその方（三井家対策）に使い、あとの二、三割だけが本当の合名の仕事に向けられた」と述懐するほど苦労した。

池田成彬の財閥転向

池田成彬（一八六七〜一九五〇）は米沢《よねざわ》藩・江戸留守居《るすい》役の子に生まれ、慶応義塾大学卒業後、ハーバード大学に留学。帰国後、時事新報社に入社したが、薄給を不満にして三週間で退社。同年、慶応義塾塾長の推薦で三井銀行に入った。中上川彦次郎に気に入られ、その長女と結婚。一九一九年に三井銀行筆頭常務（三井銀行の事実上のトップ）となった。

一九三三年、三井合名筆頭常務理事に就任した池田は、財閥批判をかわすために「財閥転向」を実行した。

池田は三井一族を直系会社の役員から退任させ、財団法人三井報恩会を設立して、社会貢献に努めることを発表。さらに三井物産の筆頭常務取締役・安川雄之助《やすかわゆうのすけ》を更迭した。

当時、三井物産は営利追求に走っているとして、社会的に大きな批判を受けていた。安川雄之助は「物産の安川か、安川の物産か」といわれた実力者で、子会社であった東洋レーヨン（現東レ）の株式公開で私利私欲に走ったとの社会的批判があり、池田は安川を辞任させることで、三井財閥への批判を和らげようとした。

また、池田は高すぎる役員報酬を引き下げ、停年制を導入。一九三六年に自ら定めた停年制に従って退職した。その後、一九三七年に日本銀行総裁、一九三八年に大蔵大臣兼商工大臣を歴任することになる。

三井本社の改編

三井合名は、「財閥転向」による多額の寄付や戦時下による増税のため、財務体質が悪化する。そこで建て直しのため、三井合名を株式会社化して、株式を一部公開し、資金調達することを企図した。

しかし、株式会社化には、三井合名を一旦《いったん》解散して新たに株式会社を作るか、既存の株式会社に合併させるしかなかった。解散の場合、三井合名には膨大な含み資産があり、巨額の清算所得税を納める必要があった。そこで三井物産と合併する案が浮上。一九四〇年、子会社であった三井物産株式会社が三井合名会社を吸収合併することで、事実上、三井合名の株式会社化が実現した。

本社機構と貿易部門を兼ね備えることになった三井物産は、本来、「三井本社」のような社名に改称すべきであったが、三井物産という社名を捨てることは適切でないとの判断があり、三井物産のままとした（なお、吸収合併に伴い、三井合名から三井同族の持つ土地・建物を切り離し、一九四一年に三井不動産株式会社を設立した）。

株式を公開したことにより、資金調達能力は向上した。しかし、本社機構を兼ねた三井物産が、三井鉱山ら兄弟会社を統制するという「機構上の無理」が表面化し、三井物産から本社機構の再分離を余儀なくされる。一九四四年、三井物産は貿易部門・木材工業部門を分離。本社機構を純粋な持株会社として株式会社三井本社と改称し、貿易部門を三井物産株式会社、木材工業部門を三井木材工業株式会社とした。

傘下企業の株主構造、役員構成

ここで三井財閥の傘下企業について記述しておこう。

三菱・住友財閥では、本社から事業部門を分離し、直系企業を設立していったが、三井財閥では全く逆の手順を取った。

まず、三井一族がそれぞれ出資して直系会社（三井銀行、三井物産等）を設立し、その後に持株会社（三井合名）が設立され、資本関係を整備した。

直系会社を株式会社化して、その全株式を三井合名が所有し、三井合名に三井一族が共同出資するという構図である。

三井銀行、三井物産、三井鉱山等は独立した企業として設立され、おのおの事業活動を展開し、個別に採用を行っていた。従って、三菱・住友財閥に比べ、三井財閥の直系会社間に

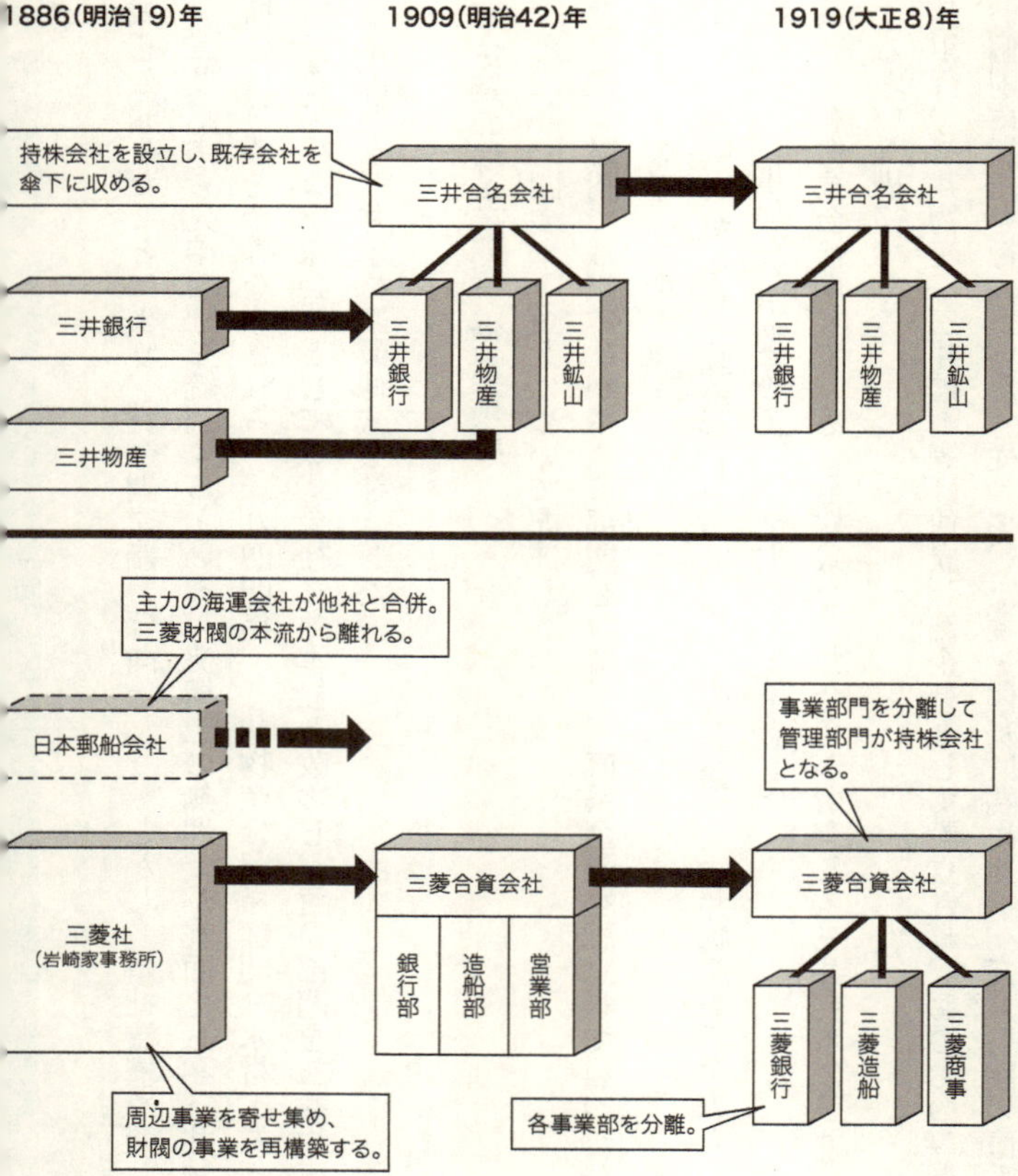

1886(明治19)年
1909(明治42)年
1919(大正8)年
持株会社を設立し、既存会社を傘下に収める。
三井合名会社
三井合名会社
三井銀行
三井物産
三井銀行
三井物産
三井鉱山
三井銀行
三井物産
三井鉱山
主力の海運会社が他社と合併。三菱財閥の本流から離れる。
日本郵船会社
事業部門を分離して管理部門が持株会社となる。
三菱社
(岩崎家事務所)
三菱合資会社
銀行部
造船部
営業部
三菱合資会社
三菱銀行
三菱造船
三菱商事
周辺事業を寄せ集め、財閥の事業を再構築する。
各事業部を分離。

【三井財閥と三菱財閥の本社の位置付け】

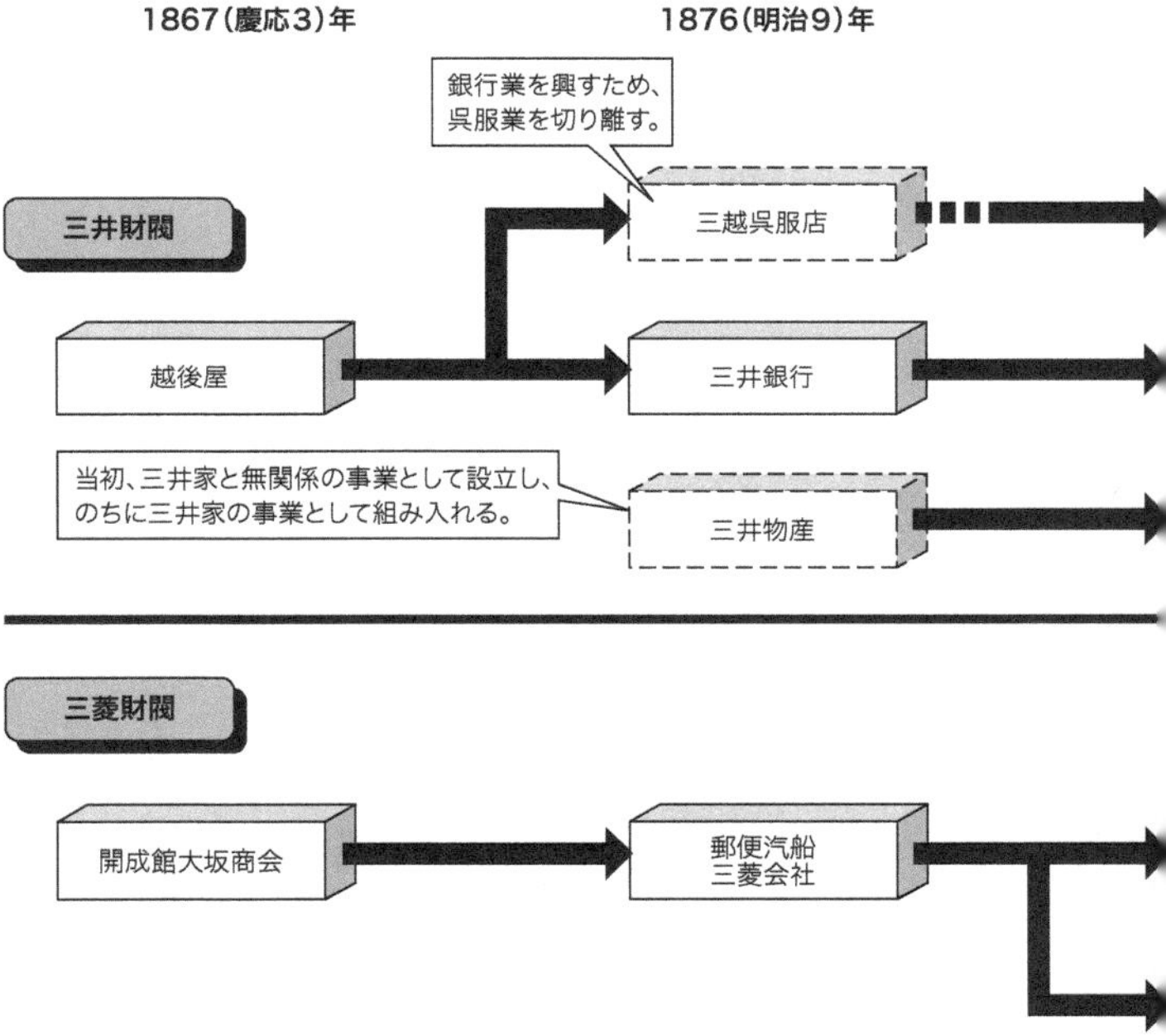

※出典 『三井・三菱・住友・芙蓉・三和・一勧』

は財閥としての一体感が乏しかった（しかし、他の財閥を見ると、三井財閥の方が一般的で、三菱・住友財閥が特異であることがわかる）。

また、三井物産は事業化に際して幾つかの子会社を設立していったが、これら子会社の間には産業上の繋《つな》がりがほとんどなかった。

第一次世界大戦後、三井物産は、一九一八年に大正海上火災保険株式会社（現 三井住友海上火災保険株式会社）、一九二五年に三機工業株式会社、一九二六年に東洋レーヨン株式会社（現 東レ株式会社）を相次いで設立。

また、事業部を分離して、幾つもの企業を設立した。一九二〇年に棉花《めんか》部を分離して東洋棉花株式会社（のち株式会社トーメンと改称し、豊田通商株式会社に吸収合併）、一九三七年に造船部を分離して株式会社玉造船所（現 株式会社三井E&Sホールディングス）、一九四二年に船舶部を分離して三井船舶株式会社（現 株式会社商船三井）を設立した。

同様に三井鉱山も、一九三三年にコークス製造事業に進出して東洋高圧工業株式会社（三井東圧化学株式会社を経て、三井化学株式会社）を設立し、一九四一年に化学工業部門・研究所を分離して三井化学工業株式会社（東洋高圧工業と合併し、三井東圧化学を経て、三井化学）を設立した。また、北海道炭礦汽船株式会社、株式会社日本製鋼所の株式を取得して支配下に置いた。

このように、三井財閥の有力直系会社である三井物産・三井鉱山は、事業多角化で子会社を設立し、それぞれ数多くの傘下企業を抱えた持株会社と化した。

一方、株式会社三井銀行は戦時中に国策による金融機関の合併が推進されると、一九四三年に第一銀行と合併して株式会社帝国銀行となり、一時、三井財閥の直系会社から除外されてしまう。

三井財閥では当初、三井十一家の各当主が各社の社長以下取締役を占めていたが、「財閥転向」を機に三井家の取締役を退任させ、専門経営者がこれに代わったが、三菱・住友財閥に比べて直系会社間の役員兼任は低調で、意思の疎通を欠いていた。

むしろ互いにライバル視していたという証言もある。「戦前の三井財閥傘下の企業は業績向上に懸命の努力を払ったものだ。特に、物産、鉱山、銀行の三社は、三井合名の主導権を掌握することを狙って烈《はげ》しい競争を演じた」という（『三井——企業グループの動態③』）。こうした財閥としての一体感の欠如が、戦後のグループ再結集をもたつかせる元凶となった。

II　財閥解体と企業集団の形成

弱い銀行と進まぬ再結集

戦後の財閥解体で、株式会社三井本社（第一次指定）、三井物産株式会社、三井船舶株式会

社、三井鉱山株式会社、三井化学工業株式会社、北海道炭礦汽船株式会社（第三次指定）が持株会社に指定され、三井本社が解散した。

三井財閥は財閥解体を経て、三井グループに再編された。

三菱・住友財閥では、都市銀行を中心とした企業の再結集と、旧財閥の経営者の会合（社長会）発足を両輪として、企業集団を形成していった。

ところが、三井では、三井財閥に財閥としての一体感がなく、なかでも戦後の三井銀行トップが再結集に最も否定的で、その三井銀行の資金力も乏しく、三井系企業を取り込むことができなかった。

終戦直後の三井銀行社長（三井銀行は頭取と呼ばず、社長と呼んだ）は佐藤喜一郎《さとうきいちろう》で、当時、三井グループ内部でも最も影響力のあった人物であった。佐藤は長い外国暮らしと持ち前の合理的な性格から、グループの結集には否定的な立場を採り続けた。三井グループ再結集に意を注いだ江戸《えど》英雄《ひでお》（後述）は、次のように述懐している。

「佐藤氏は企業の提携、結集というものを嫌い、徹底した自由競争こそが進歩の途であると考えていた。三井銀行がグループ内のすべての企業の面倒をみる必要はないし、それぞれの企業が自主的にやればいい。銀行は銀行としての経営の健全化を図るべきとの考えであった。私などが機会あるごとに、物産合同や三井各社の結集の必要性を訴えても、『もう財閥は解体されたのだし、いまはそんな時代じゃないよ。財閥の復活などを考えるのは時代錯誤だ』と常に消極的な発言をしていた。佐藤社長は当時、三井グループの中心的存在であっただけにその発言には重みがあった」。

戦後の三井グループ弱体化の一因として、三井銀行の資金力不足が指摘される。池田成彬が少店舗主義を採った上、戦時に合併した第一銀行と分離して店舗を分け合ったことから、三井銀行は店舗数が少なく、大衆預金を獲得することが難しかった。そのため、三井銀行は各社に対する融資額を抑えざるを得なかった。

成長力の高い三井系企業、戦前に三井と関係の深かった優良企業は、三井銀行を見限って、他の都市銀行から融資を引き出すようになった。

現在、三井の社長会「二木会《にもくかい》」メンバーであるトヨタ自動車工業（現 トヨタ自動車）、東京芝浦電気、王子製紙、小野田セメント（現 太平洋セメント）は、戦前、三井財閥の影響下にあったが、戦後しばらくの間、三井グループから距離を置き、世間では独立系企業と認識されていた。

進まぬ株式持ち合い

三井グループでは株式持ち合いもなかなか進まなかった。これには二つの側面がある。

三井造船	三井不動産	商船三井	三井倉庫	三井石油化学	三井建設	日本製粉	王子製紙	東芝	三越	トヨタ	小野田セメント	合計(%)
1.13	1.73	0.29	0.37	0.39	0.12	0.92	1.38	2.03	0.35	2.94	0.34	24.75
0.73	3.14	0.94	0.81	0.70	0.20	1.38	0.92	1.04	0.10	1.32	0.52	24.86
2.19	1.55	0.50	0.56	0.15	0.10	1.53	0.76	0.27		1.54	0.72	29.24
0.41	0.18	1.32	0.10	0.15	0.17	0.23	0.26	0.35		0.49		20.55
	2.36			1.17	4.15						8.28	37.10
1.25	0.63		0.24		0.38							21.70
0.20	0.13		0.06	0.05								13.13
0.20	0.33		0.18		0.30							14.97
	1.14											19.48
	0.46		0.06	0.23	0.30							11.74
–	0.54	2.47					0.25			0.82	0.25	22.01
0.64	–	0.15	0.15	0.15	2.06		0.12	0.37	0.06		0.05	26.75
5.48	0.64	–	0.14									23.64
	0.83		–	0.49	0.98	0.47						33.62
4.20	0.88		0.09	–	0.10							55.09
	18.89		0.27		–	0.09						46.62
			0.49		0.25	–						30.44
0.40						0.05	–				0.14	13.56
0.09	0.05	0.05					0.06	–				9.92
	0.06				0.03				–			9.31
0.16		0.01			0.01					–		11.66
							0.51				–	15.14
0.70	0.79	0.33	0.15	0.12	0.16	0.24	0.14	0.29	0.04	0.47		10.79

より作成。

【三井グループの株式持ち合い（1979年）】

被所有＼所有	三井銀行	三井信託	三井生命	大正海上	三井物産	三井鉱山	三機工業	東レ	三井東圧化学	日本製鋼所	三井金属
三井銀行	—	1.11	4.62	1.73	2.25	0.01	0.29	1.38	0.22	0.84	0.65
三井信託銀行	1.59	—	3.98	1.57	2.82	0.04	0.29	1.35	0.40	0.64	0.90
大正海上火災保険	5.14	3.71	5.44	—	4.06	0.02	0.42	0.76		0.17	0.37
三井物産	6.06	2.21	3.98	3.29	—		0.17	1.15		0.02	0.01
三井鉱山	6.81	5.00	3.51	2.41	11.69	—					
三機工業	4.40	2.00	10.00	1.80	1.00		—				
東レ	2.51	4.22	3.43	1.00	1.53			—			
三井東圧化学	2.91	3.32	2.62	2.40	2.28			0.34	—	0.09	
日本製鋼所	6.50	3.07	6.60	2.07			0.10			—	
三井金属鉱業	2.30	2.03	3.33	1.55	1.48						—
三井造船	2.39	3.17	5.03	2.82	3.38		0.56	0.39		0.19	
三井不動産	6.97	8.85	3.16	2.06	1.07		0.49			0.37	0.08
大阪商船三井船舶	3.98	3.68	3.60	3.44	1.08						
三井倉庫	6.38	7.31	9.62	6.38			0.48	0.68			
三井石油化学工業	9.73	7.47	4.45	2.64	6.73	0.40		14.84	3.37	0.19	
三井建設	2.48	2.30	3.49	0.91	3.99	13.15	0.62		0.43		
日本製粉	6.74	6.21	6.98	6.24	3.53						
王子製紙	3.53	3.03	5.76	0.79							
東京芝浦電気	2.27	2.35	2.13	1.28	0.64					0.05	
三越	1.99	2.61	3.64	0.84				0.14			
トヨタ自動車	4.97	2.09	1.79	2.13	0.42		0.08				
小野田セメント	3.45	4.13	3.85	1.97	1.23						
合　計	3.37	2.77	3.57	1.92	1.52	0.14	0.13	0.13	0.11	0.15	0.13

※『東洋経済臨時増刊／データバンク　企業系列総覧』1980年版、『年報　系列の研究』第21集（1981年版

まず一つめに、企業の側に株式を持ち合おうという意識が薄かった。

たとえば、三井「物産は、主要な取り引き先の一つである東レ、(三井) 化学の株式を全然持たず、(三井) 東圧、化学の株式持ち合いもまったくない。これについて、三井系有力会社のある首脳は、『関係会社の株を二〇万や三〇万持ったところで、どうなるもんじゃない。その位のカネがあるなら、設備改善に向けるなりなんなり、もっと有効に使うべきだよ』と、割り切っている。このへん、株式持ち合いに異常なほどの関心を示している住友系企業との、体質的な違いを感じさせる」(『週刊東洋経済』一九六〇年一二月二四日号)。

三井グループの自由主義というか合理的な発想が、株式持ち合い、ひいてはグループの結集に踏み出せなかった要因としてあげられるのかもしれない。

二つめは、銀行の姿勢である。株式持ち合いとは、株式を物々交換するのではなく、株式を互いに購入する行為である。

ところが、高度経済成長期の企業は借金漬けで、株式持ち合いするにもカネがない。当然、銀行に借入金を頼むのだが、三井銀行の社長・佐藤喜一郎は「現在の日本は、企業・法人が法人の株を持っていることが余りに度が過ぎているから、私は問題じゃないかと思っている」と語る御仁《ごじん》である(三井物産『回顧録』)。具体的な記録には残ってはいないものの、株式持ち合いのための融資を渋ったに違いない。これでは株式持ち合いが進むわけがない。ここでも銀行がネックになるのである。

三井物産の大合同

財閥解体で三井物産、三菱商事は徹底的な解散に追い込まれ、その役職員はそれぞれ「新会社」を設立し、一九五四年七月、三菱商事は「大合同」して復活を果たした（第一章）。これに対し、三井物産の合併構想は年を重ねるごとに混迷の度合いを色濃くしていった。

三井物産の大合同で問題となったのが、商号継承問題である。一九五一年に「三井物産」の商号継承に関して、旧三井物産系「新会社」一四社の社長がこの問題を話し合い、「新会社」の一つ、日東倉庫建物に「三井物産」の看板を預けることになった。

当時、「新会社」は第一物産と室町物産に収斂《しゅうれん》されつつあったが、大合同の方向がまだ定まっていないにもかかわらず、日東倉庫建物は勝手に商号復帰して「三井物産」を名乗り、一九五三年に室町物産と合併。事実上、室町物産に「三井物産」の看板を譲り渡してしまった。

そこで第一物産は対抗策として、一九五四年に三井木材工業を合併し、「新三井物産」に社名変更すると発表した。最終的にグループ各社からの圧力で、第一物産は社名変更を断念。さすがに徹底した「自由主義」の三井グループ各社も、この時ばかりは名門・三井物産の再興に結集した。

当事者である第一物産と室町物産のにらみ合いはその後も続いたが、一九五九年二月、やっと三井物産は「大合同」を果たした。

三菱商事の大合同からすでに五年の月日が経っていた。大合同がもたつく間、戦前、圧倒的な強さを誇った三井物産は、三菱商事に商社トップの地位を奪われ、後塵を拝するに至った。

江戸英雄と社長会「二木会」の結成

終戦後、三井グループで傑出した存在感を見せつけた佐藤喜一郎が、一九五九年に三井銀行社長を退いた後、グループで主導権を握ったのは、三井不動産社長・江戸英雄だった。

三菱・住友グループでは、一九五〇年代前半に社長会を結成していたが、三井グループでは社長会結成の気運が盛り上がらず、一九六一年になって、やっとグループの社長会「二木会」（当初、第二木曜日に開催したため、その名がついた）が結成された。

江戸英雄（一九〇三～九七）は茨城の農家に生まれ、東京大学英法科卒業後、三井合名に入社。三井総元方総務部次長を経て、戦後は三井本社の清算業務に携わり、旧本社重役とともに三井家資産の後始末と三井家対策に当たった。

終戦直後から江戸は三井グループ再結集を試みていたが、一九四七年にようやく三井不動産管理部副部長になったばかりで、とても各社に号令をかけるような立場になかった。しかし、一九五五年社長に就任して、徐々にグループ内で頭角を現し、二木会の結成にこぎつけたのである。

その後、一九七四年に三井不動産会長に就任し、一九八七年には取締役相談役に退くが、終生、三井グループに影響力を持ち続けた。

江戸の奮闘は、それまでグループ内で地位の低かった三井不動産を「三井御三家」の一角に押し上げた（戦前の「三井御三家」は三井銀行、三井物産、三井鉱山であったが、戦後、三井鉱山が斜陽化したため、代わりに三井不動産が「三井御三家」に数えられた）。

社長会「二木会」は一九七〇年代になって、「なんとか二木会を活性化するために、三井の直系企業でなくても、銀行の取り引きを通じて関連のある企業、その中でも、次の時代を担う企業を仲間に入れることを考えた。それで四五年九月に日本製粉、三井建設が正式に参加、つづいて東芝、王子製紙、三越（正式加盟は四八年一月）、トヨタ自動車（同四九年十月）が準メンバーとして加わった。これらの企業は戦前は三井合名と深い関係にあり（トヨタを除く）、それが戦後、やや疎遠になっていたものだが、これでようやく元のサヤに収まった感じである。中でも東芝、トヨタの参加は画期的なことであった」（『私の三井昭和史』）。

つまり、三井銀行の資金不足で三井から離れていた傍系会社の中から、大手企業を選んで社長会に招聘し、関係強化を図ったのである。しかし、「少なくともこの五〜六年、二木会に（トヨタが）出ているところはまず見たことがない」（『週刊ダイヤモンド』二〇一六年四月二日号）といわれ、その効果は限定的なようだ。

三越事件

「三越事件」とは、一九八二年に三越の経営上のトラブルが問題になり、社長・岡田茂《おかだしげる》が取締役会で解任された事件である。

岡田茂は一九七二年に三越社長に就任するが、一九八二年二月期の本決算において営業利益で業界首位から三位に転落、五月の株主総会では経営責任を問われるまでに至った。六月には独禁法違反の疑いで公取委に排除勧告を受ける。

また、同年八月には「古代ペルシャ秘宝展」で偽物展示の疑いが掛かり、新聞各紙が大々的に報道。アクセサリー商・竹久《たけひさ》みちとの不正取引が経済雑誌で暴露され、業績だけでなく、イメージの低下をも招いた。

一九八二年九月一七日、三井グループの社長会「二木会」の代表（三井物産社長・八尋俊邦《やひろとしくに》と三井不動産社長・坪井東《つぼいはじめ》）は、三越のイメージ低下が三井グループに及ぼす影響を危惧《きぐ》して記者会見を行い、三井グループの総意として岡田社長退陣を求める声明文を発表した。岡田はあくまで社長続投の姿勢を崩さず、九月二二日の三越取締役会に臨んだ。しかし、腹心の専務・杉田《すぎた》忠義《ただよし》に社長解任を動議され、社長の座を追われた。

この時、岡田が放った「なぜだ！」というセリフは有名になった。

都銀再編と三井鉱山の解体

一九九九年一〇月の都銀再編で、さくら銀行（旧三井銀行）は住友銀行との合併を発表。二〇〇一年四月に三井住友銀行が誕生した（第二章）。

また、二〇〇一年一〇月に三井海上火災保険、住友海上火災保険が合併（三井住友海上火災保険）。二〇〇三年四月に三井建設・住友建設が合併した（三井住友建設）。こうした動きから、一部では「三井グループと住友グループが融合する」という観測が広がったが、現在では否定されている（というより、忘れられつつある）。

その一方、戦前「三井御三家」の一角を占めた三井鉱山は、債務超過から脱却できず、二〇〇三年に産業再生機構の管理下に置かれ、事実上国有化という屈辱を味わった。

二〇〇四年、産業再生機構の指導下で、三井鉱山は三井鉱山コークスとともに、子会社の三井鉱山物流に吸収合併され、新たに三井鉱山を名乗った。

その後、三井鉱山は経営陣を刷新、財務体質の強化、事業選択を進め、再建への軌道に乗せた。

二〇〇五年、産業再生機構は保有株式を大和証券SMBCプリンシパル・インベストメンツ、新日本製鉄、住友商事の三社に売却し、これら企業の下で再出発を図り、二〇〇八年再建を完了。栄光ある「三井鉱山」の看板を下ろし、二〇〇九年に日本コークス工業と社名を変更した。

Ⅲ　三井財閥・三井グループの特徴

三菱・住友財閥は製造業中心だったこともあり、年功序列・チームプレーを重視し、均質的に優秀な社員を揃えるため、教育・研修に熱心だった。これに対し、金融・商業中心の三井財閥は、個人の資質・創造性を重視し、「教育」よりも「抜擢」を得意とした。

江戸英雄は、三井グループが戦後地盤沈下した理由を四つ列挙しているが、その最初に、「伝統的に自由主義、自主独立の思想が強く、直系会社間の結束力が弱い」ことを挙げている（以下、商業資本が優先し、重工業に弱い、石炭に固執し、エネルギー革命への対応に失敗した、金融機関による資金供給力が弱いと列挙）。

高度経済成長期では、集団戦を得意とする三菱・住友グループが隆盛を極め、個人戦を得意とする三井グループが斜陽化した。

しかし、ソフト産業が盛んになった昨今では、もっと三井グループの良さが発揮されてもよいのではないかと密《ひそ》かに思っているところである。

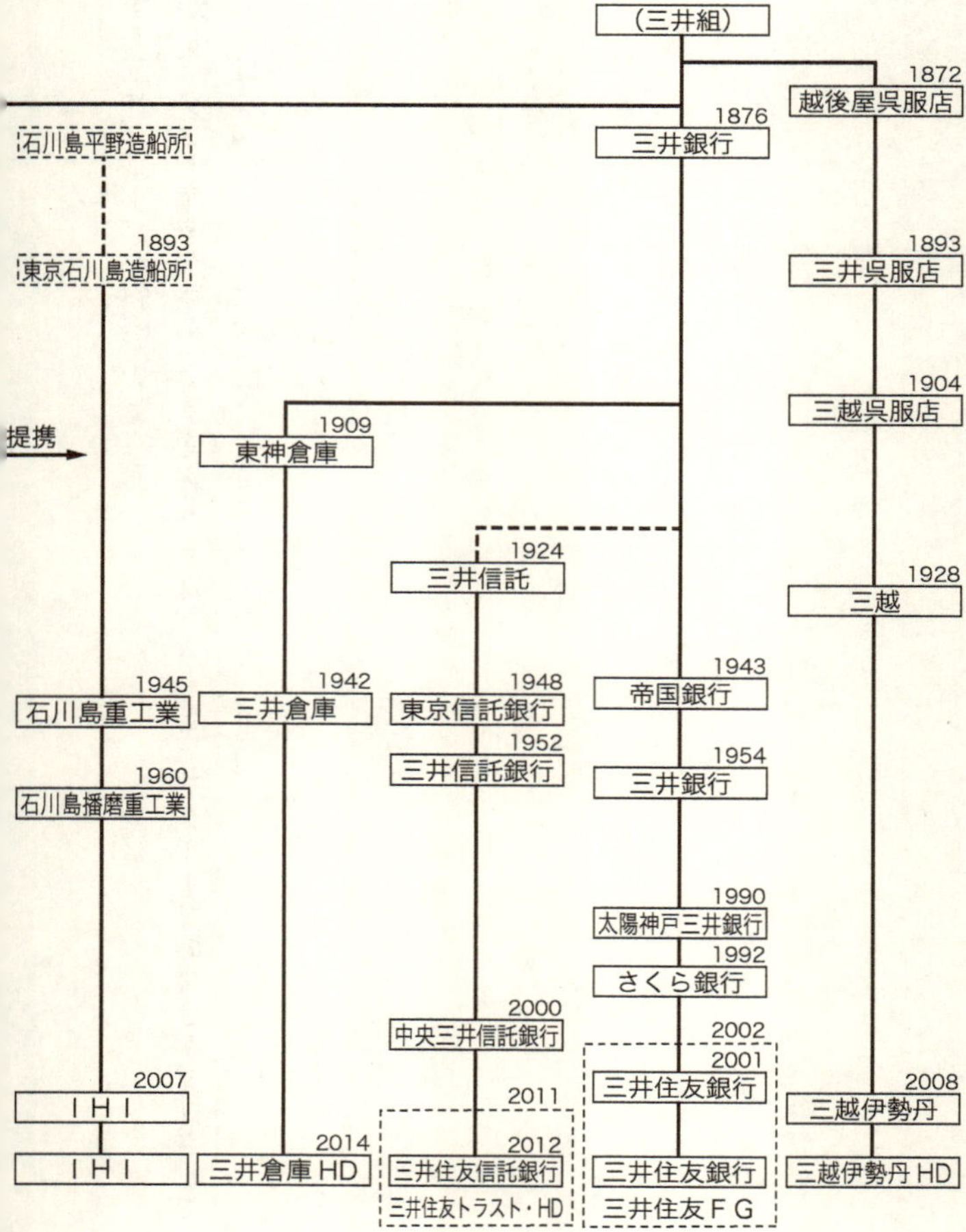

（三井組）
1872
越後屋呉服店
1876
三井銀行
石川島平野造船所
1893
東京石川島造船所
1893
三井呉服店
1904
三越呉服店
1909
東神倉庫
提携
1924
三井信託
1928
三越
1945
石川島重工業
1942
三井倉庫
1948
東京信託銀行
1943
帝国銀行
1952
三井信託銀行
1954
三井銀行
1960
石川島播磨重工業
1990
太陽神戸三井銀行
1992
さくら銀行
2000
中央三井信託銀行
2002
2001
三井住友銀行
2007
IHI
2011
2008
三越伊勢丹
2014
2012
IHI
三井倉庫HD
三井住友信託銀行
三井住友トラスト・HD
三井住友銀行
三井住友FG
三越伊勢丹HD

【三井系企業の企業系統図❶】

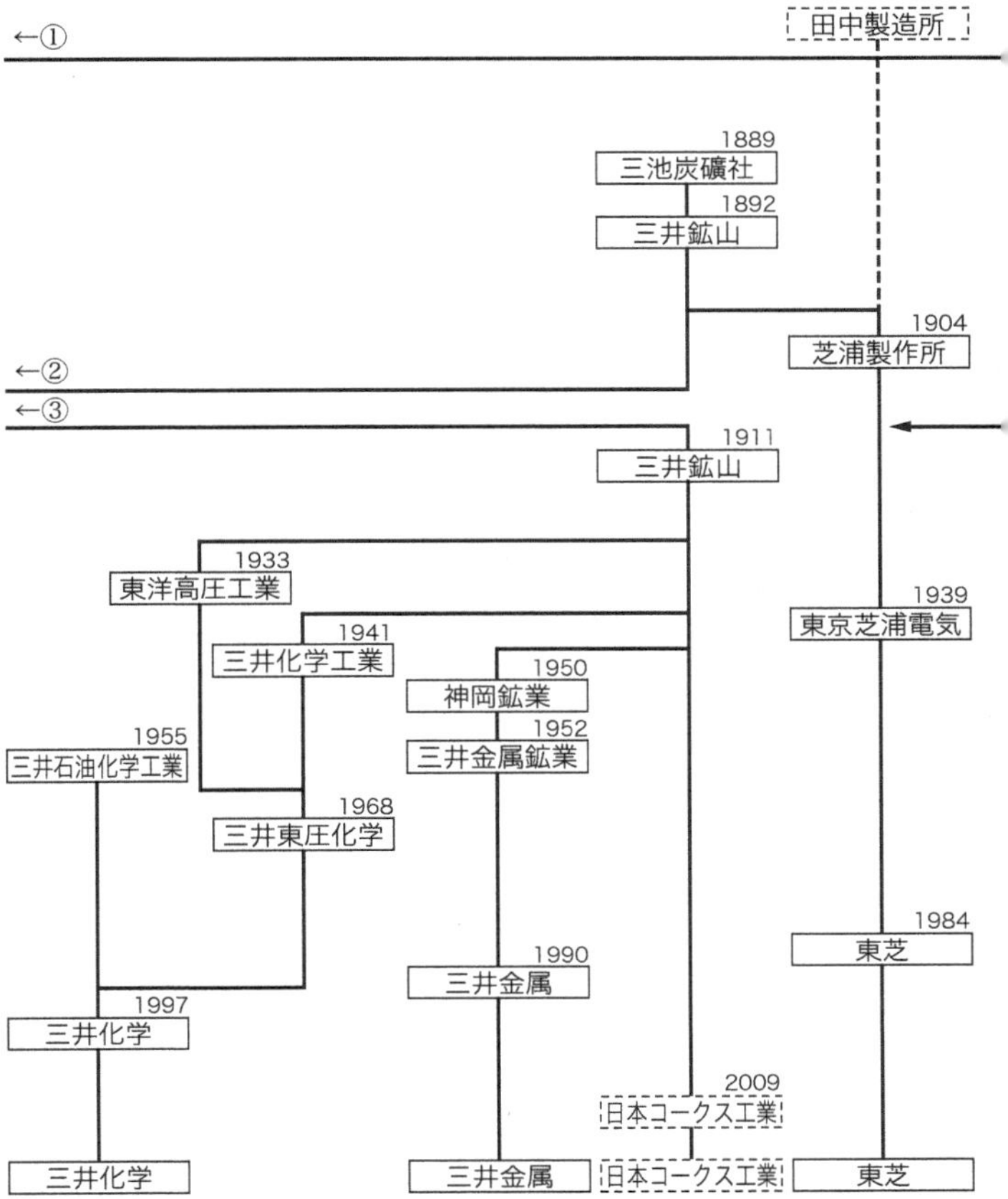

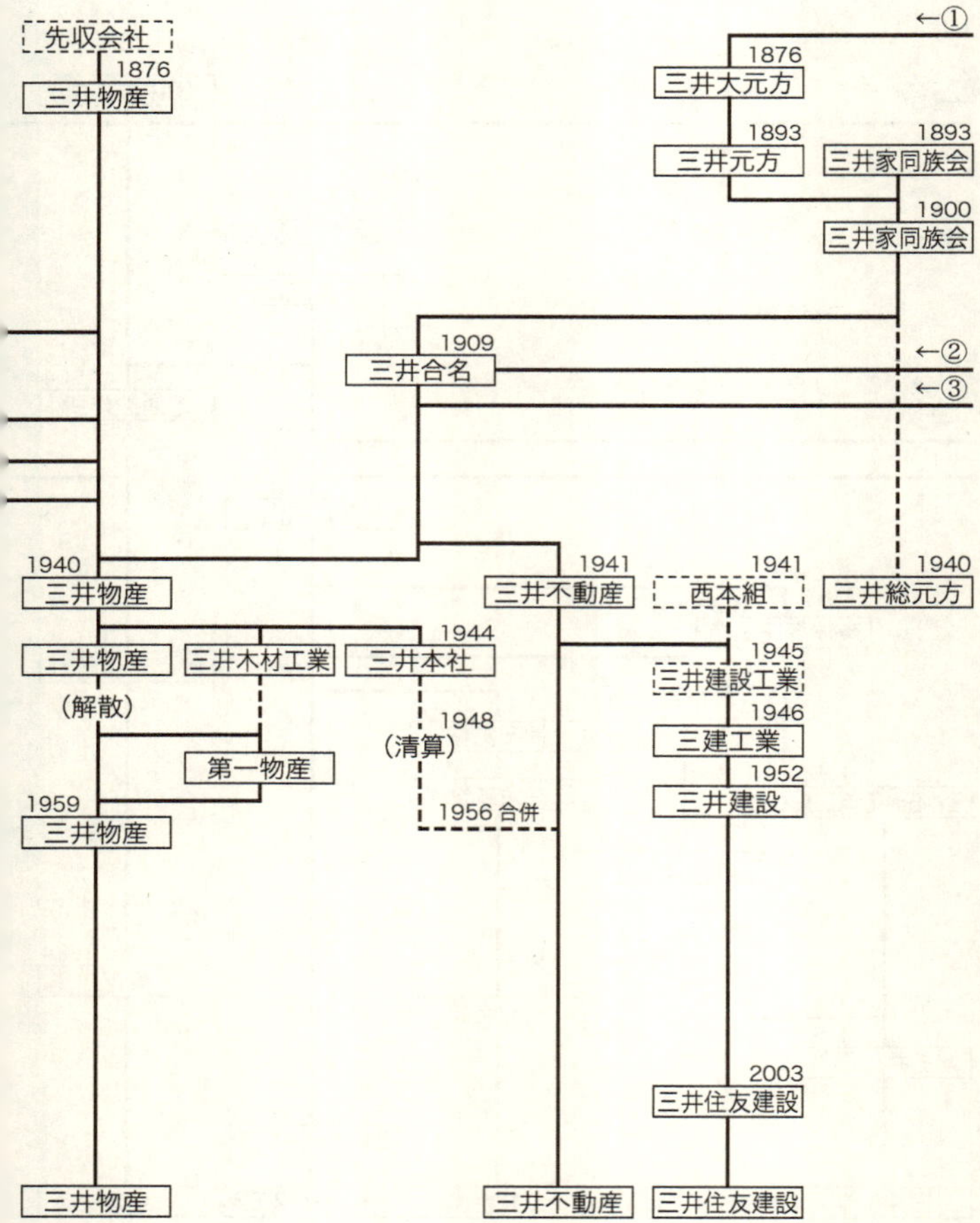

←①
1876
三井大元方
1893
三井元方
1893
三井家同族会
1900
三井家同族会
←②
←③
先収会社
1876
三井物産
1909
三井合名
1940
三井物産
1941
三井不動産
1941
西本組
1940
三井総元方
1944
三井物産
三井木材工業
三井本社
1945
三井建設工業
（解散）
1948
（清算）
1946
三建工業
第一物産
1952
三井建設
1959
三井物産
1956 合併
2003
三井住友建設
三井物産
三井不動産
三井住友建設

【三井系企業の企業系統図❷】

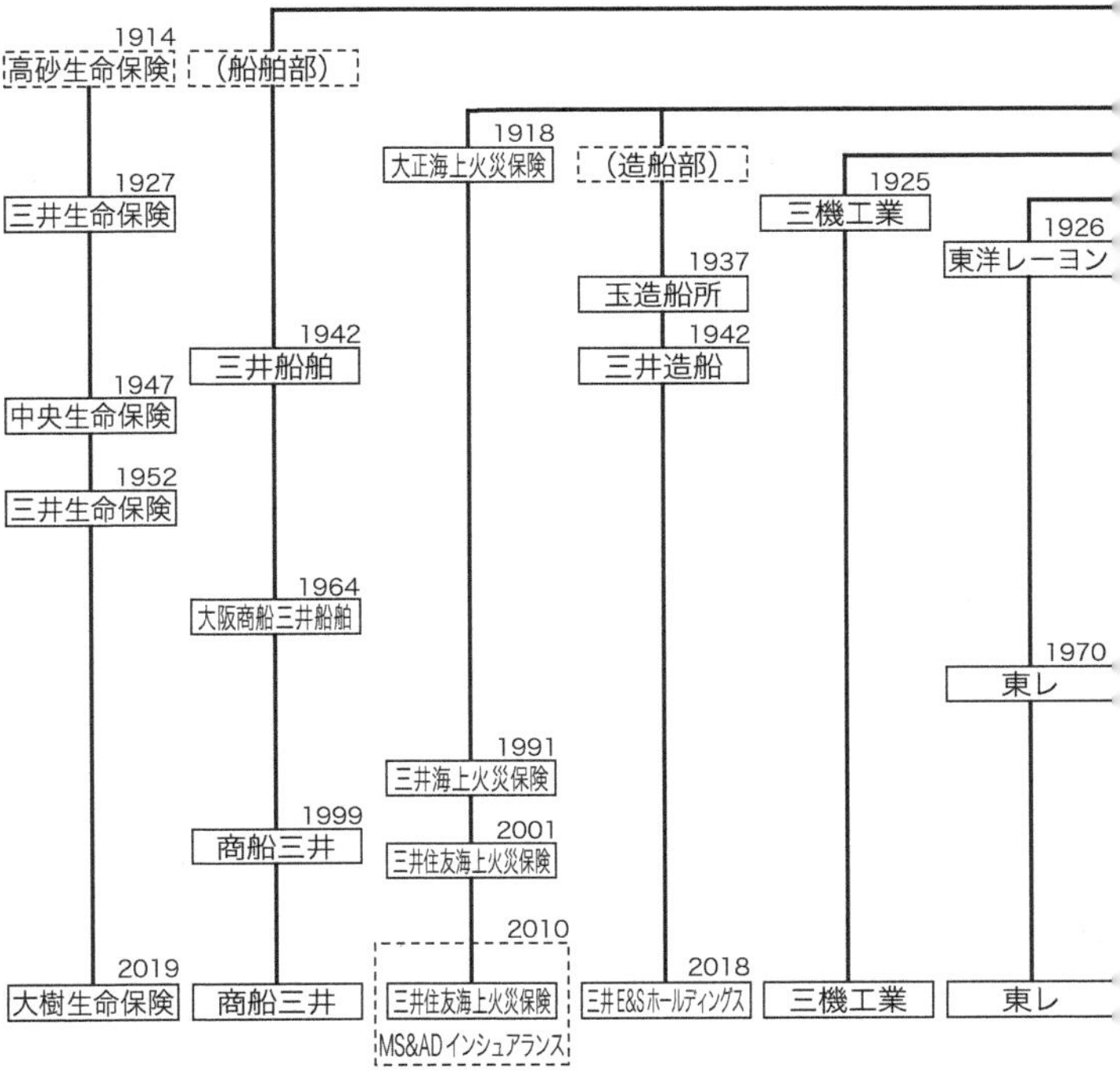

【三井家系図】

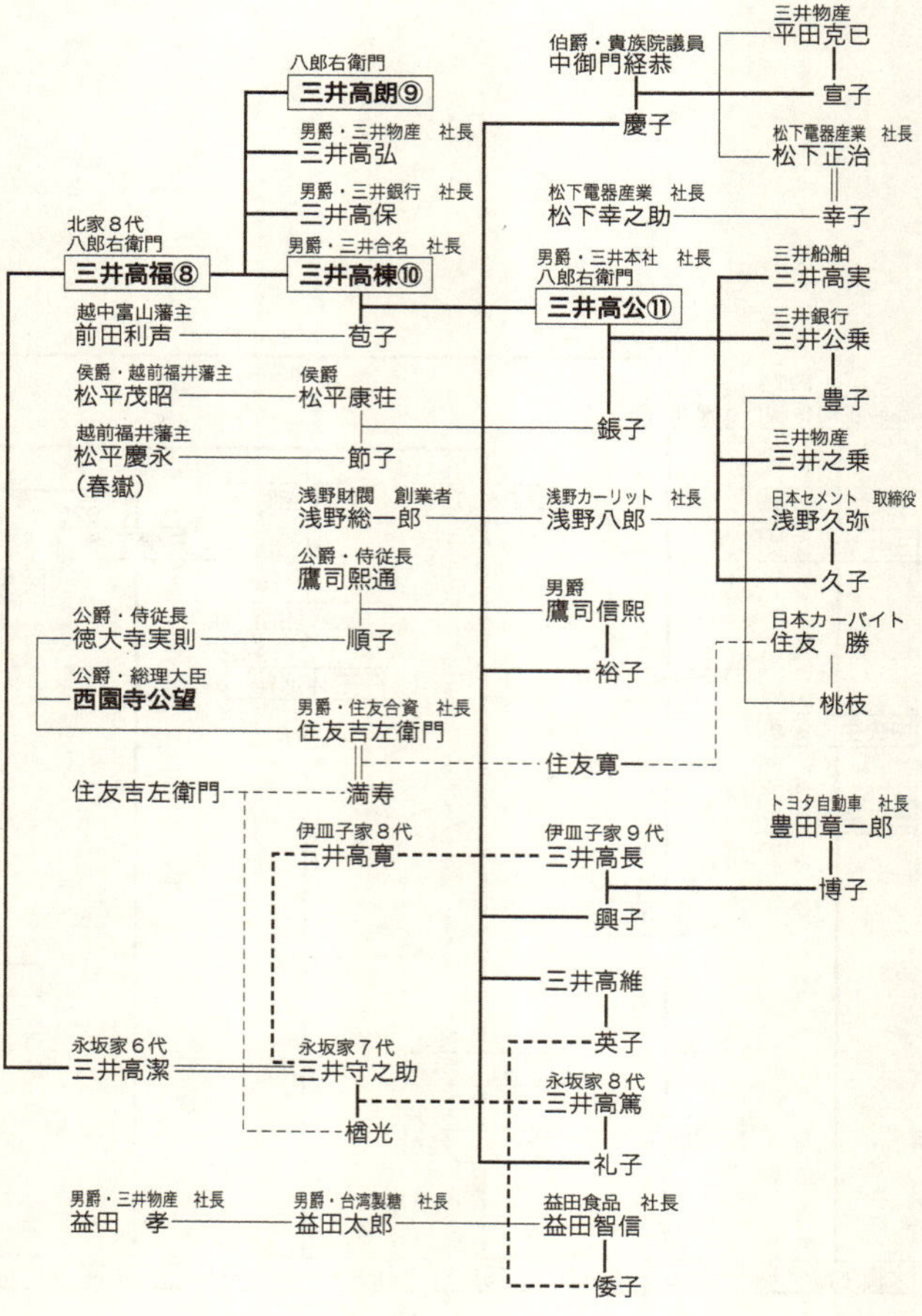

八郎右衛門
三井高朗⑨
男爵・三井物産　社長
三井高弘
男爵・三井銀行　社長
三井高保
北家８代
八郎右衛門
三井高福⑧
男爵・三井合名　社長
三井高棟⑩
越中富山藩主
前田利声
苞子
侯爵・越前福井藩主
松平茂昭
侯爵
松平康荘
越前福井藩主
松平慶永
（春嶽）
節子
浅野財閥　創業者
浅野総一郎
公爵・侍従長
鷹司熙通
公爵・侍従長
徳大寺実則
順子
公爵・総理大臣
西園寺公望
男爵・住友合資　社長
住友吉左衛門
住友吉左衛門
満寿
伊皿子家８代
三井高寛
永坂家６代
三井高潔
永坂家７代
三井守之助
楢光
男爵・三井物産　社長
益田　孝
男爵・台湾製糖　社長
益田太郎
伯爵・貴族院議員
中御門経恭
慶子
松下電器産業　社長
松下幸之助
男爵・三井本社　社長
八郎右衛門
三井高公⑪
鋹子
浅野カーリット　社長
浅野八郎
男爵
鷹司信煕
裕子
住友寛
伊皿子家９代
三井高長
興子
三井高維
英子
永坂家８代
三井高篤
礼子
益田食品　社長
益田智信
倭子
三井物産
平田克巳
宣子
松下電器産業　社長
松下正治
幸子
三井船舶
三井高実
三井銀行
三井公乗
豊子
三井物産
三井之乗
日本セメント　取締役
浅野久弥
久子
日本カーバイト
住友　勝
桃枝
トヨタ自動車　社長
豊田章一郎
博子

第四章　安田財閥・芙蓉グループ

Ⅰ　財閥の発展

初代・安田善次郎

安田財閥は、富山出身の銀行家・安田《やすだ》善次郎《ぜんじろう》によって創設された財閥である。

初代・安田善次郎（一八三八～一九二一、実際は五代目だが、財閥関連書籍では「初代」とする）は、富山藩の下級武士の子として生まれた。

安田家は半農半士の家柄で、善次郎は武士身分での栄達が困難と悟り、江戸で商人になることを志す。一八五八年、善次郎は反対する父を説得し、江戸で丁稚奉公《でっちぼうこう》をはじめ、玩具《がんぐ》店、両替商に奉公した。一八六四年には両替商兼鰹節《かつおぶし》・海苔《のり》小売店「安田屋」として独立し、のちに「安田商店」を名乗った。

善次郎は両替商としての鑑定眼にすぐれ、古金銀の取引で利益を上げ、明治維新後は政府が発行した太政官札《だじょうかんさつ》（最初の紙幣）の取引で、一躍財を成したといわれている。

明治政府は、米国に倣《なら》って、銀行設立するための法令、国立《こくりつ》銀行条例を一八七二年に制定した（国立銀行といっても、国法に基づく銀行という意味で、国営ではない）。

善次郎は大蔵省から銀行の開設を勧められ、一八七六年に第三国立銀行（のちの株式会社第三銀行）を設立した。また、国立銀行条例が改正され、銀行類似会社が「銀行」という名称を使用することが可能となると、一八八〇年に安田商店を私立銀行の合本《がっぽん》安田銀行に改組した（合本とは株式会社という意味。のち株式会社に改組）。

一八八五年頃、安田銀行と第三国立銀行は、三井銀行、第一国立銀行（のちの株式会社第一銀行）に次ぐ大銀行に発展し、その一〇年後には第一国立銀行を上回るに至った。

善次郎は、二つの銀行を柱に、経営不振に陥った地方銀行を救済して系列化した。

保険業にも進出し、一八八〇年に生命保険会社の共済五百名社（安田生命保険相互会社を経て、明治安田生命保険相互会社）の設立に参加。損害保険会社の東京火災保険株式会社（安田火災海上保険株式会社を経て、損害保険ジャパン日本興亜《にっぽんこうあ》株式会社）に資本参加し、一八九〇年代に筆頭株主になった。

また、安田家の資産の維持・保全を確かなものとするため、三井家（第三章）を参考にして安田一族を「同族一〇家」に組織化し、家憲・家法を制定。安田家の資産管理会社として、一八八七年に保善社《ほぜんしゃ》を設立、一九〇五年に合名会社安田保善社に改組した。

善次郎は日頃から「自分は事業が好きであるが、性格が臆病《おくびょう》で卑怯《ひきょう》であるから銀行家となった」と述べ、金融業に専心した。非金融事業分野（製釘《せいてい》、綿糸紡績等）として、一八九九年には安田商事を設立したが、大きく発展しなかった。むしろ同郷の事業家・浅野総一郎《あさのそういちろう》（第五章）を高く評価し、その傘下企業に対して積極的に投資する道をとった。

結城豊太郎の改革

安田財閥において初代・善次郎の存在感は圧倒的であったが、一九二一年九月、国粋主義者によって暗殺されてしまう。

安田家には後継者も専門経営者も育っていなかった。

初代・善次郎の長男である二代目・安田善次郎（一八七九〜一九三六）は温厚な趣味人で、安田財閥を率いるだけの覇気に乏しかった。

そこで初代・善次郎は、東京帝国大学卒の伊臣貞太郎《いとみさだたろう》を婿養子に迎えて安田善三郎《ぜんざぶろう》（一八七〇〜一九三〇）と名乗らせ、家督を譲った。しかし、善三郎の近代的な経営手法は安田家の反感を買い、善次郎暗殺の前年に善三郎は安田家から追放されてしまう。

初代・善次郎の急逝に経営陣は狼狽《ろうばい》し、外部から大臣級の人材を招聘《しょうへい》しようと発案。日銀総裁・井上準之助《いのうえじゅんのすけ》の推薦により、一九二一年、日本銀行理事兼大阪支店長の結城豊太郎《ゆうきとよたろう》（一八七七〜一九五一）が安田財閥に招聘された。

結城は、二代目・善次郎を補佐する形で安田保善社専務理事、および安田銀行副頭取に就任し、安田財閥の事実上のトップとなった。

結城は、安田財閥の近代化のために様々な改革を行う。

一九二三年、安田系銀行二二行のうち、株式会社安田銀行、株式会社第三銀行、株式会社百三十銀行、株式会社明治商業銀行、株式会社日本商業銀行など一一行を対等合併し、新生・安田銀行を誕生させた。

これにより安田銀行は国内最大の銀行となった。

また、安田財閥の閉鎖性打破のため、学卒者を大量採用し、組織改革を断行した。

結城以前の安田財閥は、初代・善次郎が「高い俸給を払って、英才を集めて仕事に従事させる必要は認めない」主義で、学卒者の採用に消極的だった。

しかし、結城は学卒者を安田保善社で一括採用して関連の銀行・会社へ配属するように改め、一九二二年に三〇名の学卒者を採用した（結城は自ら東京大学に乗り込んで安田の将来性を講演したという）。学卒者採用は一九二四年には一八〇名にも及び、以降、毎年一〇〇名の学卒者を採用し続けた。これら学卒者は、戦時下の安田財閥の発展、戦後の芙蓉グループの形成を担う人材へと育っていった。

結城は「自分は国家的な観点から仕事をする。即ち安田のために仕事をするのではなく、安田の組織を、国家のために役立たせるように運用するのだ」と吹聴《ふいちょう》し、その傲岸不遜《ごうがんふそん》で独断専行な手法は、安田一族や番頭の反発を買った。

特に初代・善次郎の四男である安田善五郎《ぜんごろう》は、「結城に金を使われて安田を潰《つぶ》すくらいなら、この俺が潰す。国家のために安田を利用して貰《もら》うなどという目的で来て貰ったのではない」と憤慨した。こうして一九二九年、結城は辞任。事実上の解任だった。

三代目・安田一の改革半ばで終戦

結城の辞任にともない、前台湾銀行頭取・森広蔵《もりこうぞう》が安田財閥に招聘され、安田保善社理事、安田銀行副頭取に就任。結城に代わって、新しい安田財閥のリーダーになった。

森は、地味で慎重な性格で、安田財閥に調和をもたらすよう尽力した。

一九三六年、二代目・善次郎が急死し、その長男・安田一《はじめ》（一九〇七～九一）が二九歳の若さで安田保善社総長に着任した。

二代目とは違い、安田一は事業に関心を持っていた。一九四〇年、森は安田銀行副頭取を辞任し、徐々に安田一を中心とする体制に移行していった。若き三代目は安田財閥の改革を進めていったが、間もなく終戦を迎えることになる。

傘下企業の株主構造、役員構成

安田財閥では、安田一族が持株会社・安田保善社の株式を一〇〇パーセント所有し、安田保善社と安田一族が傘下企業の過半数の株式を所有し、傘下企業を①関係会社、②常勤役員派遣会社、③平役員派遣会社、④関係会社投資会社の四つに分類していた。

直系企業にあたる関係会社には、安田銀行（戦後、株式会社富士銀行に改称し、現 株式会社みずほ銀行）、安田信託株式会社（現 みずほ信託銀行株式会社）、株式会社安田貯蓄銀行（株式会社協和銀行を経て、株式会社りそな銀行）、株式会社十七銀行（現 株式会社福岡銀行）、株式会社四国銀行、株式会社大垣共立銀行、株式会社肥後銀行、安田生命保険株式会社（現 明治安田生命保険相互会社）、安田火災海上保険株式会社（現 損害保険ジャパン日本興亜株式会社）、日本動産火災保険株式会社（日動火災海上保険株式会社を経て、東京海上日動火災保険株式会社）、東京建物などがある。

ただし、傘下企業の中では、祖業である安田銀行の存在が他を圧倒しており、持株会社の安田保善社ですら、安田銀行からの出向者で運営されていたほどだった。

一方、傘下企業の役員構成は、安田一族が各社役員を兼務して支配する構図が徹底していた。特に安田善五郎は安田保善社の理事、安田銀行取締役の他、五つの銀行の頭取、安田信託、帝国製麻社長など計一九件の役員を兼任し、多方面にわたって睨《にら》みをきかせていた。専門経営者のトップ・森広蔵ですら、安田保善社の理事、安田銀行副頭取の他は数件しか役員を兼任しておらず、専門経営者にとって不遇な財閥であったことがわかる。

II　財閥の解体と再結集

安田財閥再結集せず、富士銀行の成長戦略

戦後の財閥解体で、安田財閥関係で持株会社に指定されたのは、合名会社安田保善社（第一次指定、解散）だけだった。財閥解体や過度経済力集中排除法では、なぜか金融機関が除外されたため、金融財閥に分類される安田財閥では、分割・解散された企業が少なかったのだ。

三菱・住友財閥は財閥解体後、再結集を目論《もくろ》み、一九五〇年代には都市銀行を中心に企業集団として再発足した。しかし安田財閥では、中核企業の安田銀行が全く別の道を選んだ。すなわち、安田財閥の再結集（＝安田グループの形成）ではなく、自らを中心とした企業集団・芙蓉グループの形成であった。

一九四八年、安田銀行は金融機関再整備にともない、富士銀行に改称した。

一九五二年のサンフランシスコ講和条約発効により、財閥商号・商標の使用禁止が廃止され、旧財閥系都市銀行が相次いで旧称に復帰する中、富士銀行は改称を行わず、安田財閥か

らの脱皮をアピールした（同時期、大阪銀行は住友銀行に、千代田銀行は三菱銀行に復帰した）。

旧安田銀行は圧倒的な店舗数を背景に大衆預金を集め、終戦直後は市中銀行トップであり、改称後は「カラコロ富士（下駄《げた》履きで行ける大衆銀行）」と標して、敷居の高い三大財閥系銀行との差別化に成功した。

しかし、一九五〇年代になると、三菱・住友グループが再結集し、三菱銀行、住友銀行が首位の富士銀行の追撃を始めた。三菱・住友グループには重化学工業分野に数多くの優良企業があり、両行は盤石な取引基盤を持っていた。

一方、旧安田財閥には事業部門に優良企業がなく、富士銀行は劣勢を強いられた。そこで富士銀行は三菱銀行・住友銀行との競争に打ち勝つ戦略的構想を練った。それが「経済主流取引」である。

「経済主流取引」とは、その時々の経済情勢において、主流を成すと思われる経済主体との取引を強化することである。富士銀行は、「経済主流取引」戦略に沿って優良企業を選別し、そのメインバンクになっていった。

たとえば、浅野財閥（第五章、日本鋼管・日本セメント）や大倉財閥（第六章、大成建設）、日産コンツェルン（第一五章、日産自動車、日本油脂、日本冷蔵）や森コンツェルン（昭和電工）などの有力企業である。これらの企業がのちに芙蓉グループの中核メンバーになっていく。

芙蓉グループをつくった二人

富士銀行の成長戦略「経済主流取引」を発案したのは業務部で、当時の業務部長は常務・岩佐《いわさ》凱実《よしざね》であり、実際に「経済主流取引」というキャッチフレーズを考案したのは、業務部綜合《そうごう》企画課長代理・松沢《まつざわ》卓二《たくじ》だった。

岩佐凱実（一九〇六～二〇〇一）は陸軍少将の子に生まれ、日銀理事の養子となった。東京大学法学部を卒業し、安田銀行に入行。戦後、取締役に抜擢《ばってき》され、常務を経て一九六三年に富士銀行頭取に就任した。岩佐は銀行界きっての財界人で、経済同友会発足に携わり、一九五九年から一九六一年まで代表幹事を務めた。後に「手前味噌《みそ》になるようだが、系列にとらわれない企業グループを形成するというストラテジーを展開していく上で、私は自分が培ってきた人間関係というか、人脈がかなりモノをいった、と思っている」と述べている。

松沢卓二（一九一三～九七）は東京大学法学部を卒業し、安田銀行に入行。岩佐の二代後の頭取として一九七五年に就任した。松沢は企画を中心とした経営戦略を持論に持ち、企業集団形成には打ってつけの人材であった。一九六六年に社長会「芙蓉会」が結成されると、その事務局は富士銀行企画部が担い、松沢が実質的な事務局長に就いたと想定される。

一九五〇年代から一九六〇年代

一九五〇年代、富士銀行は、岩佐が中心となって有力取引先の社長・役員などと会合を持ち始め、融資先企業間の人脈形成を推進していった。

また、融資先の鉄鋼商社・高島屋飯田が経営危機に陥ると、一九五五年に同社を繊維商社・丸紅に吸収合併させ、丸紅飯田（のちに丸紅と改称）とした。元来、丸紅は住友銀行をメインバンクとしていたが、この合併を機に富士銀行と親密となり、その尖兵《せんぺい》として芙蓉グループの形成に寄与した。

一九六〇年四月、日本鋼管（NKKを経て、現JFEホールディングス）の千葉進出構想をグループで支援し、総合コンビナートを作り上げる目的で、富士銀行は融資先の有力五社（丸紅飯田、昭和電工、日本鋼管、東燃石油化学、日本油槽船）と企画部長クラスの会合を結成した。計画を具体化するため、同年一一月、富士銀行等は共同で出資し、浚渫《しゅんせつ》会社（河川・運河などの土木工事を行う会社）の芙蓉開発を設立した。

ところがその後、日本鋼管の単独進出に計画が方針転換されて、芙蓉開発の出番がなくなってしまう。そこで、富士銀行は常務・仁谷正雄《にたにまさお》を芙蓉開発に派遣し、社長に就任させた（当時、仁谷は富士銀行のナンバー4にあたる大物だった）。

仁谷は、芙蓉開発を富士銀行の融資先企業の連携強化の拠点に転換し、出資会社を増やすともに、グループ活動を拡大していった。

芙蓉懇談会・芙蓉会の結成

一九六四年一二月、芙蓉開発が中心となり、グループ二二社の営業担当役員が一堂に会して、「芙蓉懇談会」を開催した。その目的は、各社の従業員ならびに家族に各社製品を認識し愛用してもらうというグループ内マーケットの確保と販売拡大であり、芙蓉グループ各社間の取引を拡大することにあった。

さらに、一九六六年一月には社長会「芙蓉会」を結成した。そのメンバーは、安田財閥の系譜を引く富士銀行、安田信託銀行、安田火災海上保険、安田生命保険、東京建物、浅野財閥の日本鋼管、日本セメント、沖電気工業、日本精工、昭和海運、大倉財閥の大成建設、大倉商事（のちに退会）、森《もり》コンツェルンの昭和電工、日産コンツェルンの日立製作所、日産自動車、日本冷蔵、日本油脂、根津《ねづ》系の東武鉄道、日清紡績、日清製粉、サッポロビール、その他に丸紅飯田、東亜燃料工業などである。

芙蓉懇談会と芙蓉会が結成された当時、三菱グループが「ＢＵＹ三菱」運動を提唱して企業集団ぐるみの広報・マーケティングを推進し、住友・三井グループが追随していた時期である（第一章）。

昭和電工社長・安西正夫《あんざいまさお》は、芙蓉グループ形成について「ヨソが固まるから、わが方もグループ化する」と語っている。

換言するなら、旧財閥系企業集団のマーケティング戦略が、富士銀行の融資先企業の危機感を煽《あお》り、企業集団の形成を促したと指摘できる。

低成長期でグループ活動が低迷

一九七〇年代中盤のオイル・ショックで日本経済が低成長期を迎えると、企業の資金需要が後退し、都市銀行の威光に翳《かげ》りが見えはじめ、芙蓉グループは急速に求心力を弱めていった。さらに旧財閥系企業集団のマーケティング戦略が失速し、岩佐・安西に支えられた財界人脈が世代交替によって希薄化していくと、芙蓉会は存立する基盤と前提を失っていった。

そこに至るまでに、グループ企業間の商取引や株式持ち合いが再構築され、旧財閥系企業集団のような排他的で強固な関係が出来上がっていれば、求心力の低下は一時的な弛緩《しかん》で済んだはずであった。しかし、芙蓉グループではそのような関係は生まれなかった。

たとえば、芙蓉会メンバーの日清製粉は、同じ芙蓉会メンバーの丸紅より、三菱商事との取引を重視していた。かつて、日清製粉が経営危機に陥った際に、救済してくれたのが三菱商事だったからだ。そのため、社長・正田英三郎《しょうだひでさぶろう》は、三菱商事に就職した後、実家が経営する日清製粉に戻ったほどだ。従って、芙蓉会ができたから、三菱商事から丸紅に乗り換えるという訳にはいかなかった。

このように、芙蓉グループでは従来の商取引が足枷《あしかせ》となって、なかなかグループ企業間の商取引を再構築することができなかった。

株式持ち合いは商取引に沿って行われるケースが多いが、芙蓉グループの株式持ち合いを見ると、明らかに旧財閥系企業集団の三井・三菱・住友グループに比べて目が粗く、金融機関と事業会社間の持ち合いは活発であるが、事業会社間の株式持ち合い（つまりは商取引）が進んでいないことがわかる。

こうしてオイル・ショック後、芙蓉会は存続するものの、芙蓉グループは実質的にその役割を終えてしまった。

形骸《けいがい》化した会合は、グループ企業間の親睦《しんぼく》を深めるものの、それ以上の効果は生み出さない。一九九〇年代の或《あ》る芙蓉グループ首脳は「芙蓉会で話し合われたことが、実際の経営に影響を及ぼしたことはなかった」と述懐している。

芙蓉バッシングと安田信託銀行の救済

三井・三菱・住友グループに比べ、地味な存在であった芙蓉グループ。

日本 メント	日本鋼管	昭和海運	日産自動車	日本油脂	日立製作所	日本冷蔵	サッポロビール	日清紡績	日清製粉	久保田鉄工	京浜急行	合計(%)
1.93	2.74	0.17	2.01	0.33	1.33	0.69	0.51	1.13	0.72	2.57	0.45	29.53
1.02	2.99	0.48	1.70	0.68		0.38	0.38	0.28	0.28	1.64	0.91	28.77
0.07	0.74		0.38	0.26		0.06	0.13					18.90
0.14	0.46	0.80	4.41	0.08		0.07	0.08		0.21	1.75		27.42
		0.25			0.89							41.20
0.13			0.29				0.23				0.11	10.07
0.91	1.32		4.28				0.25					32.06
		0.10		0.05	0.68		0.06					18.15
												13.36
–												17.25
0.13	–	0.43	0.19				0.07					13.09
	2.78	–		0.73								25.50
	0.52	0.13	–	1.07				1.54				15.94
		0.56	2.99	–	3.37	0.67						31.35
					–							3.42
						–			0.16			8.64
0.24		0.08	0.48		0.08		–				0.44	14.67
								–				11.45
							0.39					5.66
						0.23			–			11.92
								33.92				43.92
0.03							0.08			–		13.72
												23.06
								0.11				13.42
												26.06
												12.36
											–	11.12
		0.17										8.51
0.29	0.51	0.16	0.59	0.09	0.21	0.09	0.11	0.14	0.21	0.39	0.09	15.81

り作成。

【芙蓉グループの株式持ち合い(1979年)】

所有／被所有	系列	富士銀行	安田信託	安田生命	安田火災	丸紅	東京建物	大成建設	日本精工	昭和電工	沖電気
富士銀行	安田	—	0.89	4.40	2.27	1.70	0.45	1.68	0.58	0.17	0.44
安田信託銀行	安田	3.26	—	3.29	2.14	2.70	0.62	1.00	1.35	0.37	1.01
安田火災海上保険	安田	6.50	3.56	3.20	—	1.62	0.38	0.50	0.26	0.41	0.31
丸　紅		7.26	2.79	2.97	5.39	—		0.22	0.08	0.32	
東京建物	安田	9.11	8.06	6.71	9.18		—		0.97		1.44
大成建設	大倉	5.28	1.69	1.10	0.53	0.21	0.29	—	0.21		
日本精工	山武	7.83	4.42	7.23	2.84	1.01	0.12	1.51	—		0.33
昭和電工	森	6.64	1.43	4.01	3.83	1.00		0.34		—	
沖電気工業	浅野	5.51	6.86		0.99						—
日本セメント	浅野	8.07	3.13	3.53	0.74	0.94	0.09	0.75			
日本鋼管	浅野	4.34	1.46	2.78	2.12	1.03	0.01	0.28	0.19	0.06	
昭和海運	浅野	5.99	2.83	1.56	9.00	2.45	0.17				
日産自動車	日産	5.48	2.22	1.45	2.27	2.46		0.59	0.51	0.04	
日本油脂	日産	6.38	3.72	2.24	3.55	3.37				4.49	
日立製作所	日産	1.97	1.45								
日本冷蔵	日産	4.16	1.06			2.71		0.54			
サッポロビール	根津	3.60	1.68	1.41		3.13	0.23	1.99	0.24		0.10
日清紡績	根津	5.73		3.51		1.11					
東武鉄道	根津	4.12	0.96	0.55			0.03	0.35			
日清製粉	根津	7.56	2.50			1.62					
東邦レーヨン		5.17	1.26	1.51	1.23	1.04					
久保田鉄工		7.71	1.09	2.66		2.12			0.04		
横河電機製作所		8.51	2.31	8.81	3.11				0.31		
山陽国策パルプ		4.61	3.36	1.77	1.31	2.23					
呉羽化学工業		8.55	5.83	6.06	1.90	3.72					
キャノン		6.02	3.09	1.00	2.25			4.54			
京浜急行電鉄		6.46	1.87	2.04							
東亜燃料工業		4.08	1.45		2.82						
合　計		4.54	1.79	2.40	1.69	1.16	0.10	0.44	0.22	0.10	0.10

※『東洋経済臨時増刊／データバンク　企業系列総覧』1980年版、『年報　系列の研究』第21集(1981年版

その存在がクローズ・アップされたのは、皮肉にも一九九〇年代後半の「芙蓉バッシング」であった。

一九八〇年代後半、日本企業は空前のバブル景気に沸いたが、一九九〇年代に入ってバブル経済が崩壊し、多額の不良債権を抱えるに至った。

一九九七年四月、遂に日産生命保険が破綻《はたん》する。戦後初の生命保険会社の破綻であった。かつて「国内の主要金融機関は倒産させない」と豪語していた大蔵省は、一九九四年に発覚したスキャンダル事件（イ・アイ・イ社長・高橋治則《たかはしはるのり》からの過剰接待）で組織防衛に追われ、すっかり神通力を失っていた。

一九九七年一一月には四つの金融機関（三洋証券、北海道拓殖銀行、山一証券、徳陽シティ銀行）が相次いで破綻する戦後未曾有《みぞう》の事態が勃発《ぼっぱつ》し、「次はどの金融機関がつぶれるのか」という金融不安が駆けめぐった。中でも、四大証券の一角を占める山一証券の破綻は、世間に大きな衝撃を与えた。

山一証券は芙蓉懇談会のメンバーであり、メインバンクは富士銀行であった。当時、メインバンクは融資先企業の救済に全力を挙げるものと経済界では認識されており、特に同一グループの企業を見捨てるような行為は考えられなかった。

山一証券を救済しなかったことに対して、富士銀行は「山一は芙蓉グループではない（から、そこまでの義理はない)」と弁明に努めた。しかし、不良債権処理の遅れが目立っていたこともあり、マスコミ各紙は富士銀行自体の経営体力が落ちているのではないかとの疑問を投げかけ始めた。しかも、同じ芙蓉グループの安田信託銀行が「次に破綻する金融機関」と噂されたことから、株式市場は一斉に富士銀行と安田信託銀行の株式を売り浴びせた。「芙蓉グループ企業が危ない」と信用不安を煽った風評被害は、当時、「芙蓉バッシング」と呼ばれた。

「芙蓉バッシング」と時を同じくして、芙蓉グループ（およびその傘下）の事業会社が次々と経営危機に陥った。

昭和海運が債務超過に陥り、一九九八年一〇月、日本郵船（第一章）に吸収合併された。日産自動車（第一五章）が危機的状況を回避するため、一九九九年三月にルノーと業務提携を結んでカルロス・ゴーンを招聘《しょうへい》し、大々的なリストラに着手した。

一九九九年九月に東邦レーヨン（東邦テナックスと改称後、帝人に吸収合併）が帝人（三和グループ企業、第一四章）に売却された。

また、かつて芙蓉会メンバーだった大倉商事（第六章）が、一九九八年八月に破綻した。

そして、ＮＫＫ（日本鋼管、第五章）の子会社であるトーア・スチールが、一九九八年九月に任意清算を発表するに至った。

メガバンク・みずほ金融グループの誕生

一九九八年、富士銀行は安田信託銀行の再建のため、同行を「生体解剖」して救済することを決意する。

まず、富士銀行は第一勧業銀行（第七章）と信託業務で提携した。富士銀行には信託子会社・富士信託銀行があったが、これを第一勧業銀行の信託子会社・第一勧業信託銀行と合併させ、第一勧業富士信託銀行（現 みずほ信託銀行）を設立。この会社を受け皿会社として、安田信託銀行の財産管理三部門（年金、証券管理、証券代行）を売却し、その売却益で同行の再建を企図した。

この安田信託銀行救済策を通じて、富士銀行は第一勧業銀行との本体同士の合併を申し入れた。同時期に日本興業銀行も第一勧業銀行に合併を申し入れていた。第一勧業銀行頭取・杉田《すぎた》力之《かつゆき》は、富士銀行頭取・山本恵朗《やまもとよしろう》と日本興業銀行頭取・西村正雄《にしむらまさお》を引き合わせ、三行合併を提案した。

一九九九年八月、三行は経営統合を発表。二〇〇〇年九月、三行は共同で金融持株会社・みずほホールディングスを設立し、その子会社となった。

翌二〇〇二年四月、みずほホールディングス下の銀行業務を再編、三行を二行に集約した。こうして、持株会社のみずほホールディングスの下に、リテール（小口・個人）部門のみずほ銀行、ホールセール（大口・法人）部門のみずほコーポレート銀行という体制ができあがった（のちに、みずほホールディングスの上に、さらに持株会社のみずほフィナンシャルグループを設立した。このややこしい構成は、経理上の必要に迫られたためといわれている）。

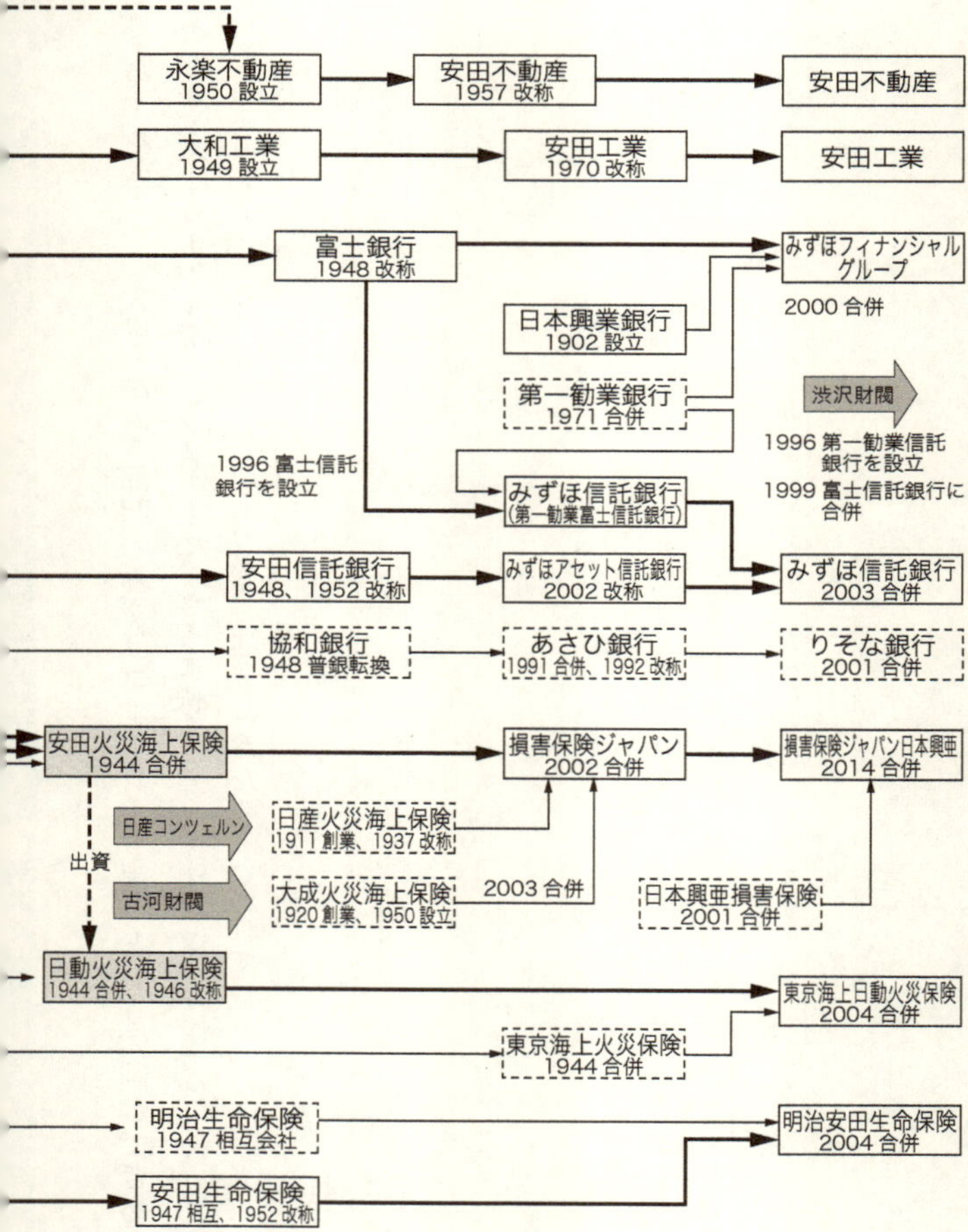
永楽不動産
1950 設立
安田不動産
1957 改称
安田不動産
大和工業
1949 設立
安田工業
1970 改称
安田工業
富士銀行
1948 改称
みずほフィナンシャルグループ
2000 合併
日本興業銀行
1902 設立
第一勧業銀行
1971 合併
渋沢財閥
1996 第一勧業信託銀行を設立
1999 富士信託銀行に合併
1996 富士信託銀行を設立
みずほ信託銀行
(第一勧業富士信託銀行)
安田信託銀行
1948、1952 改称
みずほアセット信託銀行
2002 改称
みずほ信託銀行
2003 合併
協和銀行
1948 普銀転換
あさひ銀行
1991 合併、1992 改称
りそな銀行
2001 合併
安田火災海上保険
1944 合併
損害保険ジャパン
2002 合併
損害保険ジャパン日本興亜
2014 合併
日産コンツェルン
日産火災海上保険
1911 創業、1937 改称
出資
古河財閥
大成火災海上保険
1920 創業、1950 設立
2003 合併
日本興亜損害保険
2001 合併
日動火災海上保険
1944 合併、1946 改称
東京海上日動火災保険
2004 合併
東京海上火災保険
1944 合併
明治生命保険
1947 相互会社
明治安田生命保険
2004 合併
安田生命保険
1947 相互、1952 改称

【安田財閥の企業系統図】

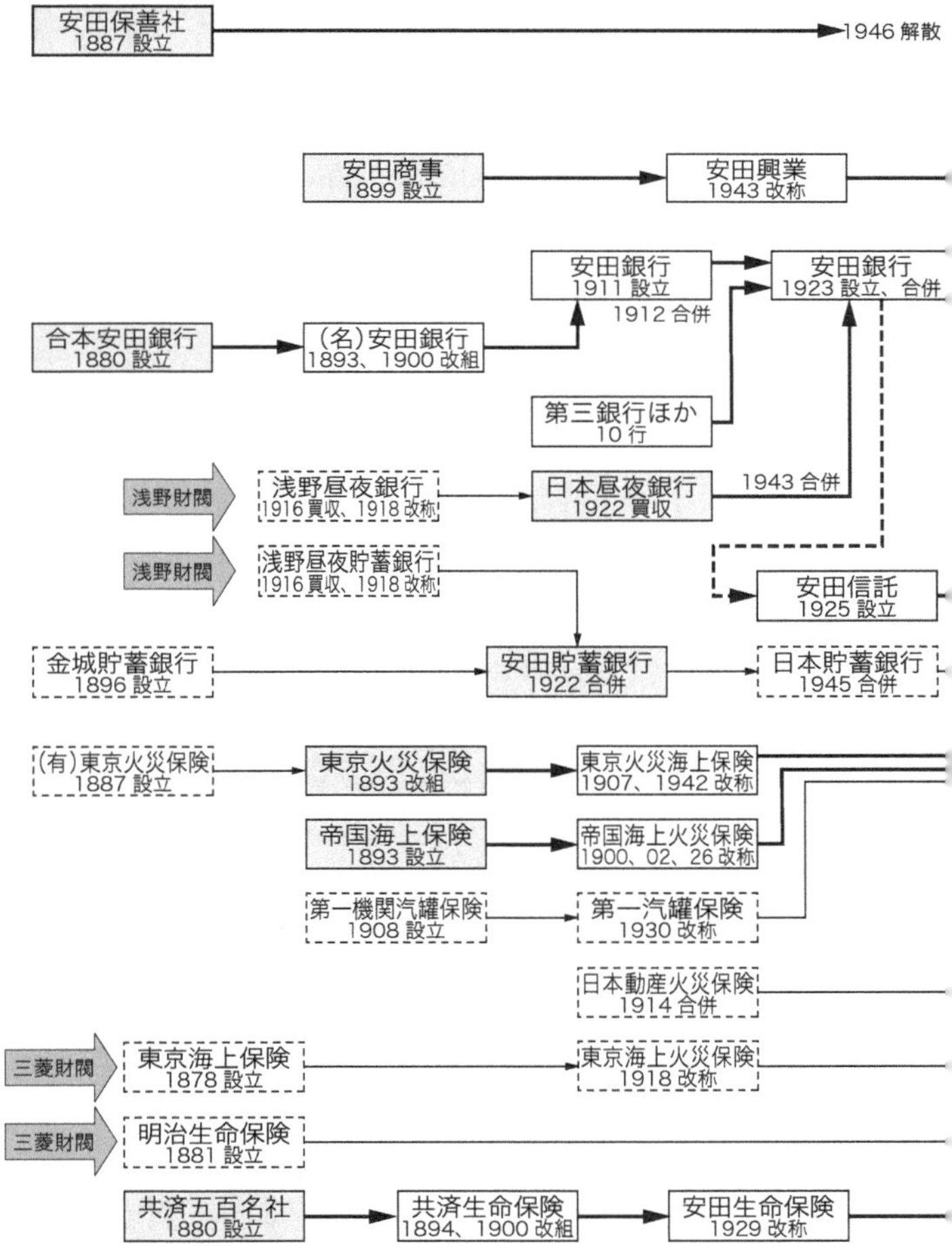
安田保善社
1887 設立
1946 解散
安田商事
1899 設立
安田興業
1943 改称
安田銀行
1911 設立
1912 合併
安田銀行
1923 設立、合併
合本安田銀行
1880 設立
(名)安田銀行
1893、1900 改組
第三銀行ほか
10 行
浅野財閥
浅野昼夜銀行
1916 買収、1918 改称
日本昼夜銀行
1922 買収
1943 合併
浅野財閥
浅野昼夜貯蓄銀行
1916 買収、1918 改称
安田信託
1925 設立
金城貯蓄銀行
1896 設立
安田貯蓄銀行
1922 合併
日本貯蓄銀行
1945 合併
(有)東京火災保険
1887 設立
東京火災保険
1893 改組
東京火災海上保険
1907、1942 改称
帝国海上保険
1893 設立
帝国海上火災保険
1900、02、26 改称
第一機関汽罐保険
1908 設立
第一汽罐保険
1930 改称
日本動産火災保険
1914 合併
三菱財閥
東京海上保険
1878 設立
東京海上火災保険
1918 改称
三菱財閥
明治生命保険
1881 設立
共済五百名社
1880 設立
共済生命保険
1894、1900 改組
安田生命保険
1929 改称

【安田家系図】

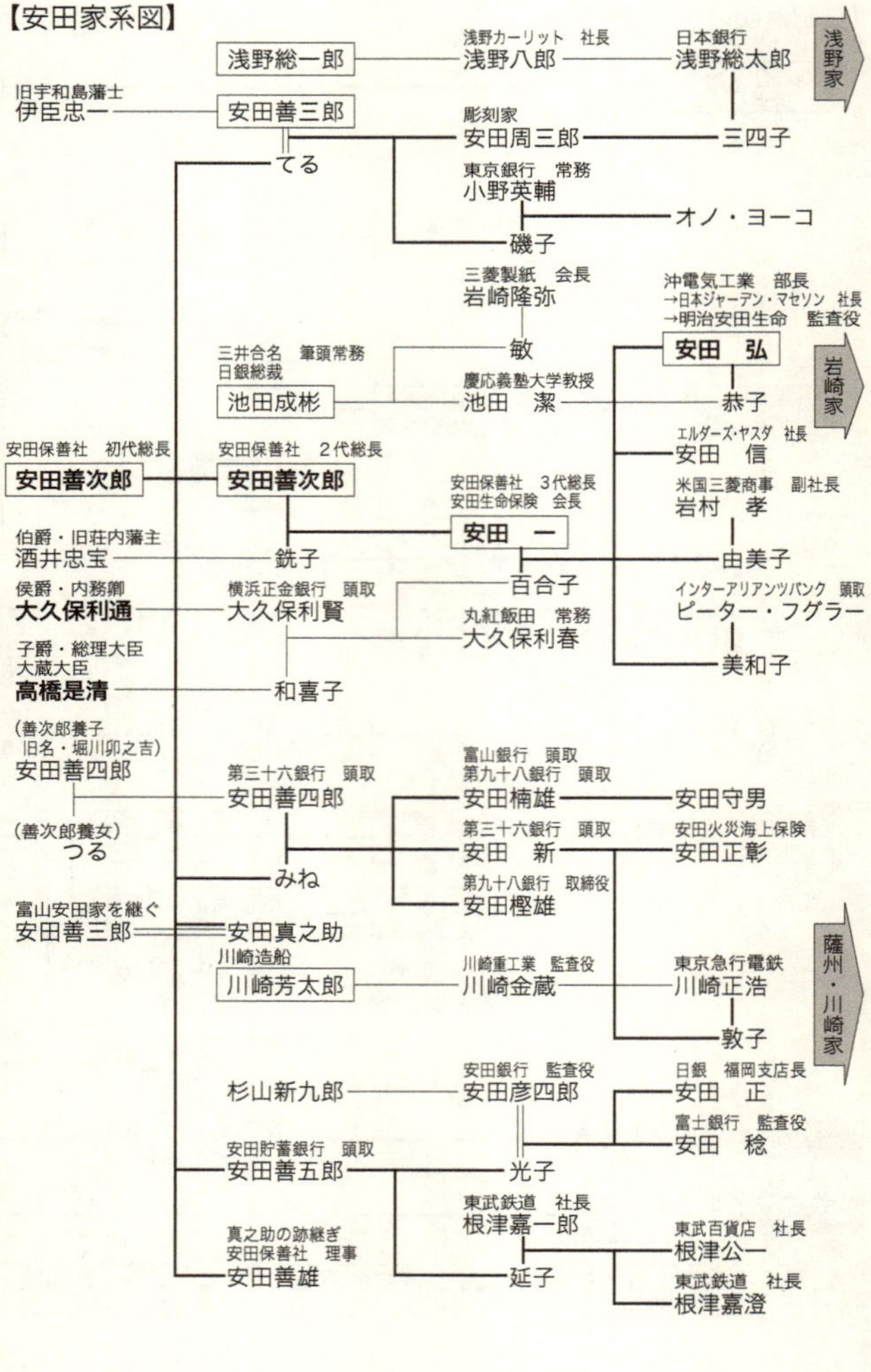

浅野総一郎
浅野カーリット　社長
浅野八郎
日本銀行
浅野総太郎
浅野家
旧宇和島藩士
伊臣忠一
安田善三郎
てる
彫刻家
安田周三郎
三四子
東京銀行　常務
小野英輔
オノ・ヨーコ
磯子
三菱製紙　会長
岩崎隆弥
敏
沖電気工業　部長
→日本ジャーデン・マセソン　社長
→明治安田生命　監査役
安田　弘
岩崎家
三井合名　筆頭常務
日銀総裁
池田成彬
慶応義塾大学教授
池田　潔
恭子
安田保善社　初代総長
安田善次郎
安田保善社　2代総長
安田善次郎
エルダーズ・ヤスダ　社長
安田　信
安田保善社　3代総長
安田生命保険　会長
安田　一
米国三菱商事　副社長
岩村　孝
由美子
伯爵・旧荘内藩主
酒井忠宝
銈子
百合子
侯爵・内務卿
大久保利通
横浜正金銀行　頭取
大久保利賢
インターアリアンツバンク　頭取
ピーター・フグラー
丸紅飯田　常務
大久保利春
美和子
子爵・総理大臣
大蔵大臣
高橋是清
和喜子
（善次郎養子
旧名・堀川卯之吉）
安田善四郎
第三十六銀行　頭取
安田善四郎
（善次郎養女）
つる
富山銀行　頭取
第九十八銀行　頭取
安田楠雄
安田守男
第三十六銀行　頭取
安田　新
安田火災海上保険
安田正彰
みね
第九十八銀行　取締役
安田樫雄
富山安田家を継ぐ
安田善三郎
安田真之助
川崎造船
川崎芳太郎
川崎重工業　監査役
川崎金蔵
東京急行電鉄
川崎正浩
敦子
薩州・川崎家
杉山新九郎
安田銀行　監査役
安田彦四郎
日銀　福岡支店長
安田　正
富士銀行　監査役
安田　稔
安田貯蓄銀行　頭取
安田善五郎
光子
東武鉄道　社長
根津嘉一郎
東武百貨店　社長
根津公一
真之助の跡継ぎ
安田保善社　理事
安田善雄
延子
東武鉄道　社長
根津嘉澄

第五章　浅野財閥

Ⅰ　財閥の発展

四人五脚から成る産業財閥

浅野財閥は、富山出身の実業家・浅野総一郎が創設した財閥である。

浅野財閥はセメント、製鉄、造船、海運などの事業を中心とする産業財閥で、金融はもっぱら安田財閥（第四章）に依存していた。さらに初期の浅野総一郎へ支援を惜しまなかった渋沢栄一（第七章）、渋沢の甥《おい》・大川平三郎《おおかわへいざぶろう》も浅野の事業に参画し、「安田、渋沢、浅野、大川の四財閥は、四人五脚のチームを作って、（中略）浅野において全く渾然《こんぜん》と融《と》け合っているのである。反対をいえば、浅野は四財閥の溜《たま》りであり、そして大部屋なのだ」と評された（『財閥盛衰記――地方・中堅財閥の巻』）。

浅野財閥は財閥解体を待たずして実質的に破綻《はたん》して、財閥としてのまとまりを欠いた。

戦後、傘下企業の多くは富士銀行（旧 安田銀行）をメインバンクとして、富士銀行が形成する芙蓉グループの中核企業となっていった。

初代・浅野総一郎

初代・浅野総一郎（一八四八～一九三〇）は越中《えっちゅう》（現 富山県）の医師の子として生まれ、一五歳で縮機《ちぢみはた》や稲扱機《いねこき》販売らの事業を興し、一九歳で産物会社を設立した。しかし、いずれも失敗し、高利貸への返済が滞り、一八七一年に夜逃げ同然で上京。その後、竹の皮商、薪炭商、石炭商と商売を転々と変えていく。

だが、一八七五年に転機が訪れる。

総一郎は、横浜瓦斯《ガス》局で廃棄されていたコークス・コールタールを買い取り、石炭の代用物として官営深川セメント製造所に売却し、大きな利益を得た。

その噂を聞いた王子製紙所（現 王子ホールディングス株式会社）がコークスを購入し代用を試みたが、セメント製造と異なり代替できなかった。そこで総一郎は、その使い物にならなくなってしまったコークスを、磐城《いわき》炭と交換して引き取った。その縁で、王子製紙所に石炭を納入することになった。

総一郎の働きぶりは、王子製紙所の創業者・渋沢栄一に知られ、面会を果たす事になる。その後、渋沢の信頼を得て、助言と援助を受けるようになった。

一八八四年には、渋沢の援助で深川セメント製造所の払い下げを受け、浅野工場を設立。これが浅野セメント合資会社、株式会社浅野セメント（のち日本セメント株式会社を経て、太平洋セメント株式会社）と発展し、浅野財閥の中核企業に育っていく。

総一郎は朝六時から職工とともに働き、夜二時に起きて工場内を見廻《みまわ》り、セメントでのどを痛めて血を吐くほど粉骨砕身して働いた。

また技術導入にも積極的で、浅野のセメントは国内最高品質と認められるようになった。一八八九年に横浜港修理の設計と工事に携わった英国人のパルマーは、「浅野のセメントは海外製品に比べても遜色《そんしょく》ない」と高い評価を与え、以後、港湾建築には浅野セメントが用いられるようになった。

浅野財閥の多角化

総一郎は、福島県磐城の炭礦《たんこう》に目を付け、一八八三年に渋沢らと磐城炭礦社（現 常磐《じょうばん》興産株式会社。じょうばんハワイアンセンターの経営母体）を設立した。しかし、磐城から京阪《けいはん》地区への輸送手段がなかったため、高い運送料で赤字経営を余儀なくされた。

そこで、鉄道を引いて陸路を確保したが、海路は当時、三菱（郵便汽船三菱会社）の独擅《どくせん》場《じょう》であり、高い石炭輸送運賃がネックとなった。総一郎は、海運輸送料の引き下げを期待して、三菱に対抗する共同運輸会社（第一章）設立に加わった。海運業の対立は日本郵船設立で終結するが、逆に運賃は引き上げられてしまう。寡占化した海運業に不満を持った総一郎は、渋沢の賛意を得て、一八九六年に東洋汽船株式会社を設立した。

海運業への進出は、造船業、製鉄業への進出に繋《つな》がっていった。

第一次世界大戦による活況で海運景気が起こり、船価が高騰。総一郎は東洋汽船の船を新たに造るため、一九一六年に株式会社横浜造船所（のちの株式会社浅野造船所）を設立。ところが同年八月、わが国への最大の鉄鋼供給国だったアメリカが、突如、鉄鋼材料の輸出を禁止した。そこで総一郎は、株式会社浅野製鉄所を設立する。しかし、反動恐慌で窮地に陥り、一九二〇年に浅野造船所への吸収合併を余儀なくされる。その後、一九三六年に浅野造船所は鶴見製鉄造船株式会社と改称し、一九四〇年に同じ浅野系の日本鋼管株式会社（現ＪＦＥホールディングス株式会社）に吸収合併された。

総一郎は、セメント、造船等製造業の他に、銀行や商社にも進出した。

一九一六年に株式会社第五銀行を買収し、持論の勤勉主義から営業時間を夜間にまで延長し、株式会社日本昼夜銀行と改称した（一九一八年に株式会社浅野昼夜銀行と改称）。

しかし、同行はしばしば業績不振に陥り、盟友・安田善次郎（第四章）は、総一郎に向かって銀行業兼営の非を述べ、実業家として終始するよう忠告したという。総一郎はその忠告を受け入れ、一九二二年に浅野昼夜銀行を安田財閥に譲渡した。

また、一九一八年に米グレース社と合弁で、浅野物産株式会社（のち東通株式会社を経て、丸紅に吸収合併）を設立した。他財閥と同様に第一次世界大戦の好景気を背景とした商社設立であったが、反動恐慌により経営不振に陥った。ただし、浅野物産は規模が小さかったため、負債は軽微で済み、その後は持ち直し、小さいながら浅野財閥の主力企業に成長していった。

今も京浜地域に浅野の名残

この他に、浅野財閥の事業の一つに京浜の埋め立て事業がある。

総一郎は京浜《けいひん》・鶴見《つるみ》地区の砂浜を埋め立て、運河を開拓して一大工業地帯を造成する計画を練り、安田善次郎とともに同地を視察した。この計画には安田の他、渋沢栄一、大川平三郎等らも賛同し、一九一四年に鶴見埋築株式会社（現 東亜建設工業株式会社）が設立され、順次埋め立て工事が着工された。

鶴見地区一帯には株式会社浅野セメント、株式会社浅野造船所、日本鋼管株式会社、沖電気株式会社（現ＯＫＩ株式会社、創業者一族が総一郎夫人の遠縁で、創業者の死後、総一郎が引き取って経営した）など、浅野財閥の傘下企業が建ち並ぶ一大工業地帯となった。

ＪＲ鶴見線の駅名に、今でも浅野財閥の名残が色濃く残っている。

浅野総一郎に由来する「浅野《あさの》」駅、浅野家の家紋（扇）に由来する「扇町《おうぎまち》」駅、安田善次郎に由来する「安善《あんぜん》」駅、協力者の白石元治郎《しらいしもとじろう》に由来する「武蔵白石《むさししらいし》」駅などである。

持株会社の設立と解体

浅野財閥は一九一八年に持株会社の浅野同族を設立したが、その払込済み資本は「殆《ほとん》ど全額が安田（銀行）の担保となっている」といわれ、一九二〇年代の昭和金融恐慌後の長期不況で、浅野同族は債務超過に陥ってしまう。

こうした中、一九三〇年一一月、創業者の浅野総一郎が死去した。長男の二代目・浅野総一郎（一八八四～一九四七）は、安田保善社理事・森広蔵に支援を要請した。安田財閥と相談の上、一九三九年五月に浅野同族は解散。一九四四年にあらためて株式会社浅野本社が設立された。

浅野財閥は財閥解体を待たずに事実上、解体の憂き目を見た。

傘下企業の株主構造、役員構成

一九三九年に持株会社が解散を余儀なくされるほどなので、浅野財閥の株式所有構造はお粗末な限りである。浅野財閥単体で過半数の株式を所有している企業は少ない。東洋汽船や沖電気に至っては安田財閥の傘下に移ったようである。

ところが、役員兼任の方に目を転じてみると、浅野一族が多くの企業でトップマネジメントを構成している。

こうした資本的な裏付けのない浅野家の支配について、「初代総一郎以来浅野一族は機能資本家であり、必要と考えられる諸会社の経営権を掌握していた（中略）無機能資本家化した三井一族が支配した三井財閥のように、重点が支配にあり、したがって過半数以上の株を所有して資本的な支配を図る必要はなかった」との指摘がある（『稼ぐに追いつく貧乏なし』）。

そのため、初代・浅野総一郎の死後、かれの息子たちが数十の関係会社の取締役を兼務した。二代目・浅野総一郎、浅野良三《りょうぞう》が二〇以上の役員を兼務し、浅野八郎《はちろう》が一五件、浅野義夫が九件。総一郎の甥に当たる金子喜代太《かねこきよた》も一五件の役員を兼務している。

そして、かれら二世の人物評であるが、浅野良三については「二代目としては人間の出来がよいといはれる《わ》」が、「八郎、義夫《よしお》にあっては伴食《ばんしょく》（実力がない）の感が深い」という（『浅野・渋沢・大川・古河コンツェルン読本』）。つまり、機能資本家だった初代・浅野総一郎の跡を、資本の裏付けもなく、凡庸な子どもたちが継承していたのだ。

日本鋼管の設立

旧浅野財閥の企業としては、日本鋼管株式会社（NKKを経て、現JFEホールディングス）が最も有名であるが、同社は総一郎の娘婿・白石元治郎が一九一二年に設立したもので、他の浅野系企業と一線を画していた。

白石元治郎（一八六七～一九四五）は越後《えちご》（現 新潟県）高田《たかだ》藩士の子に生まれ、東京帝国大学法科を卒業、学卒者として初めて浅野商店に入社した。東洋汽船の設立にともない、その支配人に着任、のちに取締役兼支配人となった。白石は総一郎を説得して巨船建造にこぎつけたが、建造費が収益を圧迫し、その責を負って一九一〇年に常勤役員を辞任した。

同じ頃、大倉喜八郎（第六章）が、官営八幡製鉄所（現 新日本製鉄）製鋼部長・今泉嘉一郎《いまいずみかいちろう》を招聘し、鋼管製造会社の設立を予定していた。

結局、大倉は計画を断念したが、今泉は旧知の白石にこの話を持ちかけた。一九一二年、白石は日本鋼管を設立し、工場建設に着工。一九一四年に鋼管製造を開始した。

時あたかも第一次世界大戦の勃発《ぼっぱつ》で、海外からの鋼管輸入が激減し、日本鋼管の製品は飛ぶように売れ、莫大《ばくだい》な収益を上げた。白石は積極的に設備増強し、日本鋼管を大きく成長させた。

II　戦後の動向

芙蓉グループの一員へ

戦後の財閥解体で、株式会社浅野本社、沖電気株式会社、沖電気証券株式会社（第二次指定）、浅野物産株式会社、日本鋼管株式会社（第三次指定）、共同興業株式会社（第五次指定）が持株会社に指定され、浅野本社、沖電気証券、共同興業が解散した。

三菱・住友財閥は財閥解体後も人的結束を維持し、一九五〇年代には社長会を結成した。それ以外の中小財閥も、同様に社長会・懇親会を結成した。

しかし、浅野財閥ではそのような動きに至らなかった。

既に見てきたように、浅野財閥では経済的な基盤がない財閥家族が諸会社の役員を独占していた。その状況を生え抜きの専門経営者は苦々しく見ていたに違いない。

戦後、浅野財閥は再結集する気運もなく、懇親会の存在すら見当たらない。中小規模の傘下企業では、専門経営者が株式を買い集めてオーナーのように振るまった事例すらある。

一九四七年に浅野セメントは日本セメントに改称。一九六一年に浅野物産は東京通商と合併、一九六五年に東通と改称し、一九六六年には丸紅飯田（現 丸紅）に吸収合併された。一九六〇年に東洋汽船は日本油槽船《ゆそうせん》に吸収合併され、さらに一九六四年の海運集約で日本油槽船と日産汽船が合併して昭和海運となった。

浅野系企業の多くは、戦後、富士銀行（旧安田銀行）をメインバンクとし、富士銀行が社長会「芙蓉会」を結成すると、日本セメント、昭和海運、日本鋼管、沖電気工業がそのメンバーとなった。

また、芙蓉会の中核メンバーであった丸紅飯田は、繊維商社からの脱皮を図り、富士銀行と連携強化して総合商社に変貌《へんぼう》を遂げた（第四章）。その過程で、日本鋼管系の鉄鋼商社・浅野物産（東通）を吸収合併したことは、日本鋼管との関係強化、鉄鋼分野の増強策として大きな意味があった。

さらなる合併で浅野色を払拭

戦後、「浅野」の看板をはずした浅野系企業は、一九九〇年代以降の大型合併で、浅野色を完全に払拭《ふっしょく》してしまった。

日本セメント（旧 浅野セメント）は、一九九八年に秩父小野田（小野田セメントと秩父セメントの合併企業）と合併し、太平洋セメントとなった。同年、昭和海運（東洋汽船の後身）は業績不振を理由に、日本郵船（第一章）に吸収合併された。

日本鋼管（通称ＮＫＫ）も川崎製鉄（第九章）と経営統合し、二〇〇二年ＪＦＥホールディングスとなった。

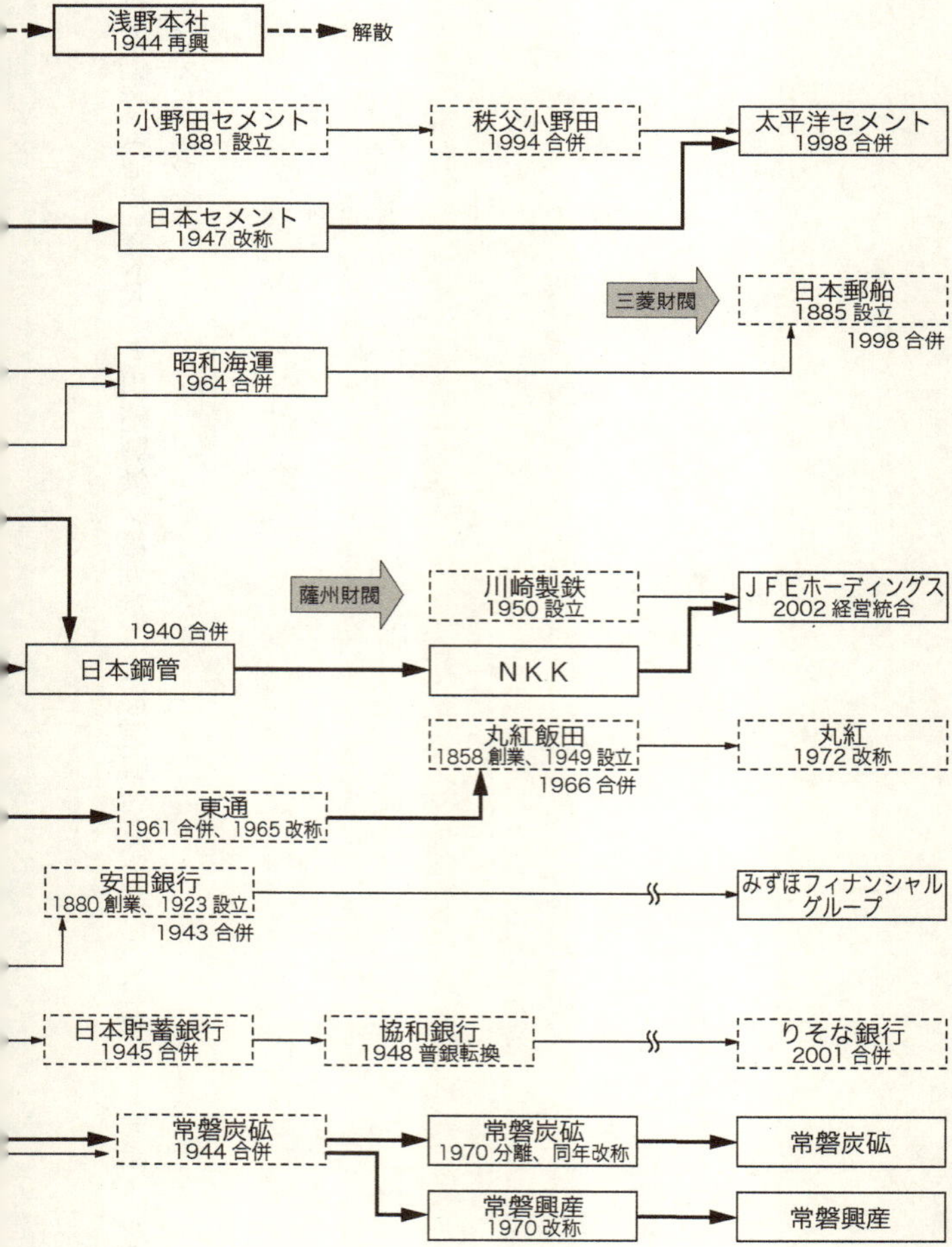
浅野本社
1944 再興
解散
小野田セメント
1881 設立
秩父小野田
1994 合併
太平洋セメント
1998 合併
日本セメント
1947 改称
三菱財閥
日本郵船
1885 設立
1998 合併
昭和海運
1964 合併
薩州財閥
川崎製鉄
1950 設立
ＪＦＥホーディングス
2002 経営統合
1940 合併
日本鋼管
ＮＫＫ
丸紅飯田
1858 創業、1949 設立
1966 合併
丸紅
1972 改称
東通
1961 合併、1965 改称
安田銀行
1880 創業、1923 設立
1943 合併
みずほフィナンシャルグループ
日本貯蓄銀行
1945 合併
協和銀行
1948 普銀転換
りそな銀行
2001 合併
常磐炭砿
1944 合併
常磐炭砿
1970 分離、同年改称
常磐炭砿
常磐興産
1970 改称
常磐興産

【浅野財閥の企業系統図】

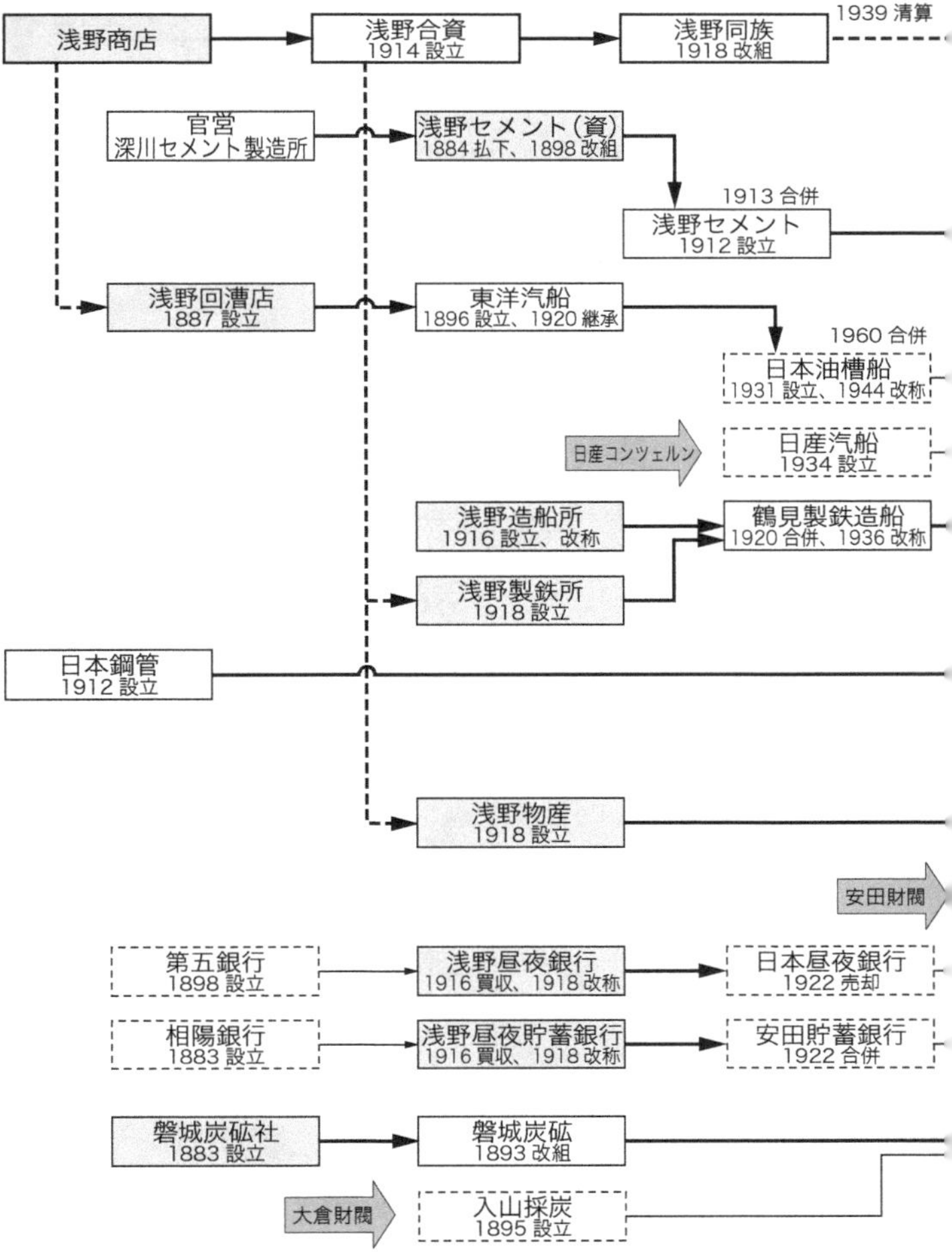
浅野商店
浅野合資
1914 設立
浅野同族
1918 改組
1939 清算
官営
深川セメント製造所
浅野セメント(資)
1884 払下、1898 改組
1913 合併
浅野セメント
1912 設立
浅野回漕店
1887 設立
東洋汽船
1896 設立、1920 継承
1960 合併
日本油槽船
1931 設立、1944 改称
日産コンツェルン
日産汽船
1934 設立
浅野造船所
1916 設立、改称
鶴見製鉄造船
1920 合併、1936 改称
浅野製鉄所
1918 設立
日本鋼管
1912 設立
浅野物産
1918 設立
安田財閥
第五銀行
1898 設立
浅野昼夜銀行
1916 買収、1918 改称
日本昼夜銀行
1922 売却
相陽銀行
1883 設立
浅野昼夜貯蓄銀行
1916 買収、1918 改称
安田貯蓄銀行
1922 合併
磐城炭砿社
1883 設立
磐城炭砿
1893 改組
大倉財閥
入山採炭
1895 設立

【浅野家系図】

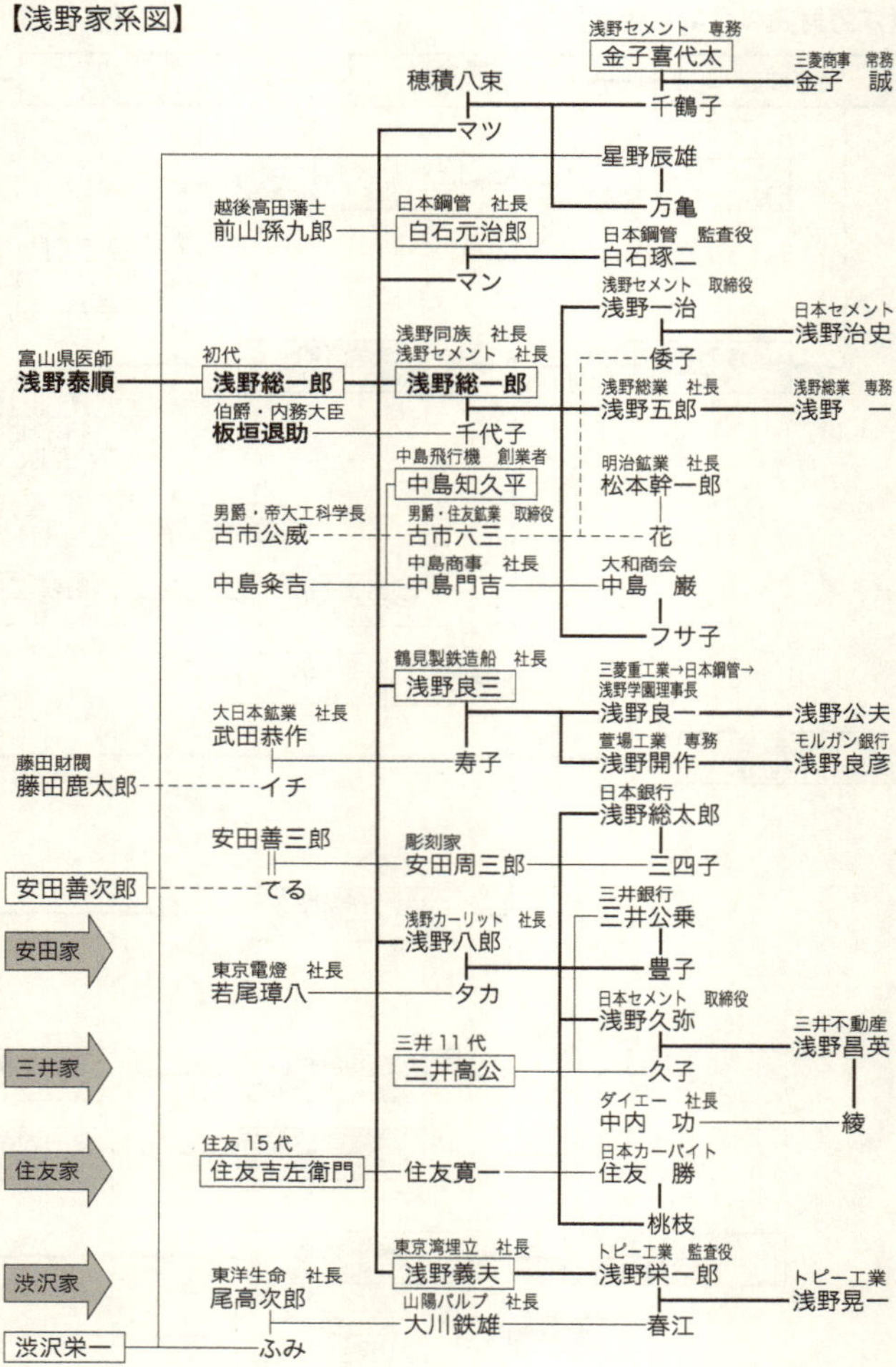

浅野セメント　専務
金子喜代太
三菱商事　常務
金子　誠
穂積八束
千鶴子
マツ
星野辰雄
万亀
越後高田藩士
前山孫九郎
日本鋼管　社長
白石元治郎
日本鋼管　監査役
白石琢二
マン
浅野セメント　取締役
浅野一治
日本セメント
浅野治史
倭子
富山県医師
浅野泰順
初代
浅野総一郎
浅野同族　社長
浅野セメント　社長
浅野総一郎
浅野総業　社長
浅野五郎
浅野総業　専務
浅野　一
伯爵・内務大臣
板垣退助
千代子
中島飛行機　創業者
中島知久平
明治鉱業　社長
松本幹一郎
男爵・帝大工科学長
古市公威
男爵・住友鉱業　取締役
古市六三
花
中島粂吉
中島商事　社長
中島門吉
大和商会
中島　巌
フサ子
鶴見製鉄造船　社長
浅野良三
三菱重工業→日本鋼管→
浅野学園理事長
浅野良一
浅野公夫
大日本鉱業　社長
武田恭作
萱場工業　専務
浅野開作
モルガン銀行
浅野良彦
寿子
藤田財閥
藤田鹿太郎
イチ
日本銀行
浅野総太郎
安田善三郎
彫刻家
安田周三郎
三四子
安田善次郎
てる
安田家
三井銀行
三井公乗
浅野カーリット　社長
浅野八郎
豊子
東京電燈　社長
若尾璋八
タカ
日本セメント　取締役
浅野久弥
三井不動産
浅野昌英
三井11代
三井高公
久子
三井家
ダイエー　社長
中内　功
綾
住友15代
住友吉左衛門
住友寛一
日本カーバイト
住友　勝
住友家
桃枝
東京湾埋立　社長
浅野義夫
トピー工業　監査役
浅野栄一郎
トピー工業
浅野晃一
東洋生命　社長
尾高次郎
山陽パルプ　社長
大川鉄雄
春江
渋沢家
渋沢栄一
ふみ

第六章　大倉財閥

Ⅰ　財閥の発展

創業者・大倉喜八郎

大倉財閥は越後出身の事業家・大倉喜八郎が創設した財閥である。

大倉喜八郎（一八三七～一九二八）は越後（現 新潟県）新発田《しばた》藩の質屋の子に生まれた。両親を早くに失ったため、一八四四年に江戸に出て鰹節《かつおぶし》店の奉公人となり、のちに乾物商として独立。幕末、風雲急を告げる時勢を見て、一八六五年に鉄砲商に転身し、戊辰《ぼしん》戦争時に商才を発揮していく。

喜八郎は、幕軍の彰義隊《しょうぎたい》から発注を受けた鉄砲を官軍に納入したため、彰義隊に拉致《らち》されてしまうが、「現金さえお払い下されば、どちらへでもお売りいたします」と堂々と答え、その場でミュンヘル銃の発注を受けたことは有名である。

鉄砲商売で巨利を得た喜八郎は、一八七二年に欧米を外遊。そこで、岩倉遣欧使節団の一行と遭遇し、伊藤博文《いとうひろぶみ》など次世代の有望政治家と交友を深め、「政商」として活躍する人脈の基盤となった。

喜八郎は帰国後、一八七三年に大倉組商会を設立。銀座《ぎんざ》に店を構えて貿易商を営み、一八七四年にはロンドンに支店を設けた。その一方、台湾への軍事出兵や日清《につしん》戦争で、軍需品や食糧などの物資輸送などに従事し、富を築き上げていった。

日清戦争で、物資の中から石コロが入っていた缶詰が見つかり、「大倉組ならやりかねない」と風評が上がるほど、軍用食糧といえば大倉組の独占事業であった。

一八九三年に商法が改正されると、大倉組商会を合名会社大倉組（一九四三年に大倉鉱業に吸収合併）に改組した。

一九一一年に（合名会社大倉組とは別に）株式会社大倉組を設立して、合名会社大倉組は持株会社機能のみを残して、事業部門を株式会社大倉組に移管した。さらに一九一七年に土木部を分離して大倉土木組（現 大成建設）、鉱業部門を分離して大倉鉱業株式会社（現 中央建物株式会社）を設立。翌年には商事部門を分離して大倉商事株式会社を設立した。

なお、喜八郎は文化事業や社会公共事業にも熱心で、一九〇〇年に大倉商業学校（現 東京経済大学）を設立し、一九一七年には大倉集古館《しゆうこかん》（現 大倉文化財団）という美術館を設立している。

大倉財閥の特徴

大倉財閥は、浅野・古河財閥等と同様に産業財閥と分類される。

ただし、浅野財閥（第五章）がセメント、古河財閥（第八章）が鉱山から発祥し、関連事業に手を伸ばしていったのに比べ、大倉財閥は中核となる事業が欠落していた。

大倉財閥は、大倉喜八郎が戊辰戦争で得た資金で、好き勝手に事業を広めていった感が強い。喜八郎は「初もの喰《ぐ》い狂」と呼ばれ、目新しい事業には何でも手を出した。自動車の輸入、帝国ホテルや帝国劇場の創設、海外支店の設置、日中合弁事業の着手……。

事業と名のつくものには何でも興味を持ち、おおよそ手を出したようだが、銀行業だけには手を出さなかった。大倉財閥内部でも、傘下に銀行を持たない不利、不便は認識されており、幾度となく銀行設立の声が上がったが、その度に喜八郎が反対し実現しなかったという。

傘下企業の株主構造、役員構成

大倉財閥は、大倉一族が持株会社の大倉組合名の株式を封鎖的に所有しており、直系企業の株式は大倉組合名が過半数の株式を所有しているケースが多いが、傍系企業ではばらつきが見られる。

大倉財閥の直系企業には、大倉商事株式会社、大倉鉱業株式会社（現 中央建物株式会社）、

大倉土木株式会社（現 大成建設株式会社）、大倉火災海上保険株式会社（千代田火災海上保険株式会社を経て、現 あいおいニッセイ同和損害保険株式会社）、大倉製糸株式会社、入山採炭株式会社（現 常磐興産）、川奈ホテルなどがあった。

この他に関係の深い企業に、帝国ホテル株式会社、日本皮革株式会社（現 ニッピ株式会社）、大日本麦酒株式会社（戦後、サッポロビールとアサヒビールに分割）などがある。

また、日露戦争後に得た満州への利権から、中国に対して積極的な投資を行い、農場・山林・埋立事業をしたが、戦後、GHQにより没収された。

大倉財閥は数多くの産業分野に比較的規模の小さい企業をちりばめていたが、それら事業間には脈絡はなかった。しかも、喜八郎は、それらを取りまとめて経営していく組織や人材を、ほとんど育てていかなかった。そのため、一九二八年に喜八郎が死去すると、大倉財閥は事業の整理から始めなければならなかった。

喜八郎の死後、大倉財閥を代表したのは、大番頭・門野重九郎《かどのちょうきゅうろう》（一八六七～一九五八）である。大倉財閥では組織が整備されていなかったため、「門野重九郎氏を重役に推すことに依《よ》って、その会社の経営に参加」するのが常套《じょうとう》手段だったという（『大倉・根津コンツェルン読本』）。こうした属人的な関係から、門野重九郎が、喜八郎の長男・大倉喜七郎《きしちろう》とともに多くの役員を兼務しており、他の役員を圧倒する存在感を放っていた。

II　戦後の動向

財閥解体と再結集の頓挫

戦後の財閥解体において、大倉財閥では大倉鉱業株式会社、日本無線株式会社（第二次指定）、内外通商（旧大倉商事）株式会社（第三次指定）が持株会社に指定された。

そして、一九五〇年代に三菱・住友財閥が社長会を設立して再結集し、「財閥の復活」がささやかれると、大倉財閥でも再結集の気運が高まった。

旧大倉財閥でも「旧大倉系の企業十二社が集まって大倉喜八郎をしのぶとともに、各社の親睦《しんぼく》を旨とした会を設けている。その名も、大倉生前の地名（現ホテルオークラ所在地、赤坂《あかさか》葵町《あおいちょう》）にちなんで「葵会《あおいかい》」と銘打って、毎月一回の会合を開いている」（『Ｆグループ』）との記事があるが、発足時期やメンバー資格（社長会か、常務クラスか、従業員の親睦団体か）は不明である。

メンバーは大倉事業、大成建設、大倉商事、日本皮革、日本無線、東海パルプ、中央建物、大倉製糸、川奈ホテル、赤倉観光ホテル、ホテルオークラ、大倉文化財団である。

また、当時の経済雑誌には、「大倉商事が大倉喜七郎を象徴的地位にまつりあげ、名だたる大番頭・今井文平《いまいぶんぺい》を会長にすえ、着々と序列正しい布陣を整えている。現在、大成建設、日本皮革、千代田火災海上、新中央工業、新愛知起業等の同系会社と緊密な連絡をとり、かつての大倉組を再現すべく大童《おおわらわ》である。このように、大倉商事も財閥意識は人一倍旺盛《おうせい》だが、何しろ三井、三菱、住友と較べ、銀行のない弱点は掩《おお》うべくもない」と記述されている。

大成建設・大倉商事の芙蓉会参加

この弱点に目を付けたのが、富士銀行（旧安田銀行）であった（第四章）。

富士銀行は大倉財閥系の大成建設、大倉商事のメインバンクとなり、芙蓉会のメンバーに招聘《しょうへい》した（のちに大倉商事は脱退）。

大成建設の社名は、大倉喜八郎の法名「大成院殿礼本超邁鶴翁大居士」に由来する。「建設」はconstructionの訳語で、これを社名に初めて使ったのは同社だといわれている。

現在、大倉系の企業で、著名であるのは大成建設（旧大倉土木）とホテルオークラであるが、ホテルオークラは大倉財閥の二代目・大倉喜七郎が戦後に設立した企業である。

大倉喜七郎（一八八二〜一九六三）は大倉喜八郎の長男として生まれ、ケンブリッジ大学卒業後、大倉組に入り、一九二四年に大倉組頭取に就任した。喜七郎は事業家というより、好学の士・趣味の人で、大倉財閥幹部からの評価は芳しくなかった。

しかし、ホテル業への関心は強く、父の後を継いで一九二二年から帝国ホテル会長（のちに社長）を務め、川奈ホテル、赤倉観光ホテルの創業を手がけた。

戦後、公職追放を経て、大倉商事監査役に復帰。帝国ホテル社長への復帰を渇望し、それがかなわないと見るや、一九五八年にホテルオークラを創設した。

大倉商事の破綻

バブル経済崩壊後、経営不振に陥った大倉商事は、一九九八年六月に大倉喜八郎の曾孫《そうそん》・大倉喜彦《よしひこ》（一九三九〜）を社長に抜擢《ばってき》して、求心力を高めるとともに、大成建設など大倉財閥系の企業に第三者割当増資を要請した。また、金融機関の支援による再建の道を探ったが難航し、会社更生法申請のめども立たず、結局、自己破産に追い込まれた。

大倉商事は事業部門ごとに分割して売買され、食料部門が片岡物産に譲渡されたのを皮切りに、宇宙・航空機部門が丸紅、住宅部材子会社が岡谷鋼機に分割された。また、子会社・大倉フーズがニッピ（旧日本皮革）に譲渡された。

なお、大倉喜彦は大倉商事破綻《はたん》後、中央建物（旧 大倉鉱業）社長に就任。ホテルオークラ取締役、ニッピ監査役、リーガルコーポレーション監査役、東海パルプ監査役を兼務し、大倉財閥系企業の連携に一役買っている。

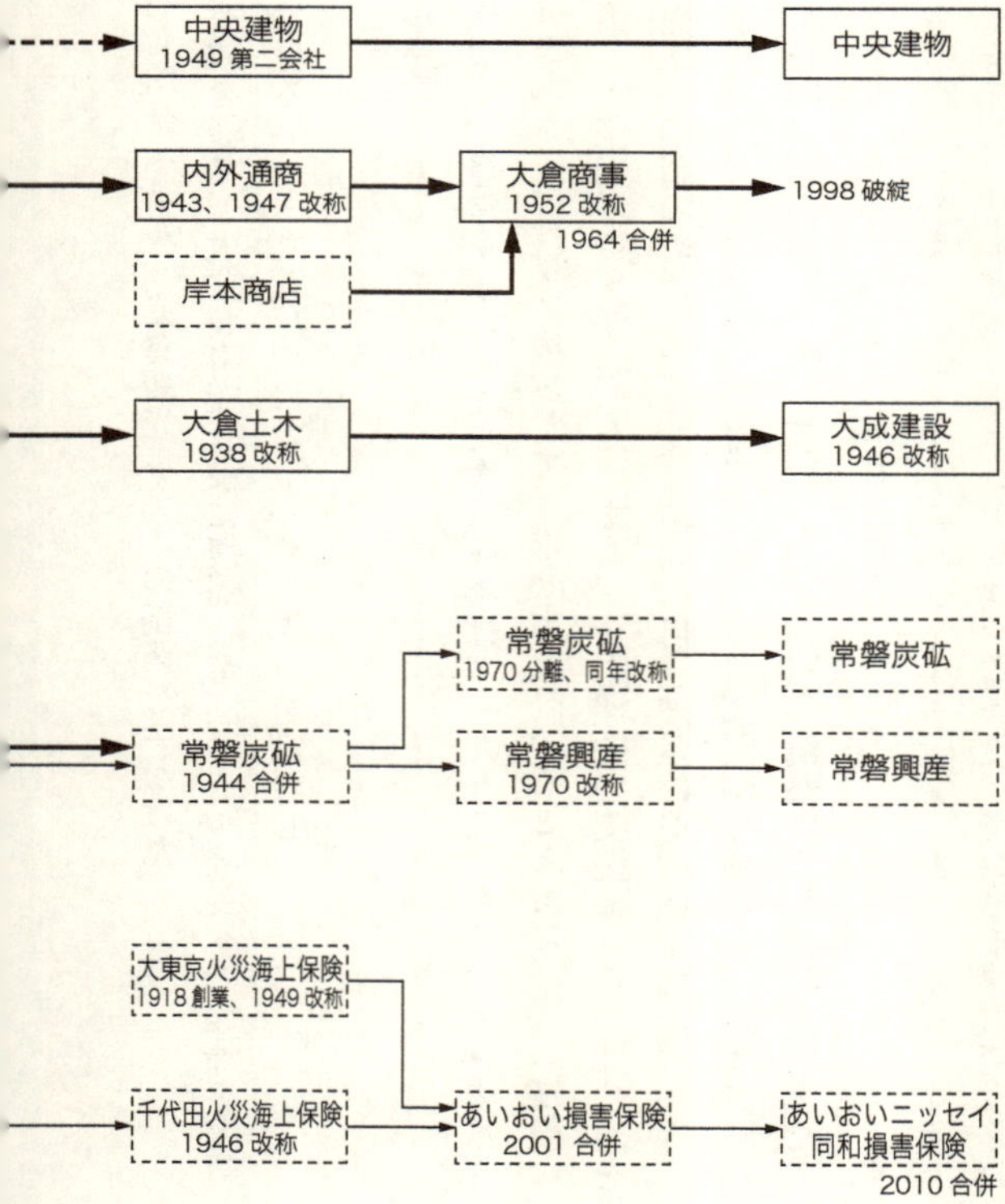
中央建物
1949 第二会社
中央建物
内外通商
1943、1947 改称
大倉商事
1952 改称
1998 破綻
1964 合併
岸本商店
大倉土木
1938 改称
大成建設
1946 改称
常磐炭砿
1970 分離、同年改称
常磐炭砿
常磐炭砿
1944 合併
常磐興産
1970 改称
常磐興産
大東京火災海上保険
1918 創業、1949 改称
千代田火災海上保険
1946 改称
あいおい損害保険
2001 合併
あいおいニッセイ
同和損害保険
2010 合併

【大倉財閥の企業系統図】

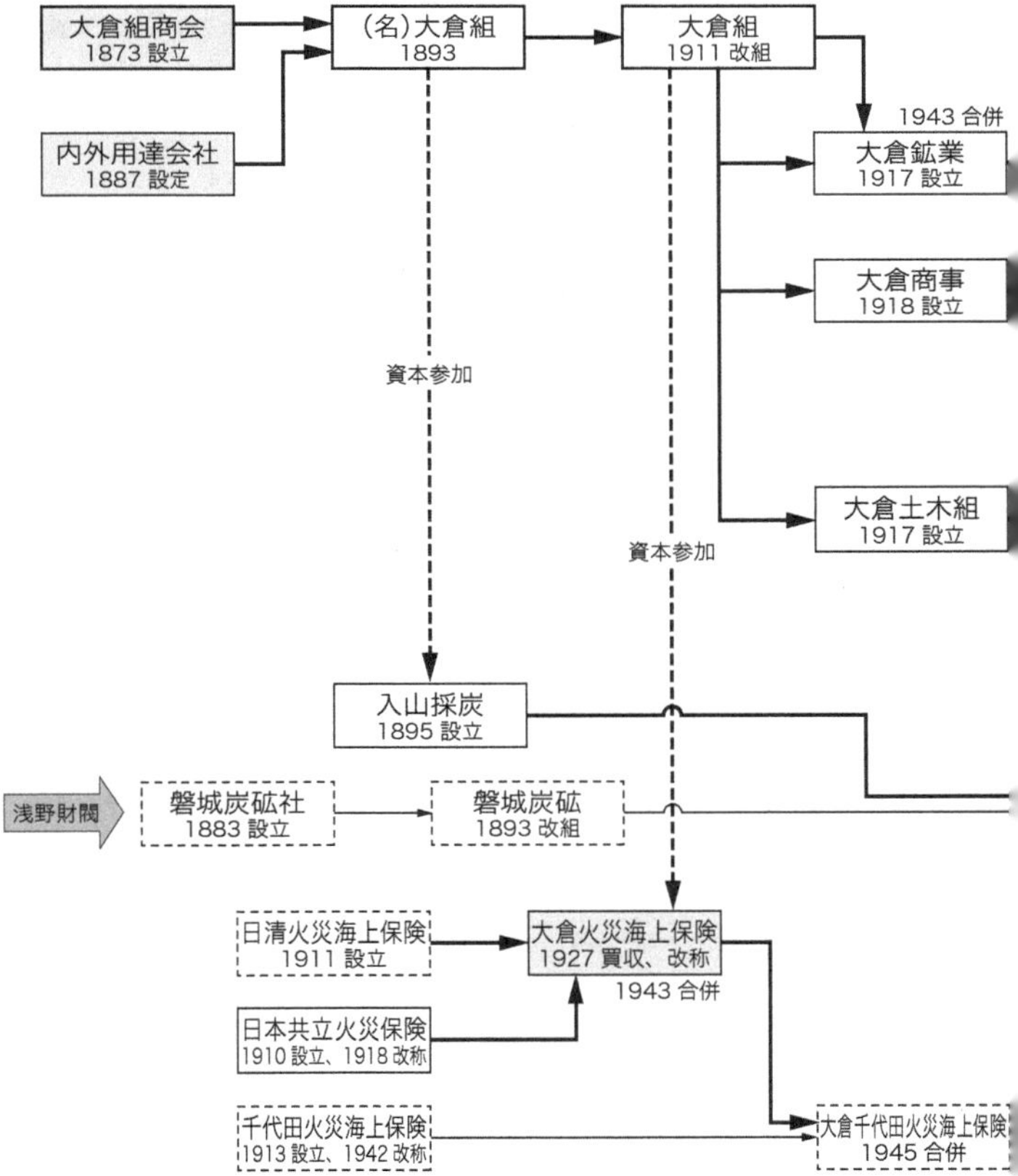
大倉組商会
1873 設立
(名)大倉組
1893
大倉組
1911 改組
内外用達会社
1887 設定
1943 合併
大倉鉱業
1917 設立
大倉商事
1918 設立
資本参加
大倉土木組
1917 設立
資本参加
入山採炭
1895 設立
浅野財閥
磐城炭砿社
1883 設立
磐城炭砿
1893 改組
日清火災海上保険
1911 設立
大倉火災海上保険
1927 買収、改称
1943 合併
日本共立火災保険
1910 設立、1918 改称
千代田火災海上保険
1913 設立、1942 改称
大倉千代田火災海上保険
1945 合併

【大倉家系図】

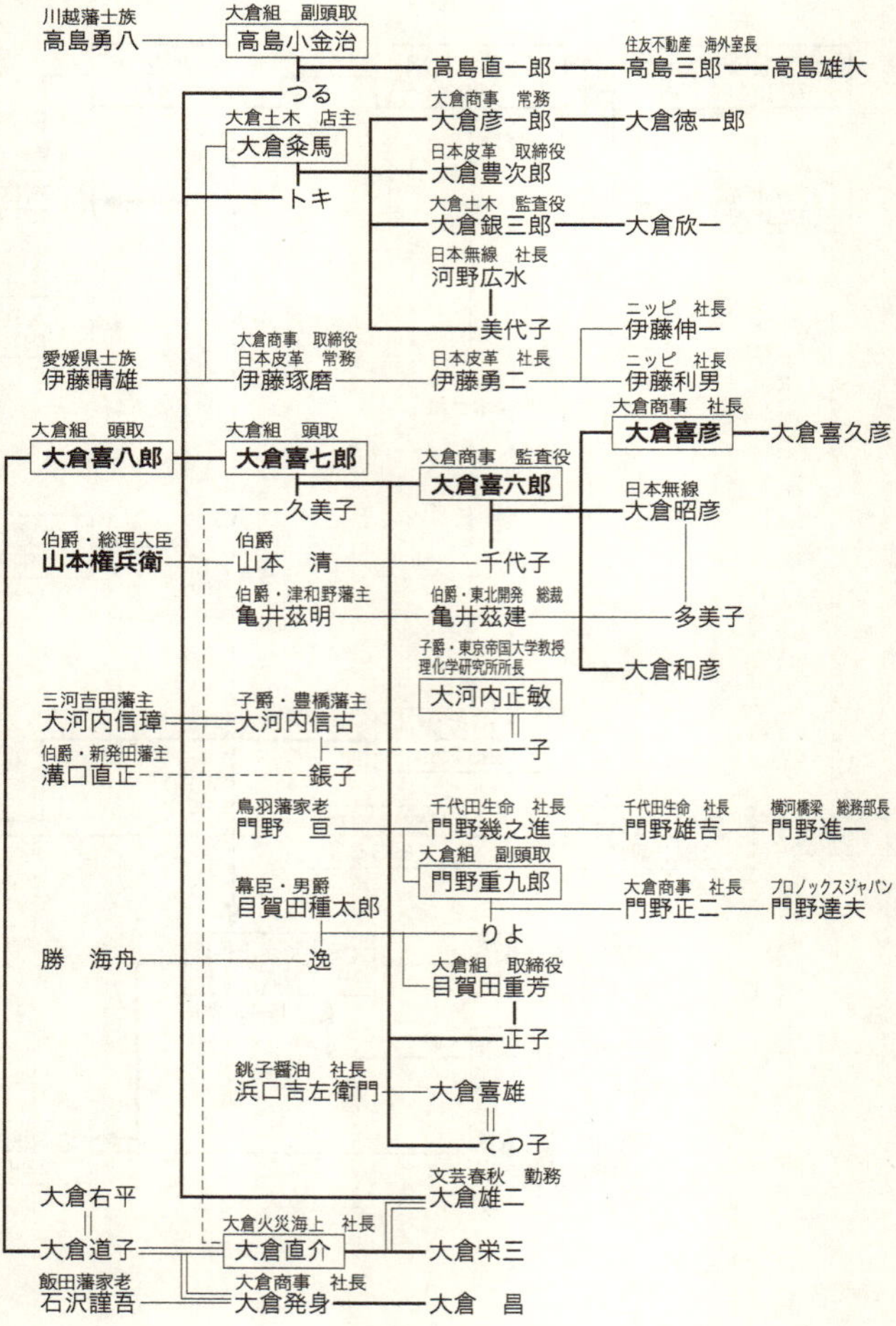

川越藩士族
高島勇八
大倉組　副頭取
高島小金治
高島直一郎
住友不動産　海外室長
高島三郎
高島雄大
つる
大倉土木　店主
大倉粂馬
トキ
大倉商事　常務
大倉彦一郎
大倉徳一郎
日本皮革　取締役
大倉豊次郎
大倉土木　監査役
大倉銀三郎
大倉欣一
日本無線　社長
河野広水
美代子
愛媛県士族
伊藤晴雄
大倉商事　取締役
日本皮革　常務
伊藤琢磨
日本皮革　社長
伊藤勇二
ニッピ　社長
伊藤伸一
ニッピ　社長
伊藤利男
大倉組　頭取
大倉喜八郎
大倉組　頭取
大倉喜七郎
大倉商事　社長
大倉喜彦
大倉喜久彦
大倉商事　監査役
大倉喜六郎
日本無線
大倉昭彦
久美子
伯爵・総理大臣
山本権兵衛
伯爵
山本　清
千代子
伯爵・津和野藩主
亀井茲明
伯爵・東北開発　総裁
亀井茲建
多美子
大倉和彦
子爵・東京帝国大学教授
理化学研究所所長
大河内正敏
三河吉田藩主
大河内信璋
子爵・豊橋藩主
大河内信古
一子
伯爵・新発田藩主
溝口直正
鋹子
鳥羽藩家老
門野　亘
千代田生命　社長
門野幾之進
千代田生命　社長
門野雄吉
横河橋梁　総務部長
門野進一
大倉組　副頭取
門野重九郎
幕臣・男爵
目賀田種太郎
大倉商事　社長
門野正二
プロノックスジャパン
門野達夫
りよ
勝　海舟
逸
大倉組　取締役
目賀田重芳
正子
銚子醤油　社長
浜口吉左衛門
大倉喜雄
てつ子
文芸春秋　勤務
大倉雄二
大倉右平
大倉道子
大倉火災海上　社長
大倉直介
大倉栄三
飯田藩家老
石沢謹吾
大倉商事　社長
大倉発身
大倉　昌

第七章　渋沢財閥・一勧グループ

I　財閥の発展

創業者・渋沢栄一

渋沢財閥は、明治の事業家・渋沢栄一が創設した企業群からなる財閥である（表題を「渋沢財閥」とはしてみたものの、これが本当に財閥と呼べるのか、かなり怪しいところではあるが、本書ではとりあえず「××財閥」という表記とした）。

渋沢栄一（一八四〇～一九三一）は埼玉の豪農の子として生まれた。幕末期の尊皇攘夷《じょうい》運動に感化され、高崎《たかさき》城乗っ取りを企てるが、同志が捕縛されたことにより攘夷運動をあきらめ、一橋徳川《ひとつばしとくがわ》家の家臣となった。一八六六年に一橋家当主・徳川慶喜《よしのぶ》が将軍に就任すると、渋沢は幕臣となり、一八六七年に慶喜の実弟・徳川昭武《あきたけ》に随行してパリの万国博使節団に加わり、欧州各地を視察。西洋文明を見聞した。この時の経験が、のちの「日本近代資本主義の父」としての教養の基盤となった。

翌年帰国すると、年号は明治に変わっていた。意外に知られていないが、大政奉還から廃藩置県の間まで、徳川家（一六代目　徳川家達《いえさと》）は静岡藩の藩主となった。渋沢は、静岡で謹慎する慶喜に面会して、そのまま同地にとどまり、静岡藩に出仕した。

一八六九年、渋沢は静岡藩で「商法会所」という半官半民の企業を設立し、大きな利益を上げる。その手腕が明治政府に認められ、大蔵省の有力者・井上馨の補佐（大蔵大丞《だいじょう》）に抜《ばっ》擢《てき》される。

だが、一八七三年に政府内部の意見対立のため、井上馨とともに退官。渋沢は大蔵省在任中に手がけていた国立銀行条例を実行し、同年に日本初の銀行である第一国立銀行（のち株式会社第一銀行、株式会社第一勧業銀行を経て、現 株式会社みずほ銀行）を設立、一八七五年にはその総監役（頭取）に就任した。

また、一八七三年に王子製紙株式会社（現 王子ホールディングス株式会社）、一八七六年に東京株式取引所、一八七七年に商法講習所（現 一橋大学）、一八七九年に有限責任東京海上保険会社（現 東京海上日動火災保険株式会社）などの設立に参画し、一八八〇年に横浜正金銀行（のち株式会社東京銀行、現 株式会社三菱ＵＦＪ銀行）創立委員長となった。

さらに一八八一年に日本鉄道会社（のち日本国有鉄道に継承、現 東日本旅客鉄道株式会社［通称 ＪＲ東日本］）、一八八三年に東京電燈株式会社（現 東京電力株式会社）、一八八六年に帝国ホテル株式会社の設立に参画した。

傘下企業の株主構造、役員構成

このように、渋沢栄一は数多くの企業設立に参与したが、それら企業を渋沢家の閉鎖的な所有下に置かなかった。のちに「わしがもし一身一家の富むことばかりを考えたら、三井や岩崎にも負けなかったろうよ。これは負け惜しみではないぞ」、と子どもたちに語ったという逸話が残っている。

渋沢栄一研究家の島田昌和《しまだまさかず》氏は、渋沢の株式所有行動について「まずいくつかの会社を軌道に乗せて配当を行い、自身はその会社の株式を一部売却して、その資金を新たな会社の設立資金にしていった」と指摘している。

つまり、渋沢は限られた資金を、企業設立のために充てることが多く、一つの企業の株式を保有し続けて支配下に置くことはしなかったのである。

従って、渋沢（財閥）系と認知される企業は少なく、『浅野・渋沢・大川・古河コンツェルン読本』では「直系四事業」として、株式会社東京石川島造船所（石川島播磨重工業株式会社を経て、現 株式会社ＩＨＩ）、自動車工業株式会社（現 いすゞ自動車株式会社）、株式会社石川島飛行機製作所（立川飛行機株式会社を経て、現 株式会社立飛《たちひ》ホールディングス）、渋沢倉庫株式会社の四社を掲げているにすぎない（これに株式会社第一銀行［株式会社第一勧業銀行を経て、現 株式会社みずほ銀行］も加えておいた方がよいだろう）。

このうち、自動車工業と石川島飛行機製作所は東京石川島造船所を母体としており、渋沢倉庫は第一銀行の傘下にあるのだが、渋沢家は東京石川島造船所や第一銀行の株式をほとんど所有していない。

しかし、栄一の次男・渋沢武之《たけの》助《すけ》が東京石川島造船所監査役、嫡孫の渋沢敬三が第一銀行常務の役員に就いているほか、栄一の三男・渋沢正雄《まさお》が日本製鉄株式会社の常務、東京製綱《せいこう》株式会社の監査役に就いている。

所有なき渋沢家の役員就任について、戦前の書籍は「比較的著名な事業の多くは、大川、浅野、古河、大倉等の支配会社への従属関係に立つてゐ《い》る（中略）尤《もつと》も浅野や大川にして見れば、御恩返しといふ《う》意味でもあるまいが、（渋沢）翁の秘蔵っ子を大切に預かって守り育て、小さい会社ながら女婿や孫どもまで一《い》っぱしの重役になりすましてゐ《い》る」と記載している。

II　戦後の動向

第一銀行の企業集団形成

戦後の財閥解体で、三井・三菱・住友財閥などが十大財閥に指定されたが、当初は渋沢財閥などを含めた十五大財閥を指定する予定だったという。渋沢同族株式会社が持株会社（第二次）に指定され、解散させられたが、そもそも渋沢財閥という実態はなく、大きな影響があったとは言い難い。

渋沢財閥の戦後という点では、第一銀行の企業集団形成が注目される。

「銀行の歴史は合併の歴史」とよくいわれるが、第一銀行ほどその言葉を体現している銀行はない。

第一銀行は戦時下の国家的政策の一環で、一九四三年に三井銀行（第三章）と合併し、帝国銀行となった。しかし合併後、第一銀行側に不満が強く、一九四八年に帝国銀行（のちの三井銀行）と第一銀行に分離した。海外でも例を見ない合併銀行の再分離である。

分離に至った理由は、第一銀行の方が店舗数は多かったが、三井銀行に比べて大卒行員が少なかったため、徐々に支店長職が三井銀行出身者に浸食されていったからだといわれている。また、第一銀行の顧客も、三井銀行の顧客に比べて融資面で冷遇されたようだ。

では、分離後の第一銀行はどうしたかというと、堅実路線をひた走り、従来からの取引先との関係を墨守《ぼくしゅ》することに甘んじた。

時あたかも、富士銀行（旧 安田銀行）が新たなグループ形成を企図し、融資先企業を積極的に拡大、のちの芙蓉グループとなる原形つくりに奔走していた頃である。その姿勢の違いは一九六〇年代になって顕在化する。

富士銀行が社長会「芙蓉会」を結成し、芙蓉グループを形成した頃（第四章）、第一銀行では主要取引先である古河グループ（第八章）と川崎グループ（第九章）が、他グループからの浸食を受けつつあった。

当時、三菱グループ（第一章）は「BUY三菱」運動で排他的なグループ内取引を推進し、勢力拡大を図っていた。戦後、古河グループの中心的な企業は古河電気工業であったが、三菱金属から原材料を購入しており、関係が深かった。そこで、三菱グループは両社の結び付きをテコに古河グループとの接近を図っていた。

一方、重工業部門に欠ける住友グループ（第二章）は、川崎グループの中心的な企業である川崎重工業と住友機械工業（現 住友重機械工業）を合併させ、住友グループに取り込もうとしていた（この合併話は、新社名を決定するまで進展したが、川崎製鉄の強い反対で破談となった）。

こうした状況を受けて、第一銀行頭取・井上薫《いのうえかおる》は一九六六年に古河・川崎グループの合同社長会（古河・川崎合同委員会）を結成して、両グループ企業を核とした第一銀行グループの形成を目論《もくろ》んだ。

まず、井上が川崎重工業と古河電気工業の監査役に就任し、両グループの橋渡しの役割を担った。次いで、一九六六年、川崎重工業が横山工業（二位株主が富士電機製造）を吸収合併。

一九六八年には富士電機製造が川崎電機製造（川崎重工業の子会社）を合併した。また、富士電機製造と川崎重工業間に株式持ち合いを実現させた。しかし、これらは結局、関連業種の提携に留《とど》まり、古河・川崎グループの本格的な融合には結実しなかった。

三菱銀行との合併破談と第一勧業銀行の誕生

井上は第一銀行グループを形成し、他グループからの浸食を防衛しようとした。

ところが、次の頭取に就任した長谷川重三郎《はせがわじゅうざぶろう》は、独断で三菱銀行との合併を推進してしまう。一九六九年、読売新聞の元日スクープで合併交渉が露見し、一月七日に三菱銀行と第一銀行は正式に合併を発表した。

長谷川は渋沢栄一の隠し子といわれ、行内ではエリート・コースを歩み、あたかもオーナー頭取のように権勢を振るった（重三郎の名は一三番目の子という意で、弟は一四を表す藤四郎《とうしろう》だった）。独断で合併推進した長谷川には、行内を抑えきる絶対の自信があったようだ。

これに対し、会長に退いていた井上薫は、三菱銀行との合併に異を唱え、徹底的な反対運動を展開する。

まず、古河・川崎グループ、石川島播磨重工業、神戸製鋼所、渋沢倉庫など古くからの融資先企業に根回しをして、「三菱に呑《の》み込まれる」と外部から合併反対の声を上げさせた。

横浜ゴム	川崎重工	川崎製鉄	川崎汽船	清水建設	神戸製鋼所	石川島播磨	旭化成	日立製作所	日産火災	富国生命	兼松江商	合計(%)
0.23	1.02	1.46	0.17	1.04	0.95	1.25	0.79	0.90		1.27	0.26	23.03
	0.13		0.55	0.20			0.23					12.68
	0.32		0.62	0.34	3.09	0.56						16.22
1.39			0.35									40.20
0.68				0.25								28.95
0.13	3.57		0.17									37.58
	0.08			0.12								43.73
3.20	0.06		0.01				4.64					49.31
—							0.85					38.35
				0.78								34.75
											0.45	8.94
	0.85			5.00		0.83						26.28
	—	2.26	1.17									14.56
0.02	0.62	—	0.61	0.16		0.46					0.08	10.66
	7.34	1.10	—			1.34					0.07	18.74
	3.28	20.57	0.04									26.58
				—						1.26		10.96
0.43	0.46	0.23		0.08		0.99		0.26				12.12
			0.04	0.33	—	0.36					0.10	10.72
			0.06		0.73	—						8.80
						0.13	—				0.02	8.69
	1.47			0.30					1.63	1.24		11.40
					0.15				0.49		0.37	9.94
										1.25		6.98
									0.20			4.22
												11.30
												9.17
												7.18
												3.49
		0.04	0.01		0.04			—	0.76		0.04	4.16
								10.63	—			22.96
								13.67	2.83	0.75		27.25
			0.35	0.78					0.93		—	12.17
									0.91		0.38	8.09
										6.42		15.12
												15.80
												12.77
												7.41
												8.68
												4.47
												9.17
0.13	0.43	0.37	0.21	0.19	0.20	0.28	0.12	0.17	0.13	0.19	0.06	14.39

り作成。

【一勧グループの株式持ち合い（1979年）】

被所有＼所有	系列	第一勧銀	伊藤忠商事	日商岩井	朝日生命	大成火災	古河鉱業	古河電工	富士電機	富士通	日本ゼオン
第一勧業銀行		—	1.37	1.14	4.21		0.83	0.72	0.03	0.50	0.17
伊藤忠商事		7.42	—		3.74				0.04		0.10
日商岩井		6.89		—	3.36		0.19	0.58			
古河鉱業	古河	10.00	0.88	1.02	10.00	2.24	—	7.29	4.62		0.29
古河電気工業	古河	3.59	2.32	1.23	7.88	1.47	5.73	—	2.70	1.47	0.25
富士電機製造	古河	4.80		0.30	8.63	1.57	2.61	4.93	—	10.38	0.06
富士通	古河	9.13	0.22	0.14	9.49	0.90	0.33	1.58	21.70	—	0.05
日本ゼオン	古河	7.73	2.94	0.47	7.77	0.97	0.77	8.20	0.77	0.77	—
横浜ゴム	古河	5.00	3.59		9.54	3.28	3.79	6.13	0.47	1.11	5.00
旭電化工業	古河	8.33	0.33	1.45	9.92	2.89	5.00	1.81	2.33		1.33
日本軽金属	古河	2.56	0.60	0.67	2.02		0.67	1.89			0.08
渋沢倉庫	古河	9.11	3.40	1.78			0.21	2.98			
川崎重工業	川崎	4.69	1.54	0.33	2.40		0.12	0.24	0.60	0.11	
川崎製鉄	川崎	4.66	0.58	0.23	2.73		0.07	0.17	0.08		0.02
川崎汽船	川崎	6.23	0.62	0.37			0.19				
川鉄商事	川崎	2.36									
清水建設		8.91	0.34	0.21							0.68
いすゞ自動車		3.50	3.29		2.38	0.25		0.01		0.01	
神戸製鋼所		4.53	0.54	2.00	2.68				0.06		
石川島播磨重工業		3.42	0.61	0.48	3.06						
旭化成工業		4.06	0.10	0.04	3.51				0.11		
井関農機		5.00			0.71						
日本重化学工業		7.65		1.20							
秩父セメント		3.74			2.00						
昭和石油		2.97			0.28						
旭光学工業		5.36			5.97						
ライオン		5.67			3.36						
荏原製作所		5.93			1.25						
安川電機製作所		3.49									
日立製作所		1.98	0.03		1.15					0.04	
日産火災海上保険	勧銀	10.00			2.33						
日本コロムビア	勧銀	10.00									
兼松江商	勧銀	10.00									
日本勧業角丸証券	勧銀	5.00			1.57						
後楽園スタヂアム	勧銀	8.70									
新潟鉄工所	勧銀	5.93	2.06	1.61	6.03						
日本通運	勧銀	4.57	0.10		7.56						
資生堂	勧銀	4.61		0.30	2.50						
電気化学工業	勧銀	4.75			3.94						
本州製紙	勧銀	3.81			0.65						
三　共	勧銀	9.17									
合　計		4.37	0.68	0.48	3.34	0.15	0.33	0.48	0.90	0.31	0.11

※『東洋経済臨時増刊／データバンク　企業系列総覧』1980年版、『年報　系列の研究』第21集（1981年版

次に支店長たちに反対の声を上げさせ、さらに総会屋をも煽動《せんどう》して取締役に圧力をかけさせた。

こうして同年一月一三日、わずか一週間で第一銀行は合併を撤回。責任をとって長谷川は辞任。井上が頭取に復帰した。

井上は三菱銀行との合併に反対したが、相手が悪かっただけで、合併自体に反対したわけではなかった。密《ひそ》かに他行との合併を模索し、日本勧業銀行と合併交渉を水面下で進めていた。

一九七一年、第一銀行は日本勧業銀行と合併し、国内最大規模の銀行・第一勧業銀行が誕生した。一九七八年には、融資先企業を集めて社長会「三金会《さんきんかい》」(三ヶ月に一度、第三金曜日に開催)を結成し、一勧グループを形成した。

しかし、古河グループ、川崎重工業グループの内部はそれぞれ株式持ち合いを積極的に展開しているものの、両グループ間に持ち合いが進展せず、さらに勧銀系ではほとんど株式持ち合いが進んでいない。

このことが示すように、一勧グループは、社長会を結成したものの、企業集団としての実態がともなっておらず、活動は低調に終わったようだ。

第一勧業銀行の利益提供事件

一九九七年五月二〇日、総会屋・小池隆一《こいけりゅういち》が、野村証券の株式三〇万株を所有し、大株主という立場を利用して、不正取引を要求していたことが発覚した。

さらに大和証券、日興証券、山一証券に対しても、それぞれ三〇万株ずつを所有し、同様の要求を行っていたことが明らかになった。この四大証券株式購入資金の原資が、第一勧業銀行からの迂回《うかい》融資であったことが大きな問題になった。

ことの発端は、三菱銀行との合併を阻止するために、井上薫が総会屋に協力を依頼したことに遡《さかのぼ》る。その時の総会屋・木島力也《きじまりきや》は、第一勧業銀行に対して隠然たる影響力を持つようになり、弟子である小池への融資を依頼した。

小池は第一勧業銀行から融資を得て、証券会社の株式を購入。三〇万株以上持てば、株主総会で役員解任等を提案する「株主提案権」の権利があり、それを盾にとって、証券会社に株の不正取引をさせようとしたのだ。

事件発覚に伴い、一九九七年五月二三日、第一勧業銀行は「多額の融資を行った最大の原因は、元出版社社長（総会屋・木島力也）の依頼を断われなかったことにあると聞いております。その死後も同氏の呪縛《じゅばく》が解けず、急に対応を変えることができませんでした」と発表。頭取・近藤克彦《こんどうかつひこ》、会長・奥田正司《おくだただし》と五人の相談役の辞任を発表した。

しかし、そのお詫《わ》び会見で、次期頭取として紹介された副頭取・藤田《ふじた》一郎《いちろう》は、小池への融資を承知していたと発言し、窮地に追い込まれる。

一九九七年六月五日、遂に総務担当の元常務ら四人が逮捕される。六月八日、審査担当役員の逮捕を悟った第一勧業銀行は、内定していた頭取人事を撤回し、藤田以下、代表権を持つ役員全員が退任。しかし、六月一〇日に審査担当の元副頭取ら四人、六月一三日にも藤田ら二人が逮捕されてしまう。

この間、上層部は完全に当事者能力を失ってしまった。代わって発言力を増したのが、「四人組」と呼ばれた中堅幹部である。かれらの同意がなければ、新頭取・杉田力之でさえ、何も決めることができなくなっていた。

一九九七年六月二八日、元会長・宮崎邦次《みやざきくにじ》が東京地検特捜部の取り調べ後、自宅で首を吊《つ》って自殺。七月四日、前会長・奥田正司が逮捕され、捜査は終結を迎えた。

この事件は高杉良《たかすぎりょう》の小説『呪縛――金融腐敗列島』のモデルに取り上げられ、一躍有名となった。なお、「四人組」と呼ばれた中堅幹部には、銀行員から小説家に転身した江上剛《えがみごう》(本名 小畠晴喜《こはたはるき》)や、後に西武鉄道社長に転出した後藤高志《ごとうたかし》がいた。

みずほ金融グループの誕生

一九九七年に「芙蓉バッシング」が起き、安田信託銀行（現 みずほ信託銀行）の経営不安説が市場を駆けめぐると、富士銀行は不安説を払拭《ふっしょく》し、安田信託銀行の経営危機を救うため、第一勧業銀行に救いの手を伸ばした（第四章）。この安田信託銀行救済策を通じて、富士銀行は第一勧業銀行に本体同士の合併を申し入れた。同時期に日本興業銀行も第一勧業銀行に合併を申し入れていた。

第一勧業銀行は、合併銀行の悲哀を味わっていたため合併には慎重であった。しかし、第一勧業銀行頭取・杉田力之は「二行ならダメでも、三行なら旧行対立は生まれないだろう」と判断し、富士銀行、日本興業銀行の頭取を引き合わせ、三行合併を提案。

一九九九年八月、三行は共同持株会社の設立と経営統合を発表し、みずほフィナンシャルグループが誕生した（第四章）。

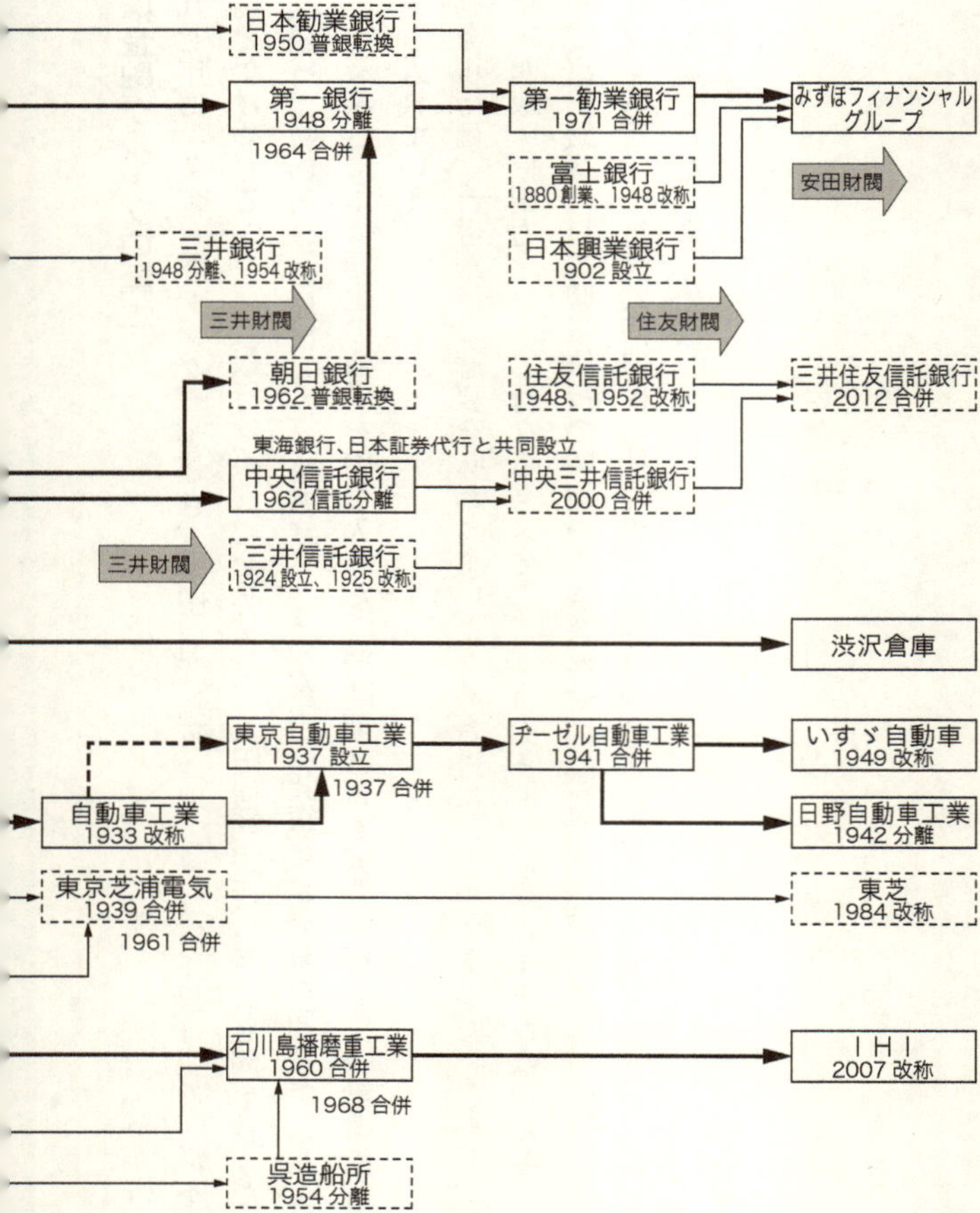
日本勧業銀行
1950 普銀転換
第一銀行
1948 分離
1964 合併
第一勧業銀行
1971 合併
みずほフィナンシャルグループ
富士銀行
1880 創業、1948 改称
安田財閥
日本興業銀行
1902 設立
三井銀行
1948 分離、1954 改称
三井財閥
住友財閥
朝日銀行
1962 普銀転換
住友信託銀行
1948、1952 改称
三井住友信託銀行
2012 合併
東海銀行、日本証券代行と共同設立
中央信託銀行
1962 信託分離
中央三井信託銀行
2000 合併
三井財閥
三井信託銀行
1924 設立、1925 改称
渋沢倉庫
東京自動車工業
1937 設立
ヂーゼル自動車工業
1941 合併
いすゞ自動車
1949 改称
1937 合併
自動車工業
1933 改称
日野自動車工業
1942 分離
東京芝浦電気
1939 合併
東芝
1984 改称
1961 合併
石川島播磨重工業
1960 合併
IHI
2007 改称
1968 合併
呉造船所
1954 分離

【渋沢財閥の企業系統図】

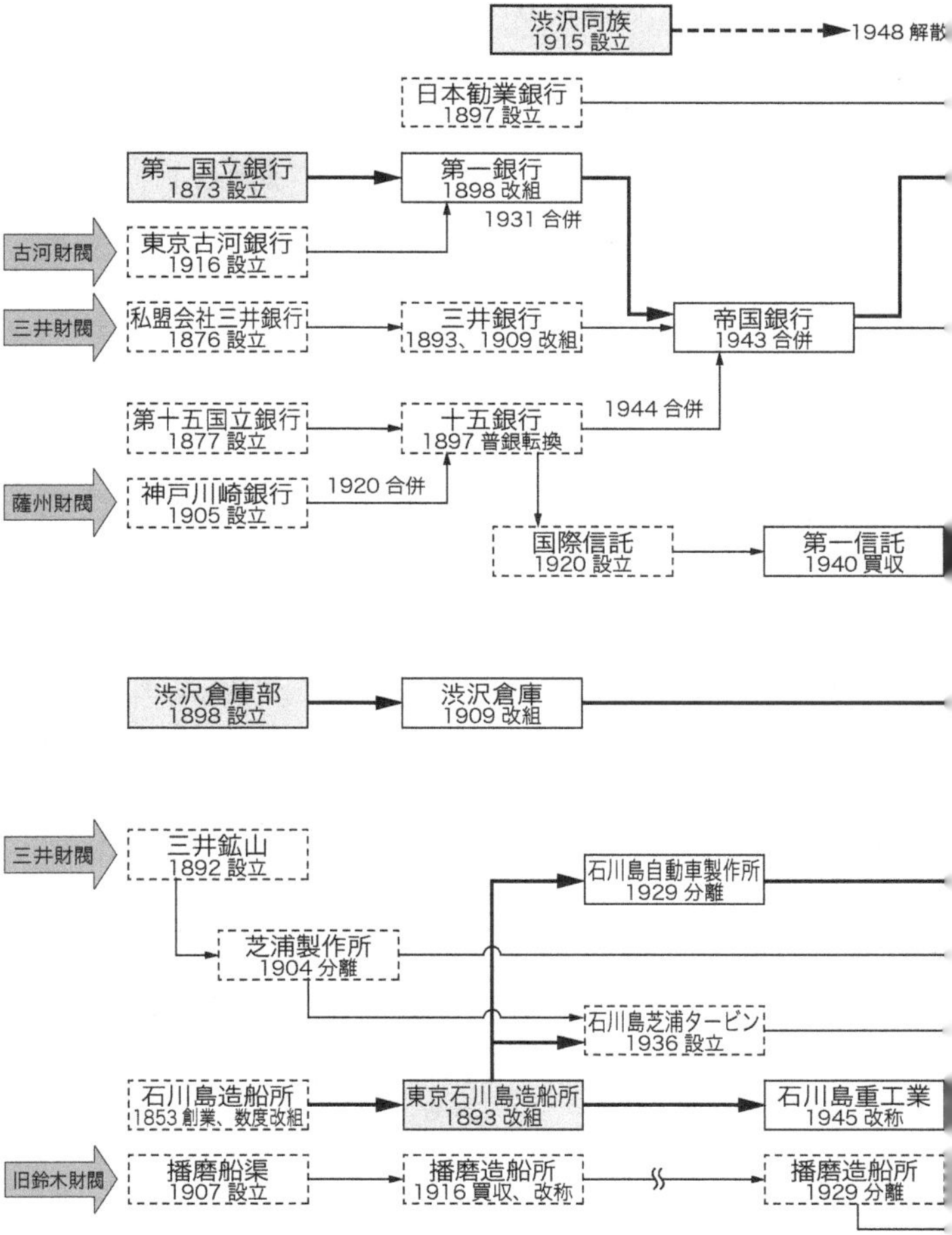
渋沢同族
1915 設立
1948 解散
日本勧業銀行
1897 設立
第一国立銀行
1873 設立
第一銀行
1898 改組
1931 合併
古河財閥
東京古河銀行
1916 設立
三井財閥
私盟会社三井銀行
1876 設立
三井銀行
1893、1909 改組
帝国銀行
1943 合併
第十五国立銀行
1877 設立
十五銀行
1897 普銀転換
1944 合併
薩州財閥
神戸川崎銀行
1905 設立
1920 合併
国際信託
1920 設立
第一信託
1940 買収
渋沢倉庫部
1898 設立
渋沢倉庫
1909 改組
三井財閥
三井鉱山
1892 設立
石川島自動車製作所
1929 分離
芝浦製作所
1904 分離
石川島芝浦タービン
1936 設立
石川島造船所
1853 創業、数度改組
東京石川島造船所
1893 改組
石川島重工業
1945 改称
旧鈴木財閥
播磨船渠
1907 設立
播磨造船所
1916 買収、改称
播磨造船所
1929 分離

【渋沢家系図】

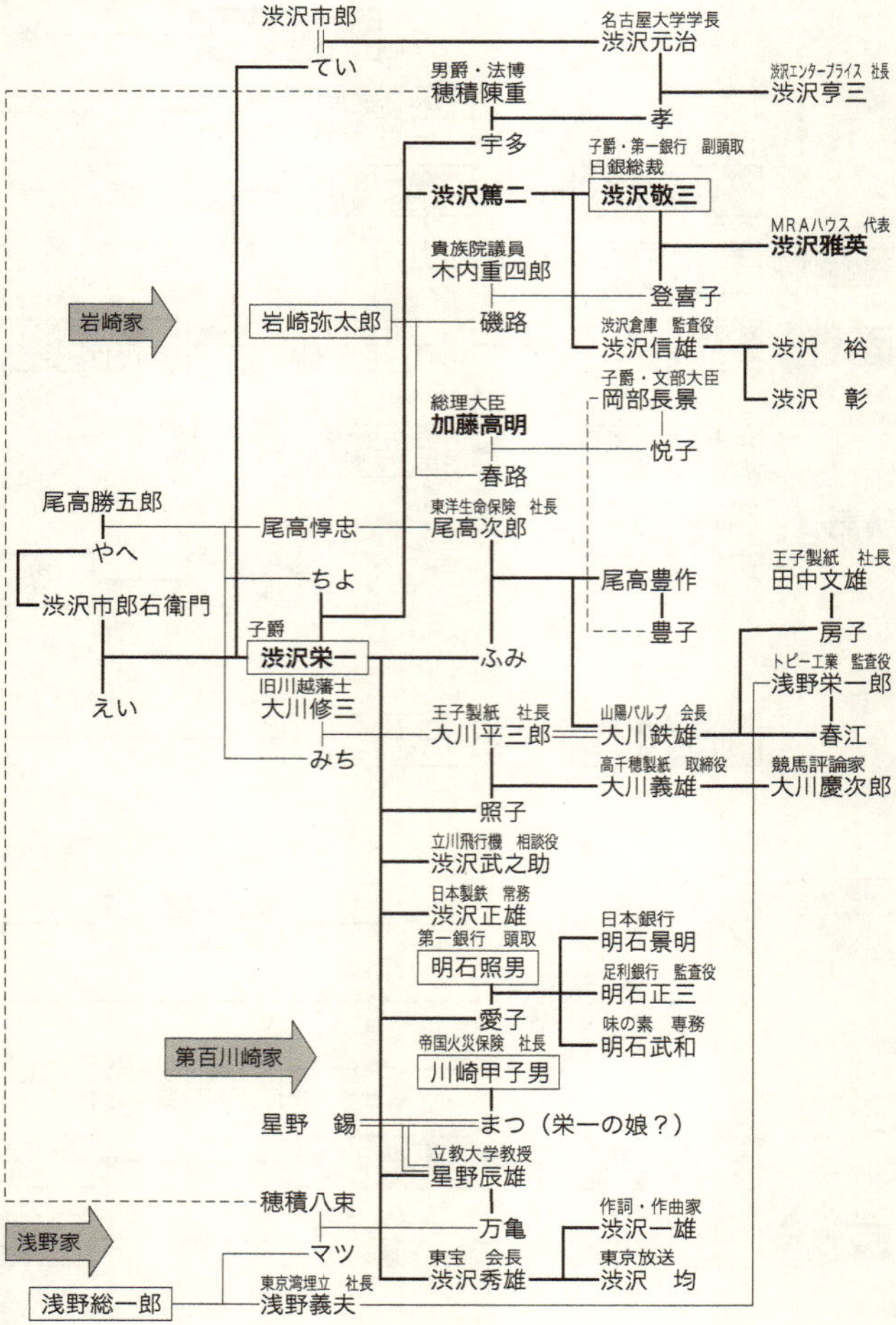
渋沢市郎
てい
名古屋大学学長
渋沢元治
男爵・法博
穂積陳重
孝
渋沢エンタープライス 社長
渋沢亨三
宇多
子爵・第一銀行 副頭取
日銀総裁
渋沢篤二
渋沢敬三
MRAハウス 代表
渋沢雅英
貴族院議員
木内重四郎
登喜子
岩崎家
岩崎弥太郎
磯路
渋沢倉庫 監査役
渋沢信雄
渋沢 裕
渋沢 彰
子爵・文部大臣
岡部長景
総理大臣
加藤高明
悦子
春路
尾高勝五郎
尾高惇忠
東洋生命保険 社長
尾高次郎
やへ
ちよ
渋沢市郎右衛門
尾高豊作
王子製紙 社長
田中文雄
豊子
房子
子爵
渋沢栄一
ふみ
トピー工業 監査役
浅野栄一郎
えい
旧川越藩士
大川修三
王子製紙 社長
大川平三郎
山陽パルプ 会長
大川鉄雄
春江
みち
高千穂製紙 取締役
大川義雄
競馬評論家
大川慶次郎
照子
立川飛行機 相談役
渋沢武之助
日本製鉄 常務
渋沢正雄
日本銀行
明石景明
第一銀行 頭取
明石照男
足利銀行 監査役
明石正三
愛子
味の素 専務
明石武和
第百川崎家
帝国火災保険 社長
川崎甲子男
星野 錫
まつ（栄一の娘？）
立教大学教授
星野辰雄
穂積八束
万亀
作詞・作曲家
渋沢一雄
浅野家
マツ
東宝 会長
渋沢秀雄
東京放送
渋沢 均
東京湾埋立 社長
浅野義夫
浅野総一郎

第八章　古河財閥・古河グループ

Ⅰ　財閥の発展

初代・古河市兵衛

古河財閥は古河市兵衛《ふるかわいちべえ》によって創設され、戦後は古河グループを称し、企業集団・一勧グループの中核を成した。

古河市兵衛（一八三二〜一九〇三）は京都岡崎《おかざき》の商家・木村《きむら》家に生まれた。しかし、市兵衛が生まれた頃には、すでに実家は没落していたという。市兵衛は丁稚《でっち》奉公に出された後、金貨業を営んでいた伯父《おじ》を手伝い、その知人である古河太郎左衛門《たろうざえもん》の養子になる。

古河太郎左衛門は、京都の小野組の生糸買付を担っていたが、病気で倒れると、代わりに市兵衛が小野組の使用人となり、その後、生糸輸出、米穀取引、蚕糸などの買い占めで活躍した。

また、一八七二年に鉱山事業家・岡田平蔵と提携して、秋田県下の鉱山経営を行った。しかし二年後に岡田は死去。鉱山経営は、市兵衛を通じて小野組が引き継ぐこととなった。

小野組は、幕末期に三井、島田らと並ぶ富商であったが、明治政府の政策を見誤り、一八七四年に破綻《はたん》してしまう。

小野組の事業資金は第一国立銀行（のちの株式会社第一銀行、株式会社第一勧業銀行を経て、現 株式会社みずほ銀行）からの借り入れでまかなっていたので、第一国立銀行も共倒れする可能性があった（同行の貸出金総額約三〇〇万円のうち、一四〇万円弱が小野組へ貸し出されていたという）。

そこで、第一国立銀行総監役（頭取）の渋沢栄一（第七章）は、面識のあった市兵衛に善処を頼んだ。

市兵衛はこれに応じて充分な担保（市兵衛と小野家の所有する株式や、鉱山やその建造物など）を提供し、第一国立銀行の損失を二万円弱にとどめた。

しかしその結果、市兵衛は裸一貫となって小野組を去ることとなった。

渋沢栄一はこの時の古河市兵衛の行動に感謝し、以来、親密な関係になった。

小野組の破綻後、市兵衛は銅山経営に専心した。

新潟県の草倉《くさくら》銅山、長野県の赤柴《あかしば》銅山の払い下げを受け、一八七五年に操業を開始。大きな成功を収めていく。

一八七七年には栃木県の足尾《あしお》銅山を買収。市兵衛は次々と銅山・鉱山の経営に手を拡げたが、もっとも有望な足尾銅山に開発の主力を集中。大工事を起工して鉱源を開発し、近代的機械設備を導入して、足尾銅山を全国一の銅山へと押し上げた。

その後、足尾銅山以外の銅山にも設備投資を行い、一八九〇年頃には、わが国産銅量の半分を古河が占めるほどになった。

市兵衛は西洋技術を積極的に取り入れる一方、西欧の近代化に溺《おぼ》れることを危惧《きぐ》し、チョンマゲを切らなかったといわれている。しかも、チョンマゲ頭で、本店の火鉢の前でキセルをいじくりながら、角帯、前垂れかけの丁稚や番頭を指揮していたというから、まるで江戸時代の商家のようであった。

二代目・古河潤吉

この旧態依然とした古河財閥の近代化を推し進めたのは、市兵衛の養子・潤吉《じゅんきち》だった。

古河潤吉（一八七〇〜一九〇五）は、後の外務大臣・陸奥宗光《むつむねみつ》の次男として生まれた。

一八七二年、陸奥は大蔵省租税頭として、小野組糸店の営業収支に関して市兵衛と交渉するようになった。二人は親交を重ね、遂には、子宝に恵まれなかった市兵衛に潤吉を養子縁組みするまでになっていった。

古河財閥のドル箱となった足尾銅山は、一八八〇年代後半から渡良瀬川《わたらせがわ》沿岸の農地を汚染するようになり、地元住民は建議・上申を重ねたが、一向に改善されなかった。

一八九六年の大豪雨で渡良瀬川が氾濫《はんらん》すると、住民たちの怒りは爆発し、被害の主因が足尾銅山の鉱毒にあるとして、政府に陳情。上京して抗議行動を起こし、警官と衝突する事態にまで発展、一大社会問題となった。

これに対し、政府は一八九七年に「足尾銅山鉱毒調査会」を設けて緊急調査を行い、鉱毒問題を治水問題にすりかえて事態の鎮静化を図り、足尾銅山に厳しい予防工事を命じた。

市兵衛は渋沢栄一に予防工事の資金融資を懇請したが、予防工事は非生産事業であったことと、古河財閥に対する貸し出しが制限以上にあったことなどを理由に、精緻《せいち》な償却案がなければ融資できないと断ってきた。

そこで古河鉱業事務所専務理事となった潤吉が、父に代わって渋沢栄一と面会し、借入金の償還方法を具体的に説明して融資を承諾させた。

潤吉はかねて古河財閥に近代的な会計制度・執務方法を導入すべく研究を重ねていたため、古河の営業状態を子細に数字で説明することができたのである。

この一件以来、市兵衛は潤吉に全幅の信頼を置き、事業全般の運営をほとんど任せ、養女(市兵衛の甥《おい》の娘)との結婚を申し出た。

しかし、養子縁組み後(一八八七年)に市兵衛の実子・虎之助《とらのすけ》が誕生していたため、潤吉は家系が複雑になることをおそれて一生独身を通した。

兵役を免除されるほど体が弱かった潤吉は、自らの死期が近づいたことを悟って、古河家事業の近代化を急いだ。

一九〇五年三月に古河鉱業会社を設立して、古河家名義で経営してきた事業を継承した。同時に古河家奥向《おくむき》定規を定め、古河家の資産を別途管理した。

こうして、それまで「家業」の域を出なかった古河家の事業を企業化したのである。

潤吉は念願成就を見届け、一九〇五年一二月にわずか三六歳で没した。

三代目・古河虎之助

潤吉の死後、市兵衛の実子・古河虎之助（一八八七〜一九四〇）が古河財閥の三代目となった。

虎之助時代、古河財閥は銅山経営を振り出しに、銅線製造→電気機器製造→通信機器製造、また、銅線の被覆ゴム製造と芋づる式に事業を拡大していった。

古河鉱業は本所伸銅所での銅線製造をはじめ、その好調ぶりに自信を深め、一九〇六年に日光電気精銅所を設立。さらに一九〇八年に横浜電線製造株式会社を買収して、本所伸銅所、日光電気精銅所と統合、一九二〇年に古河電気工業株式会社を設立した。

また、横浜電線製造は銅線の被覆ゴム製造のために、B・F・グッドリッチ社と合弁で、一九一七年に横浜護謨《ゴム》製造株式会社（現 横浜ゴム株式会社）を設立した。

古河電気工業は、独ジーメンス社と合弁で一九二三年に電気機器製造会社の富士電機製造株式会社（現 富士電機株式会社）を設立（同社の社名が、古河に「フ」とジーメンスの「ジ」に由来することは有名である）。

さらに、富士電機製造が一九三五年に通信機器製造部門を分離し、富士通信機《つうしんき》製造株式会社（現 富士通株式会社）を設立した。

一方、古河鉱業会社は古河合名会社（以下、古河合名）と改称し、第一次世界大戦による事業膨張のため、一九一七年に持株会社（古河合名）、商事部門（古河商事株式会社）、鉱業部門（合名会社古河鉱業会社）の三つに分割した。

しかし、古河商事は第一世界大戦後の反動恐慌で破綻し、一九二一年に減資の上、合名会社古河鉱業会社への吸収合併を余儀なくされた。

古河財閥では一九一六年に株式会社東京古河銀行を設立していたが、古河商事の破綻の煽《あお》りを受けて業績不振となり、一九二七年の昭和金融恐慌で再打撃を受け、一九三一年に第一銀行に吸収合併された（古河財閥は第一銀行と親密な仲にあったが、合併以来、一層緊密さを増し、戦後は第一銀行グループの中核企業群を形成するまでになった）。

四代目・古河従純

一九四〇年に古河虎之助が死去すると、養子・古河従純《じゅうじゅん》（一九〇四〜六七）がその跡を継ぎ、古河財閥の四代目となった（従純は、海軍大将・西郷従道《じゅうどう》の孫である）。

従純は社長在任中から専門経営者たちと良好な関係を保持し、終戦後は米国留学時の人脈を活《い》かして、財閥解体や公職追放の影響を最小限に食い止めようと奔走した。

こうした従純自身の尽力もあって、古河一族は、戦後も古河グループ会社から好意的に迎えられた。

従純の子息は全て古河グループ企業に就職し、役員に就任している。

特に長男・古河潤之助《じゅんのすけ》が古河電気工業社長、五男・古河直純《なおずみ》が日本ゼオン社長に就任しているのは、財閥系企業では珍しいことだ。

傘下企業の株主構造、役員構成

古河財閥の最大の特徴は、有力企業が必ずしも直系企業に当たらないことである。

持株会社・古河合名が支配的な株式数を直接保有するのは、古河鉱業株式会社（現 古河機械金属株式会社）、旭電化工業（現 株式会社ＡＤＥＫＡ）くらいで、それ以外は資本系列上、孫会社以下に位置づけられる。たとえば、古河鉱業の子会社として古河電気工業があり、その子会社として富士電機製造、日本軽金属株式会社。さらに富士電機の子会社として富士通信機製造があり、そのまた子会社に富士通ファナック（現 ファナック株式会社）がある。そのため、現在でも古河グループ企業は「子会社になるほど元気がいい」としばしば指摘される。

これ以外の傘下企業として、大日《だいにち》電線株式会社、日本電線株式会社（両社が合併して大日日本電線株式会社となり、現 三菱電線工業株式会社）、横浜護謨製造（現 横浜ゴム）、日本農薬株式会社、関東電化工業株式会社、帝国生命保険株式会社（現 朝日生命保険相互会社）などがある。さらに、戦後設立された日本ゼオン株式会社、台湾の企業として設立され、戦後古河グループ入りした大成火災海上保険株式会社（破綻後、株式会社損害保険ジャパンに包括移転。現 損害保険ジャパン日本興亜株式会社）などがある。

役員構成は、当主・古河従純が直系会社の社長・会長を務め、子会社・孫会社にあたる有力企業は、姻戚《いんせき》の吉村万治郎《よしむらまんじろう》、中川末吉《なかがわすえきち》が社長を務めている場合が多い。古河家は、初代の古河市兵衛以来、男子に恵まれないことが幸いした。優秀な婿養子を迎え、口うるさい分家が経営に容喙《ようかい》（口を挟む）することもなかったからだ。

II　財閥解体と再結集

第一銀行／一勧グループの一員へ

戦後の財閥解体で、古河鉱業株式会社（第二次指定）、古河電気工業株式会社（第三次指定）が持株会社に指定され、所有株式を放出させられた。古河財閥の直系企業は関係を寸断されたが、産業上の繋《つな》がりが緊密であったこともあり、再結集するのは早かった。

一九四〇年代後半には古河グループ各社の社長が、四代目・古河従純を囲んで昼食会を催すようになった。この会合をもとにして、一九五四年に古河グループの社長会「古河三水《ふるかわさんすい》会《かい》」（毎月第三水曜日に開催）が結成された。

一九六〇年代、都市銀行を中心として新興系企業集団が形成されたが、六大都市銀行の一つ、第一銀行は、同じ渋沢財閥（第七章）に有力な事業会社が少なかったため、古河グループと川崎グループ（第九章）の企業との連携を強化し、企業集団形成を目論《もくろ》んだ。一方、古河グループには銀行がなかったため、第一銀行に頼らざるを得なかった。

一九七一年、第一銀行が日本勧業銀行と合併して第一勧業銀行となり、一勧グループを形成した時、古河グループはその中核メンバーとして重きを成した。

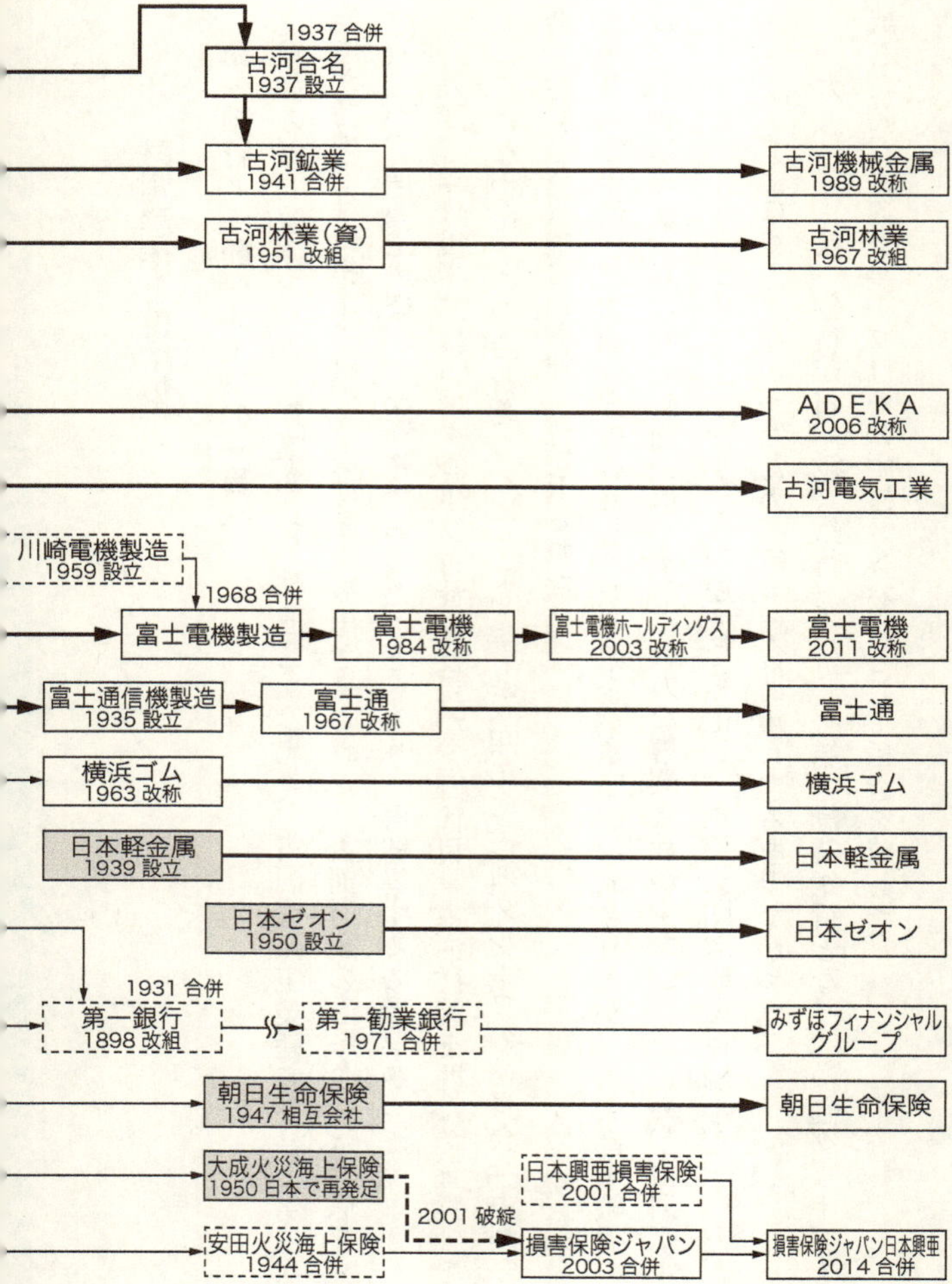

1937 合併
古河合名
1937 設立
古河鉱業
1941 合併
古河機械金属
1989 改称
古河林業(資)
1951 改組
古河林業
1967 改組
ADEKA
2006 改称
古河電気工業
川崎電機製造
1959 設立
1968 合併
富士電機製造
富士電機
1984 改称
富士電機ホールディングス
2003 改称
富士電機
2011 改称
富士通信機製造
1935 設立
富士通
1967 改称
富士通
横浜ゴム
1963 改称
横浜ゴム
日本軽金属
1939 設立
日本軽金属
日本ゼオン
1950 設立
日本ゼオン
1931 合併
第一銀行
1898 改組
第一勧業銀行
1971 合併
みずほフィナンシャルグループ
朝日生命保険
1947 相互会社
朝日生命保険
大成火災海上保険
1950 日本で再発足
2001 破綻
日本興亜損害保険
2001 合併
安田火災海上保険
1944 合併
損害保険ジャパン
2003 合併
損害保険ジャパン日本興亜
2014 合併

【古河財閥の企業系統図】

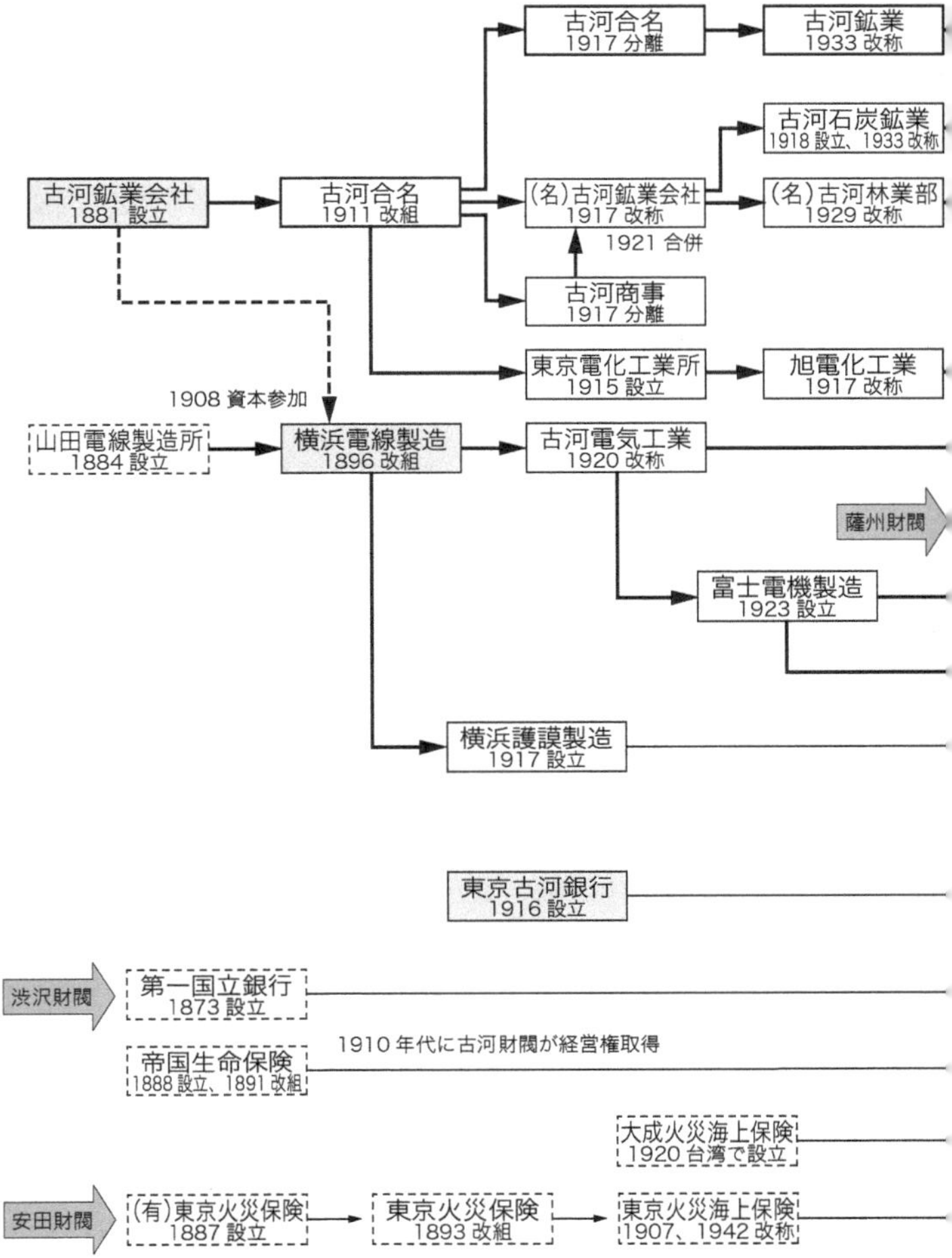
古河合名
1917 分離
古河鉱業
1933 改称
古河石炭鉱業
1918 設立、1933 改称
古河鉱業会社
1881 設立
古河合名
1911 改組
(名)古河鉱業会社
1917 改称
(名)古河林業部
1929 改称
1921 合併
古河商事
1917 分離
東京電化工業所
1915 設立
旭電化工業
1917 改称
1908 資本参加
山田電線製造所
1884 設立
横浜電線製造
1896 改組
古河電気工業
1920 改称
薩州財閥
富士電機製造
1923 設立
横浜護謨製造
1917 設立
東京古河銀行
1916 設立
渋沢財閥
第一国立銀行
1873 設立
1910 年代に古河財閥が経営権取得
帝国生命保険
1888 設立、1891 改組
大成火災海上保険
1920 台湾で設立
安田財閥
(有)東京火災保険
1887 設立
東京火災保険
1893 改組
東京火災海上保険
1907、1942 改称

【古河家系図】

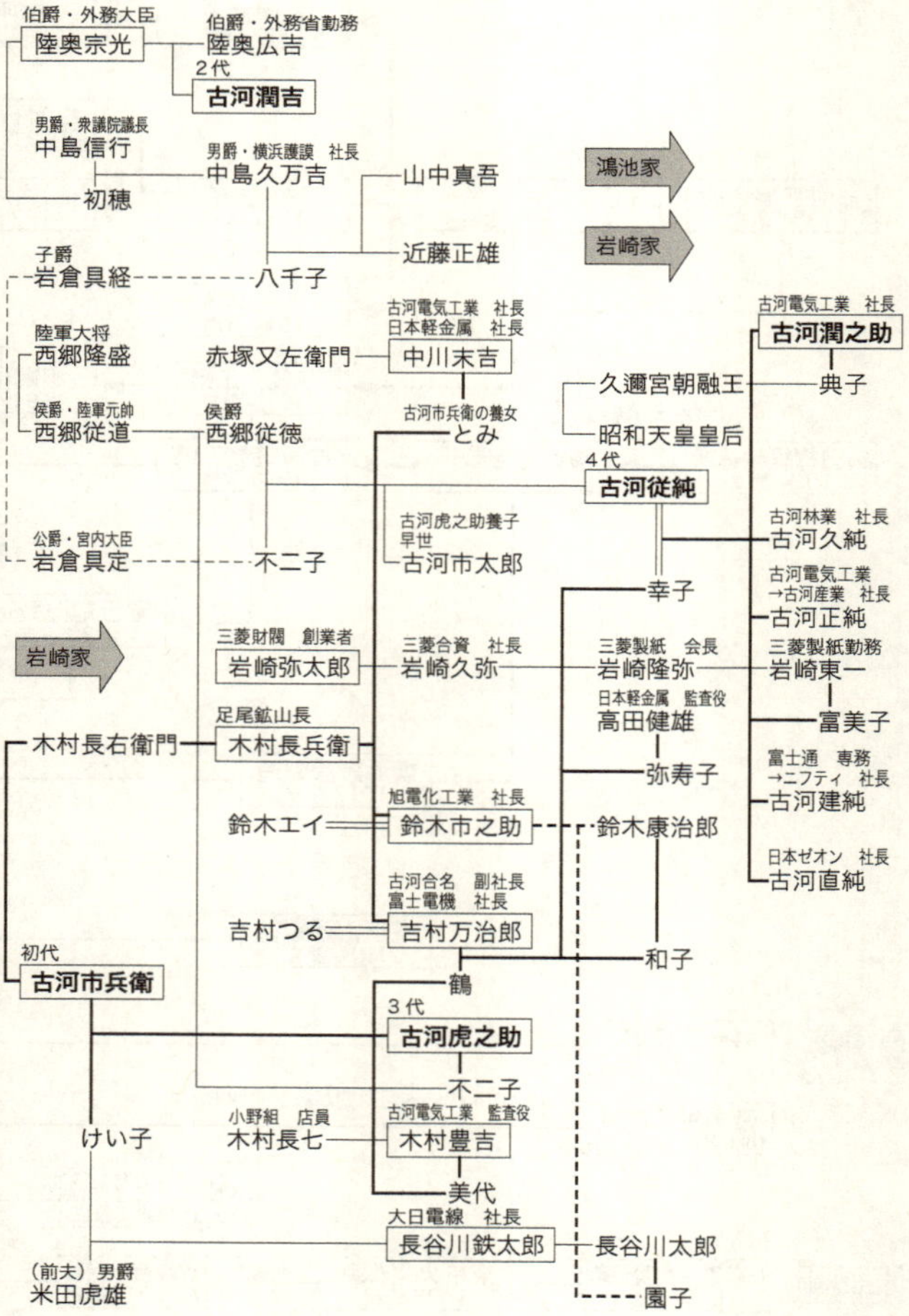
伯爵・外務大臣
陸奥宗光
伯爵・外務省勤務
陸奥広吉
2代
古河潤吉
男爵・衆議院議長
中島信行
男爵・横浜護謨　社長
中島久万吉
初穂
山中真吾
近藤正雄
鴻池家
岩崎家
子爵
岩倉具経
八千子
陸軍大将
西郷隆盛
赤塚又左衛門
古河電気工業　社長
日本軽金属　社長
中川末吉
古河電気工業　社長
古河潤之助
久邇宮朝融王
典子
侯爵・陸軍元帥
西郷従道
侯爵
西郷従徳
古河市兵衛の養女
とみ
昭和天皇皇后
4代
古河従純
古河虎之助養子
早世
古河市太郎
古河林業　社長
古河久純
公爵・宮内大臣
岩倉具定
不二子
幸子
古河電気工業
→古河産業　社長
古河正純
岩崎家
三菱財閥　創業者
岩崎弥太郎
三菱合資　社長
岩崎久弥
三菱製紙　会長
岩崎隆弥
三菱製紙勤務
岩崎東一
日本軽金属　監査役
高田健雄
富美子
足尾鉱山長
木村長右衛門
木村長兵衛
弥寿子
富士通　専務
→ニフティ　社長
古河建純
旭電化工業　社長
鈴木エイ
鈴木市之助
鈴木康治郎
日本ゼオン　社長
古河直純
古河合名　副社長
富士電機　社長
吉村つる
吉村万治郎
和子
初代
古河市兵衛
鶴
3代
古河虎之助
不二子
小野組　店員
古河電気工業　監査役
けい子
木村長七
木村豊吉
美代
大日電線　社長
長谷川鉄太郎
長谷川太郎
(前夫) 男爵
米田虎雄
園子

第九章　薩州財閥（川崎造船財閥）・川崎グループ

Ⅰ　財閥の発展

創業者・川崎正蔵

戦前、俗に「川崎財閥」といわれる財閥が二つあった。

一つは薩摩《さつま》の川崎正蔵《かわさきしようぞう》が創設した川崎造船所（現 川崎重工業）を中心とする川崎財閥、もう一つは水戸《みと》の川崎八右衛門《かわさきはちえもん》（正蔵とは同姓であるが、無関係）が創設した株式会社川崎銀行（現 株式会社三菱ＵＦＪ銀行）を中心とする川崎金融財閥（第一〇章）である。

しかし、前者は川崎正蔵引退後に同郷の松方幸次郎《こうじろう》が継いだため、戦前のジャーナリズムによって「薩州財閥」（＝薩摩出身者による財閥）と呼ばれ、「川崎財閥」といえば、後者を指す方が多かった。

そこで、本書では前者を「薩州財閥」、後者を「川崎金融財閥」とした。

川崎造船所を中心として発展した薩州財閥は、薩摩（現 鹿児島県）出身の実業家・川崎正蔵（一八三七〜一九一二）によって設立された。

川崎家は、正蔵の曾祖父《そうそふ》の代に薩摩藩御用商人を務めたが、父の代に没落し、木綿《もめん》の行商を営んでいた。早くに父を亡くした正蔵は、長崎に赴いて貿易商を始め、明治維新の頃には大阪を拠点とする砂糖商になった。

琉球《りゅうきゅう》（現 沖縄県）の砂糖輸送を契機として、正蔵は海運業への進出を試み、一八七三年に政府の薦めで日本国郵便蒸汽船会社の副頭取となるが、一八七四年に同社は岩崎弥太郎（第一章）との競争に敗れ、解散に追い込まれてしまう。一八七八年に三菱へのバッシングが強まり、有力回船問屋が三井と結託して共同運輸会社を設立した際、正蔵も共同運輸会社に参加し、岩崎弥太郎と再度対抗した。

正蔵は海運を通じて西洋型蒸気船の優位性を体験し、造船業へと関心を移していく。一八七八年、正蔵は砂糖貿易で得た利益を元に、東京築地《つきじ》に築地造船所を開設。東京には石川島造船所（現 株式会社ＩＨＩ）などライバル企業が多かったが、築地は地理的に造船所を拡張する余地が無いため、一八八一年に瀬戸《せと》内海《ないかい》海運の要衝《ようしょう》である神戸《こうべ》に個人経営の川崎兵庫造船所を開設した。

これはのちの官営兵庫造船所の払い下げを狙っての布石だといわれている。

一八八六年、正蔵は政府に官営兵庫造船所の貸し下げを懇願、貸し下げを経て、一八八七年に払い下げに成功。砂糖貿易から手を引き、築地の設備を神戸に移して造船所の経営に一点集中し、順調な発展を続けた。

しかし、日清戦争後、日本の造船業は巨船主義の時代となり、川崎造船所も設備拡張のため莫大《ばくだい》な資金調達が必要となり、株式会社への改組が現実的な課題となった。

正蔵は一八九四年に大病を患ったこともあり、一八九六年に川崎造船所を株式会社に改組し、現役を引退した。

だが、かれの一人息子・川崎正治《まさはる》（実際は四人の息子がいたが、三人は早世した）は文学者として生きる道を選び、後継者になることを拒否した。

そこで、甥《おい》の川崎芳太郎《よしたろう》（一八六九〜一九二〇）を婿養子に迎えて後継者に育てようとしたが、芳太郎は温厚な性格で、大企業・川崎造船所を経営していくのに必要な統率力や意思決定力が欠けていた。

正蔵は松方幸次郎に川崎造船所の初代社長の就任を要請した。

二代目・松方幸次郎

松方幸次郎（一八六五〜一九五〇）は、総理大臣・松方正義の三男に生まれた。

正蔵は明治維新以前から松方正義の知己を得、その政治的な庇護《ひご》を受けていた。これ以後、薩州財閥の主導権は、徐々に川崎家から松方家に移っていく。

幸次郎は、積極果敢に川崎造船所の規模を拡大し、三菱長崎造船所（第一章）に次ぐ国内第二位の造船企業に発展させた。

さらに第一次世界大戦で空前の造船ブームが訪れると、受注生産に見切りを付け、見込み生産を開始。大量建造で莫大な利益を上げた。そして、その収益をもとに製鉄業の兼営、飛行機・鉄道車輛《しゃりょう》の製造へと多角化し、事業規模を拡大していった。

大戦が終了し、ストックボート（見込み生産の船舶）が余剰すると、その余剰船舶を巧みに使って海運業へ進出。一九一九年に川崎汽船株式会社を設立した。

さて、松方正義は子宝に恵まれたことでも有名であった。

明治天皇に「子どもが何人いるのか」と尋ねられ、即答できず、「後日、調べた後、申し上げます」と回答したほどだったという。しかも、かれの子息はいずれも優秀だった。長男・松方巖《いわお》は株式会社十五銀行の頭取に就任し、四男・松方正雄《まさお》は薩州財閥の企業（福徳生命保険株式会社と大福海上火災保険株式会社）の重役を歴任、他の兄弟たちも各社の経営者として活躍した。

薩州財閥の多角化と崩壊

川崎造船所の経営を松方幸次郎に委《ゆだ》ねた川崎家は、莫大な配当金を元手に不動産買収や金融業等へ多角化した。

一九〇五年に合資会社神戸川崎銀行、一九一二年に福徳生命保険株式会社、そして一九一九年には大福海上火災保険株式会社（現 共栄火災海上保険株式会社）を設立した。

しかし、第一次世界大戦後の反動恐慌で、これら金融機関は経営危機に陥り、一九二〇年に神戸川崎銀行は、幸次郎の兄・松方巌が頭取をしていた十五銀行に吸収合併される。

ところがその後、十五銀行も昭和金融恐慌後の長期不況で経営不振に陥ってしまい、十五銀行からの借り入れに依存していた川崎造船所は、破綻《はたん》の危機に追い込まれてしまう（十五銀行は一九四四年に帝国銀行［第三章］に吸収合併された）。

ここに至って松方一族は企業のトップを軒並み辞任する。

松方巌が十五銀行頭取を辞任、松方幸次郎が川崎造船所・川崎汽船社長を辞任、松方正雄が大福海上火災保険・十五銀行取締役並びに福徳生命保険社長を辞任した。

これら企業の再建は川崎・松方家と無関係な経営者に委ねられ、薩州財閥は事実上終焉《しゅうえん》を迎えた。

川崎造船所は一九二八年に兵庫工場を分離して川崎車輌株式会社を設立、一九三七年に飛行機部門を分離して川崎航空機工業株式会社を設立し、一九三九年に川崎重工業株式会社と改称した。

福徳生命保険は一九三一年に日華生命保険株式会社（第一〇章）に事実上買収された。大福海上火災保険は東京海上火災保険株式会社に買収され、さらに一九四二年には同社傘下の大東海上火災保険株式会社に吸収合併され、共栄火災海上保険株式会社となった。

傘下企業の株主構造、役員構成

薩州財閥には、一九二〇年に川崎家が設立した持株会社・川崎総本店があるが、「合資会社川崎総本店の持株会社としての機能は、昭和二年の金融恐慌の時に崩壊した。（中略）川崎造船所、大福海上火災、福徳生命の旧傘下企業の株式はすべて売却し、（中略）所有していた旧傘下企業の株式は全くなくなり、雑株を二三〇〇余株所有するに過ぎなくなった」（『阪神財閥』）。

役員構成で注目すべきは、川崎正蔵の孫・川崎芳熊《よしくま》が川崎重工業の専務、および関係会社の役員を務めていることだ。

どうやら、松方幸次郎は芳熊を後継者と考えていたらしい。「松方（幸次郎）もつねづね、この（川崎）造船所は立派にしたら今に、川崎家に返す積《つも》りだ。俺は預《あずか》り物を経営してゐ《い》るのだ。なんていってゐ《い》た」という（『財界新闘将伝』）。

II　戦後の動向

川崎グループの企業再編

薩州財閥の戦後は、二つの側面からアプローチできる。

薩州財閥自体（川崎グループとして）の再結集と、企業集団との関わりである。

GHQによる財閥解体で、当初、薩州財閥・川崎家は「十五大財閥」に指定された。

しかし、「川崎芳熊の川崎系企業にたいする持株は企業支配というにはあまりに少数であったので、松下幸之助《こうのすけ》、大河内正敏《まさとし》、渋沢敬三らとともに財閥家族に加えられるべきでないという（持株会社整理）委員会の判断によって、（昭和）二十三年十一月二十七日付の政令で芳熊は財閥家族の指定を取り消され」た（『阪神財閥』）。

ただし、川崎重工業が持株会社に指定され、一九四八年に過度経済力集中排除法により分割を命じられる。分割指定は翌年解除されたが、西山弥太郎《にしやまやたろう》ら製鉄部門のトップは、経営の自由度を狙って製鉄部門の分離独立に固執した。

当時の川崎重工業製鉄部門は高炉を持たない平炉メーカーで、日本製鉄ら高炉メーカーや外国から製鋼原料（銑鉄や屑鉄《くずてつ》）を購入しなければならなかった。高炉を持たなければ、これからの製鉄業は成り立たない。高炉の建設には莫大な資金を必要とし、造船所と一緒に経営することは難しかった。

こうした理由から、一九五〇年八月、川崎重工業の製鉄部門を分離し、川崎製鉄（現ＪＦＥホールディングス）が設立された。分離直後の一九五〇年一一月、川崎製鉄は高炉建設を含めた千葉一貫製鉄所建設計画を発表、高炉メーカーに生まれ変わったのである。

その一方、一九五五年に川崎製鉄、川崎重工業、川崎航空機工業、川崎車輛、川崎汽船は社長会「川崎睦《むつみ》会」（第一銀行も参加）を結成し、薩州財閥の再結集を図った。

一九六〇年代に企業集団の再編が積極化すると、一九六九年に川崎重工業は、かつて分離した川崎航空機工業と川崎車輛を吸収合併している。

第一銀行／一勧グループの一員へ

神戸川崎銀行は十五銀行に吸収合併されたが、その十五銀行も経営不振で、一九四四年に帝国銀行に吸収合併される。

帝国銀行は一九四三年に三井銀行と第一銀行が合併してできた銀行であるが、行内に不協和音があったため、一九四八年に分離している（第三、七章）。

その後、川崎グループの企業は第一銀行（第一勧業銀行を経て、現 みずほ銀行）をメインバンクとした。

第一銀行が企業集団を形成していく過程で、川崎グループ企業は古河グループとともに、その中核となる。また、一九七一年、第一銀行は日本勧業銀行と合併して第一勧業銀行となり、一勧グループを形成したが、そこでも川崎・古河グループは中核メンバーとなっていった。

その一環として、一九五九年に川崎重工業の電機部門を分離して設立された川崎電機製造は、第一銀行（第七章）の仲介により、一九六八年に富士電機製造（第八章）に吸収合併されている。

二〇〇〇年前後のメガバンク再編後、川崎製鉄は二〇〇二年にＮＫＫ（正式名称は日本鋼管）と経営統合し、ＪＦＥホールディングスを設立（第五章）。これにともない、川崎製鉄の実質的な子会社である川鉄商事も、ＮＫＫトレーディングと合併し、ＪＦＥ商事となった。

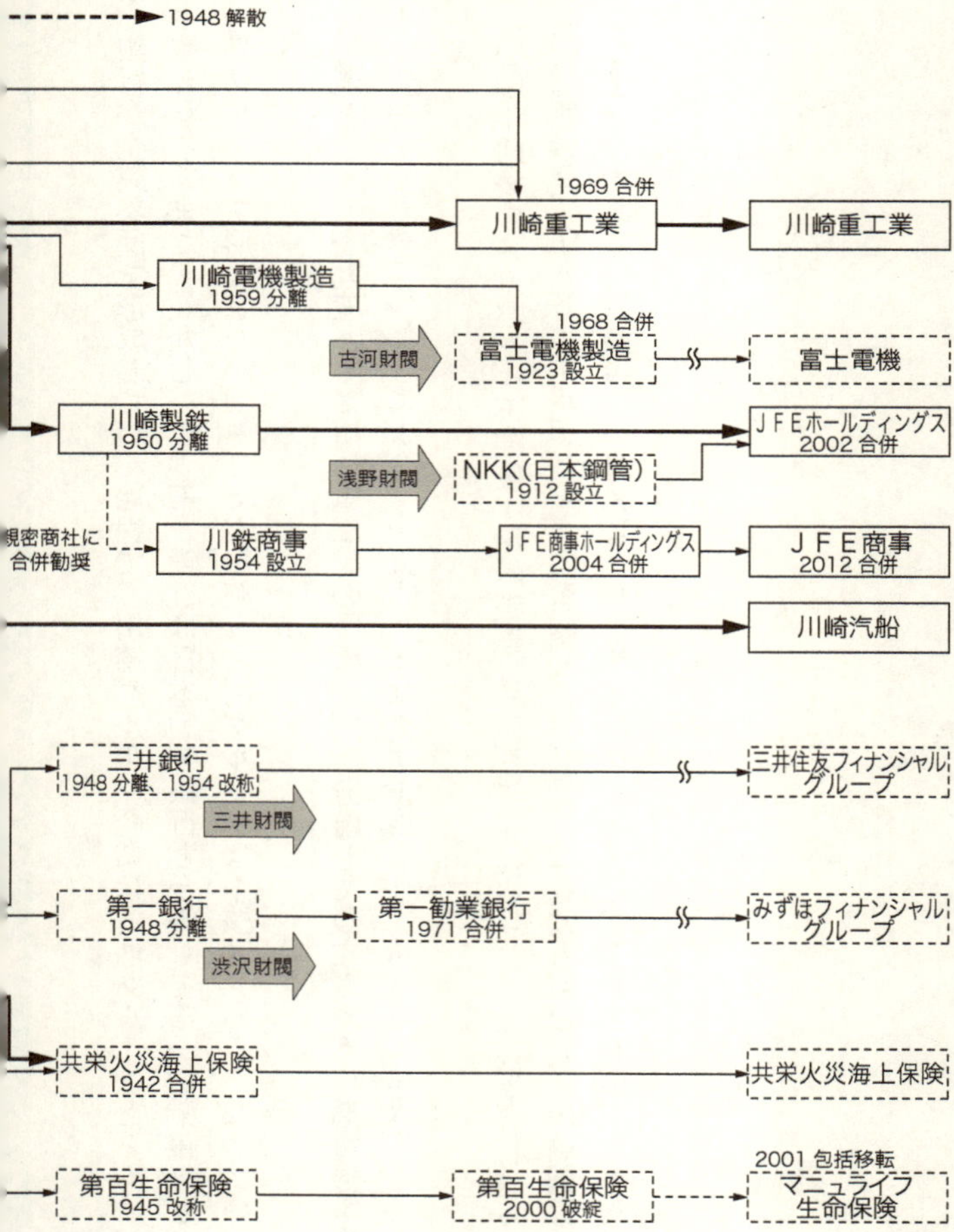
1948 解散
1969 合併
川崎重工業
川崎重工業
川崎電機製造
1959 分離
1968 合併
古河財閥
富士電機製造
1923 設立
富士電機
川崎製鉄
1950 分離
ＪＦＥホールディングス
2002 合併
浅野財閥
NKK（日本鋼管）
1912 設立
親密商社に
合併勧奨
川鉄商事
1954 設立
ＪＦＥ商事ホールディングス
2004 合併
ＪＦＥ商事
2012 合併
川崎汽船
三井銀行
1948 分離、1954 改称
三井財閥
三井住友フィナンシャルグループ
第一銀行
1948 分離
第一勧業銀行
1971 合併
みずほフィナンシャルグループ
渋沢財閥
共栄火災海上保険
1942 合併
共栄火災海上保険
第百生命保険
1945 改称
第百生命保険
2000 破綻
2001 包括移転
マニュライフ生命保険

【薩州財閥の企業系統図】

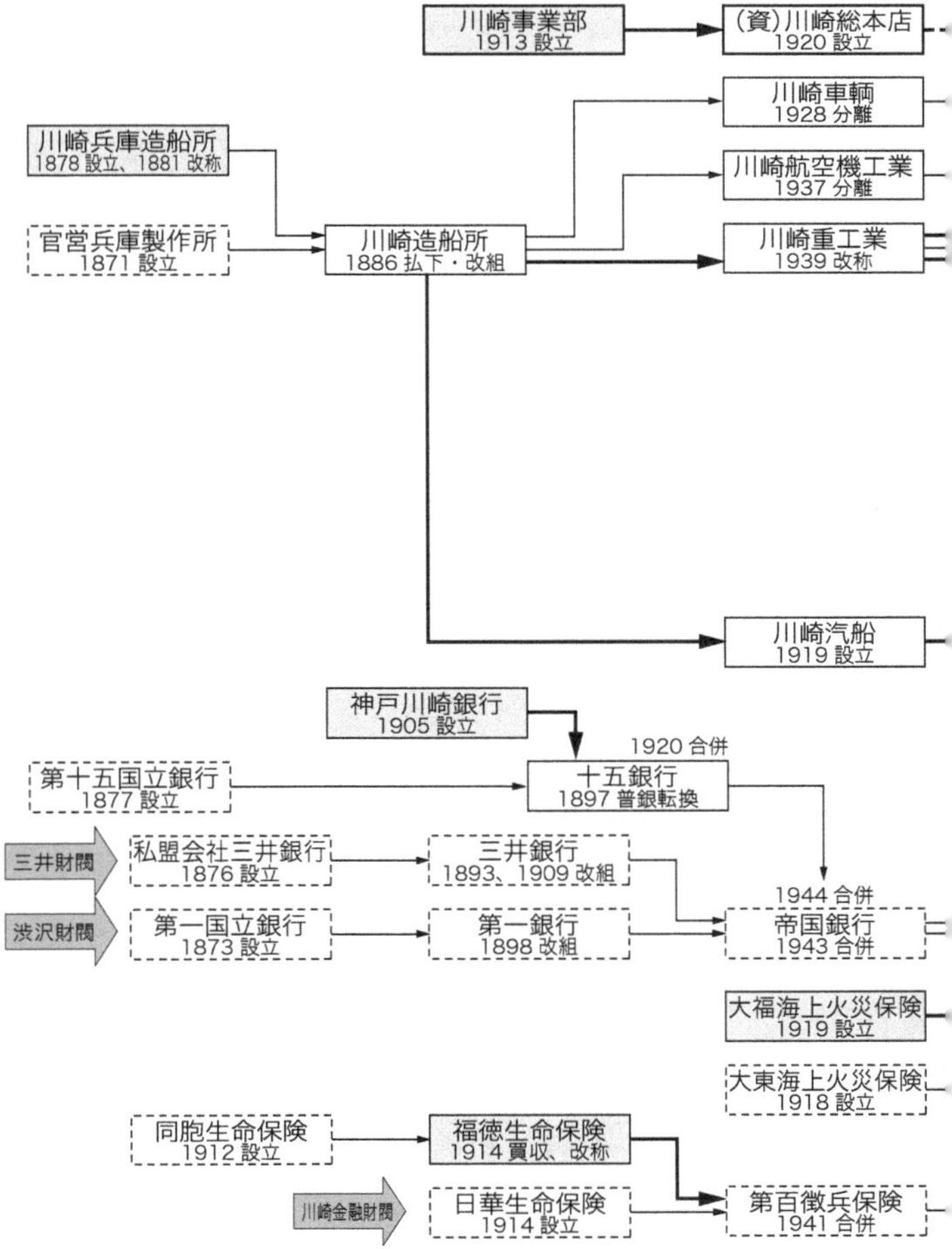
川崎事業部
1913 設立
(資)川崎総本店
1920 設立
川崎車輌
1928 分離
川崎兵庫造船所
1878 設立、1881 改称
川崎航空機工業
1937 分離
官営兵庫製作所
1871 設立
川崎造船所
1886 払下・改組
川崎重工業
1939 改称
川崎汽船
1919 設立
神戸川崎銀行
1905 設立
1920 合併
第十五国立銀行
1877 設立
十五銀行
1897 普銀転換
三井財閥
私盟会社三井銀行
1876 設立
三井銀行
1893、1909 改組
1944 合併
渋沢財閥
第一国立銀行
1873 設立
第一銀行
1898 改組
帝国銀行
1943 合併
大福海上火災保険
1919 設立
大東海上火災保険
1918 設立
同胞生命保険
1912 設立
福徳生命保険
1914 買収、改称
川崎金融財閥
日華生命保険
1914 設立
第百徴兵保険
1941 合併

【川崎・松方家系図】

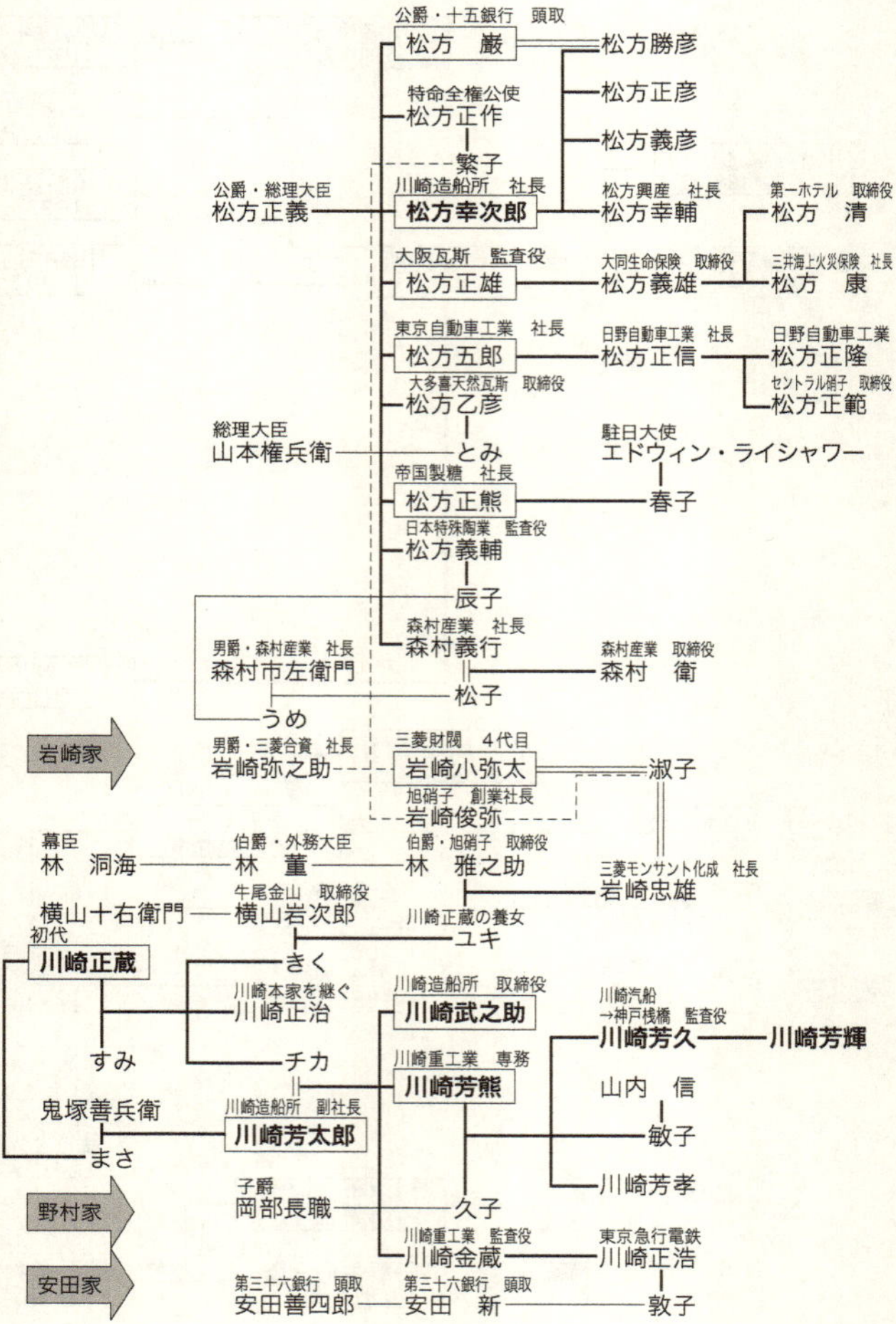

公爵・十五銀行　頭取
松方　巌
松方勝彦
松方正彦
松方義彦
特命全権公使
松方正作
繁子
公爵・総理大臣
松方正義
川崎造船所　社長
松方幸次郎
松方興産　社長
松方幸輔
第一ホテル　取締役
松方　清
大阪瓦斯　監査役
松方正雄
大同生命保険　取締役
松方義雄
三井海上火災保険　社長
松方　康
東京自動車工業　社長
松方五郎
日野自動車工業　社長
松方正信
日野自動車工業
松方正隆
セントラル硝子　取締役
松方正範
大多喜天然瓦斯　取締役
松方乙彦
総理大臣
山本権兵衛
とみ
駐日大使
エドウィン・ライシャワー
帝国製糖　社長
松方正熊
春子
日本特殊陶業　監査役
松方義輔
辰子
森村産業　社長
森村義行
男爵・森村産業　社長
森村市左衛門
森村産業　取締役
森村　衛
松子
うめ
岩崎家
男爵・三菱合資　社長
岩崎弥之助
三菱財閥　4代目
岩崎小弥太
淑子
旭硝子　創業社長
岩崎俊弥
幕臣
林　洞海
伯爵・外務大臣
林　董
伯爵・旭硝子　取締役
林　雅之助
三菱モンサント化成　社長
岩崎忠雄
横山十右衛門
牛尾金山　取締役
横山岩次郎
川崎正蔵の養女
ユキ
初代
川崎正蔵
きく
川崎本家を継ぐ
川崎正治
すみ
チカ
川崎造船所　取締役
川崎武之助
川崎汽船
→神戸桟橋　監査役
川崎芳久
川崎芳輝
川崎重工業　専務
川崎芳熊
山内　信
敏子
鬼塚善兵衛
川崎造船所　副社長
川崎芳太郎
まさ
川崎芳孝
野村家
子爵
岡部長職
久子
川崎重工業　監査役
川崎金蔵
東京急行電鉄
川崎正浩
安田家
第三十六銀行　頭取
安田善四郎
第三十六銀行　頭取
安田　新
敦子

第一〇章　川崎金融財閥

Ⅰ　財閥の発展

川崎銀行の設立

川崎金融財閥は、代々、水戸藩の為替御用達《かわせごようたし》であった川崎家が設立した金融財閥である。

幕末期の川崎家当主、初代・川崎八右衛門（一八三四～一九〇七、江戸時代の川崎家当主は代々八右衛門を名乗っていたといわれるが、詳細は不明で、本書では便宜的に初代とする）は、藩財政の悪化に際して通貨鋳造を進言し、藩の勘定方に取り立てられる。

だが、幕府は藩による鋳銭を認めていなかったため、八右衛門は自ら江戸に赴き、五年にわたって幕府要人を説得し、遂に実現に漕《こ》ぎ着ける。一八六六年、水戸藩邸に鋳造所が設けられ、八右衛門はその運営を担い、藩財政の窮地を救った。

明治維新後、八右衛門は一八七二年に川崎組を開いて、官庁方面の為替実務を担った。この川崎組が一八九三年に合資会社川崎銀行に発展し、一九一九年に株式会社川崎銀行に改組された。

また、川崎家が水戸出身であったことから、関東一円の地方銀行（株式会社常陽《じょうよう》銀行、株式会社足利《あしかが》銀行、株式会社千葉合同銀行〔現 株式会社千葉銀行〕、株式会社明和銀行・株式会社鎌倉銀行〔ともに株式会社横浜銀行の前身〕）の経営に参画し、支配下に置くようになった。

川崎金融財閥の多角化

一九一〇年代以降、川崎金融財閥は保険部門、信託部門に進出し、金融財閥としての陣容を整えていく。

まず、一九一〇年に日本火災保険株式会社（一八九二年に阪神財界の重鎮・金沢仁兵衛《かなざわにへえ》らによって設立。現 損害保険ジャパン日本興亜株式会社）を買収し、損害保険分野に進出。また、帝国火災保険株式会社（一九一二年設立。一九四四年に日本火災保険に吸収合併）を買収し、日本火災保険の子会社とした。

次いで生命保険分野では、一九一四年に日華《にっか》生命保険株式会社、一九二二年には国華徴兵保険株式会社を設立。さらに一九三一年には福徳生命保険株式会社を買収する。

福徳生命保険は、一九一二年に同志社《どうししゃ》ＯＢの手により、同胞生命保険株式会社として設立された。しかし、業績は低迷を続け、一九一四年に薩州財閥（第九章）に買収され、福徳生命保険となった。ところが、昭和金融恐慌で薩州財閥が甚大な被害を被ったため、その後、川崎金融財閥に買収されたのである。

また、川崎金融財閥は、一九二七年に川崎信託株式会社（のちの日本信託銀行株式会社）を設立し、信託部門にも進出した。

第百銀行との合併

一九二七年に始まる昭和金融恐慌で、時の日銀総裁・井上準之助が、窮地に陥った株式会社川崎銀行と株式会社第百銀行の合併を勧奨し、株式会社川崎第百銀行が誕生した。

合併にあたって、川崎銀行頭取の二代目・川崎八右衛門（一八六六～一九四七）は、第百銀行頭取・原邦造《はらくにぞう》を引退させることに成功し、合併後の実権を握った。

一九三六年、川崎第百銀行は、傘下の川崎貯蓄銀行株式会社と東京貯蔵銀行株式会社（旧第百系）を吸収合併し、株式会社第百銀行と改称。名は「第百銀行」になったが、行内の枢要は旧川崎系人脈で押さえられ、実質的には「川崎銀行」のままであった。

傘下企業の株主構造、役員構成

川崎金融財閥には、持株会社の株式会社定徳会《ていとく》（旧川崎定徳合資会社）があり、類似の機関として千歳商会株式会社、川崎共済会、共栄株式会社がある。

しかし、これらは必ずしも傘下企業の過半数を押さえているわけではなく、持株会社プラス傘下の有力企業の持ち合いによって上位株主を構成していた。

一方、傘下企業の役員構成は、川崎一族が有力企業の経営中枢を占めていた。

II　川崎金融財閥の消滅とその遺産

戦時下の金融機関合併

戦時下、国策的観点から金融機関合併が推進されると、川崎金融財閥の金融機関も大型合併の対象となり、川崎家は一気に支配力を後退させていく。

銀行部門では、一九四三年四月に第百銀行が株式会社三菱銀行（現 株式会社三菱ＵＦＪ銀行）と合併した。

店舗数・従業員は第百銀行がまさっていたこともあり、「大蔵省から行名変更の要望があったが、三菱本社社長・岩崎小弥太はあくまで『吸収合併でなければいけない』と主張し、ついに『三菱』の名称をそのまま存続することに成功した」（『各務鎌吉伝、加藤武男伝』）。三菱銀行は第百銀行の店舗網を引き継ぎ、戦後の預金獲得競争を有利に進めたが、行内では川崎系の役職員が冷遇され、川崎色を失っていった。

損害保険部門では、一九四四年三月に日本火災保険株式会社が子会社の帝国火災保険株式会社を吸収合併し、日本火災海上保険株式会社と改称。さらに同年一〇月、日本火災海上保険株式会社と日本海上火災保険株式会社が対等合併し、日本火災海上保険株式会社となった（正確には両社解散の上、新会社・日本火災海上保険を設立した）。名前は日本火災海上保険のままだが、実際には旧日本海上火災保険のオーナーの右近《うこん》家の支配力が強まり、川崎色は希薄化していく。

一方、生命保険部門では、川崎金融財閥傘下の生命保険事業を統合。一九四一年に日華生命保険株式会社、福徳生命保険株式会社、国華徴兵保険株式会社が合併して第百生命徴兵保険株式会社となり、一九四四年に第百生命保険株式会社と改称した。いうまでもなく、その前年に無くなった「第百銀行」への郷愁から付けられた社名であった。

戦後の動向

戦時下による金融機関合併の結果、戦後、川崎金融財閥の金融機関は川崎色を失っていく。

川崎金融財閥の信託部門を担っていた川崎信託は、第百銀行が三菱銀行に吸収合併された影響を受け、三菱グループに取り込まれてしまう。同社は、一九四七年に日本信託に改称。翌年に信託会社の銀行併営を認められ、日本信託銀行と改称したが、一九六〇年代以降は三菱銀行から歴代社長が派遣されるようになり、三菱銀行の支配下に置かれた。

しかも、二〇〇〇年の都銀再編で、東京三菱銀行（旧三菱銀行）が三菱信託銀行と共同持株会社・三菱東京フィナンシャル・グループを設立し、経営統合する段になって、日本信託銀行は三菱信託銀行に吸収合併されてしまった。

日本《にほん》火災海上保険は、二〇〇一年に興亜火災海上保険と合併して日本《にっぽん》興亜損害保険となり、さらに損害保険ジャパンと合併。損害保険ジャパン日本興亜となり、現在では川崎金融財閥の名残をとどめていない。

唯一、第百生命保険は、戦後も川崎家が社長を歴任した。

しかし、一九九〇年代後半の金融危機で事実上破綻《はたん》し、一九九九年に第百生命保険はカナダのマニュライフ・フィナンシャル社と生保子会社・マニュライフ・センチュリー生命保険（現 マニュライフ生命保険）を設立して、事実上その傘下に入り、二〇〇〇年五月に経営破綻して、マニュライフ・センチュリー生命保険に包括移転した。

川崎金融財閥の遺産

川崎金融財閥は関東の地方銀行を支配下に置いていた。そのため、第百銀行を吸収合併した三菱銀行、日本火災海上保険は、これら地方銀行と親密な関係を構築し、それは両社の大きな強みになっていた。

二〇〇一年、日本火災海上保険は明治生命保険（現 明治安田生命保険）と業務提携を結び、生き残りを図った。

提携を決めた動機の一つに、ともに地方銀行との関係が強い保険会社だったことが挙げられる（明治生命保険は、戦後、地方銀行株式が優良銘柄であることに目を付け、積極的に株式所有していった結果、地方銀行との親密な関係が構築されたという）。

三菱ＵＦＪ銀行、損害保険ジャパン日本興亜と有力地方銀行の親密な関係は、川崎金融財閥の遺産として評価できよう。

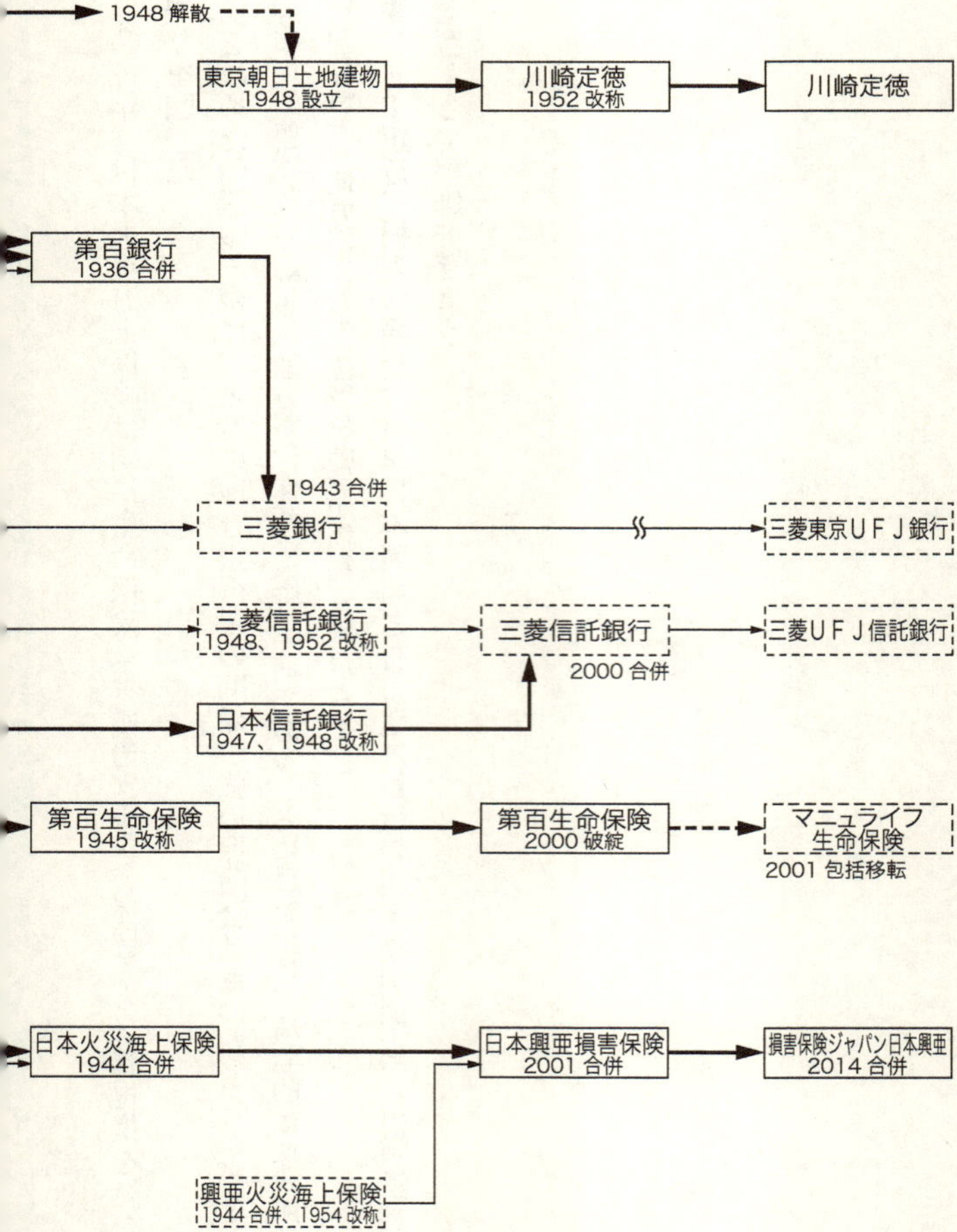
1948 解散
東京朝日土地建物
1948 設立
川崎定徳
1952 改称
川崎定徳
第百銀行
1936 合併
1943 合併
三菱銀行
三菱東京ＵＦＪ銀行
三菱信託銀行
1948、1952 改称
三菱信託銀行
2000 合併
三菱ＵＦＪ信託銀行
日本信託銀行
1947、1948 改称
第百生命保険
1945 改称
第百生命保険
2000 破綻
マニュライフ
生命保険
2001 包括移転
日本火災海上保険
1944 合併
日本興亜損害保険
2001 合併
損害保険ジャパン日本興亜
2014 合併
興亜火災海上保険
1944 合併、1954 改称

【川崎金融財閥の企業系統図】

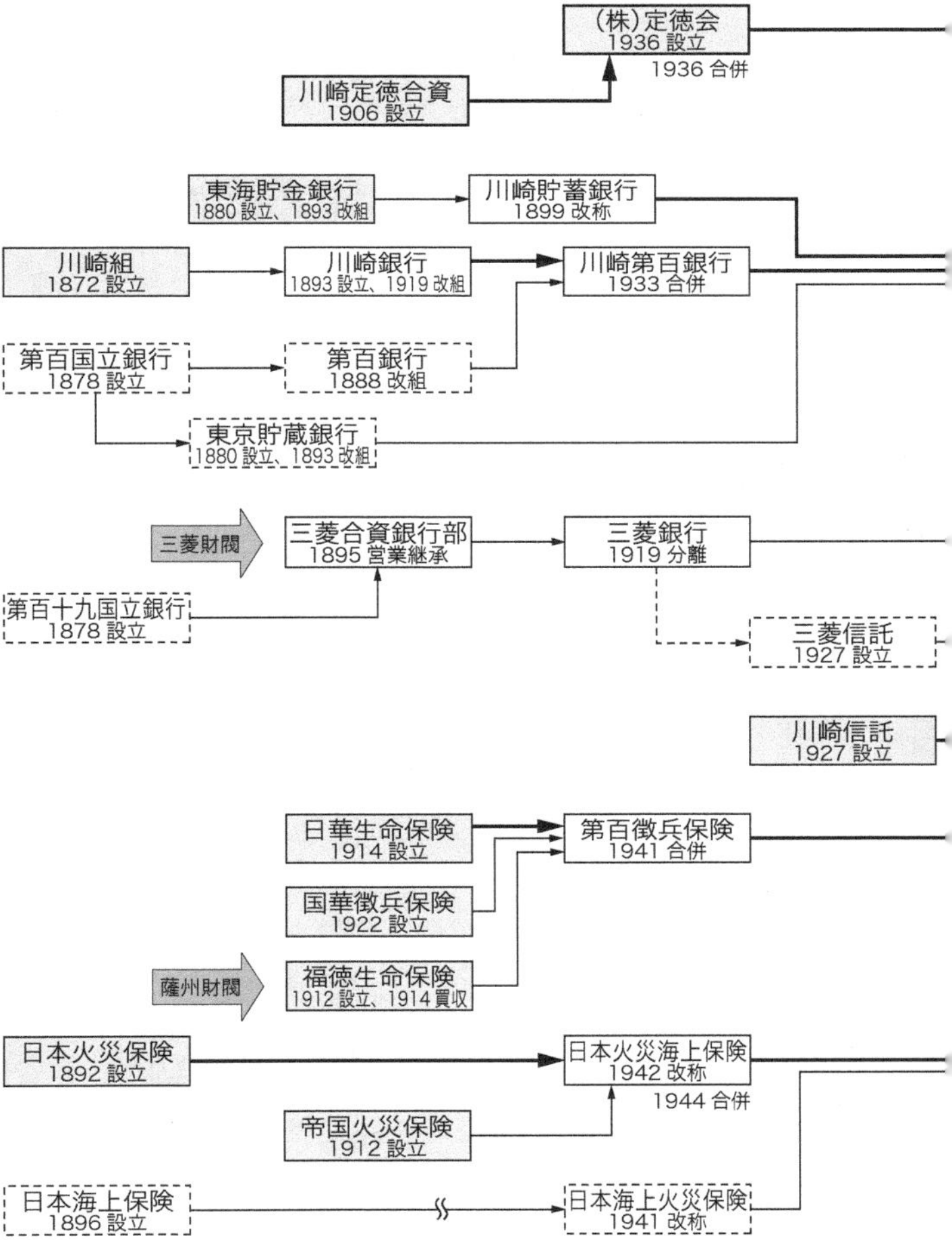

【川崎家系図】

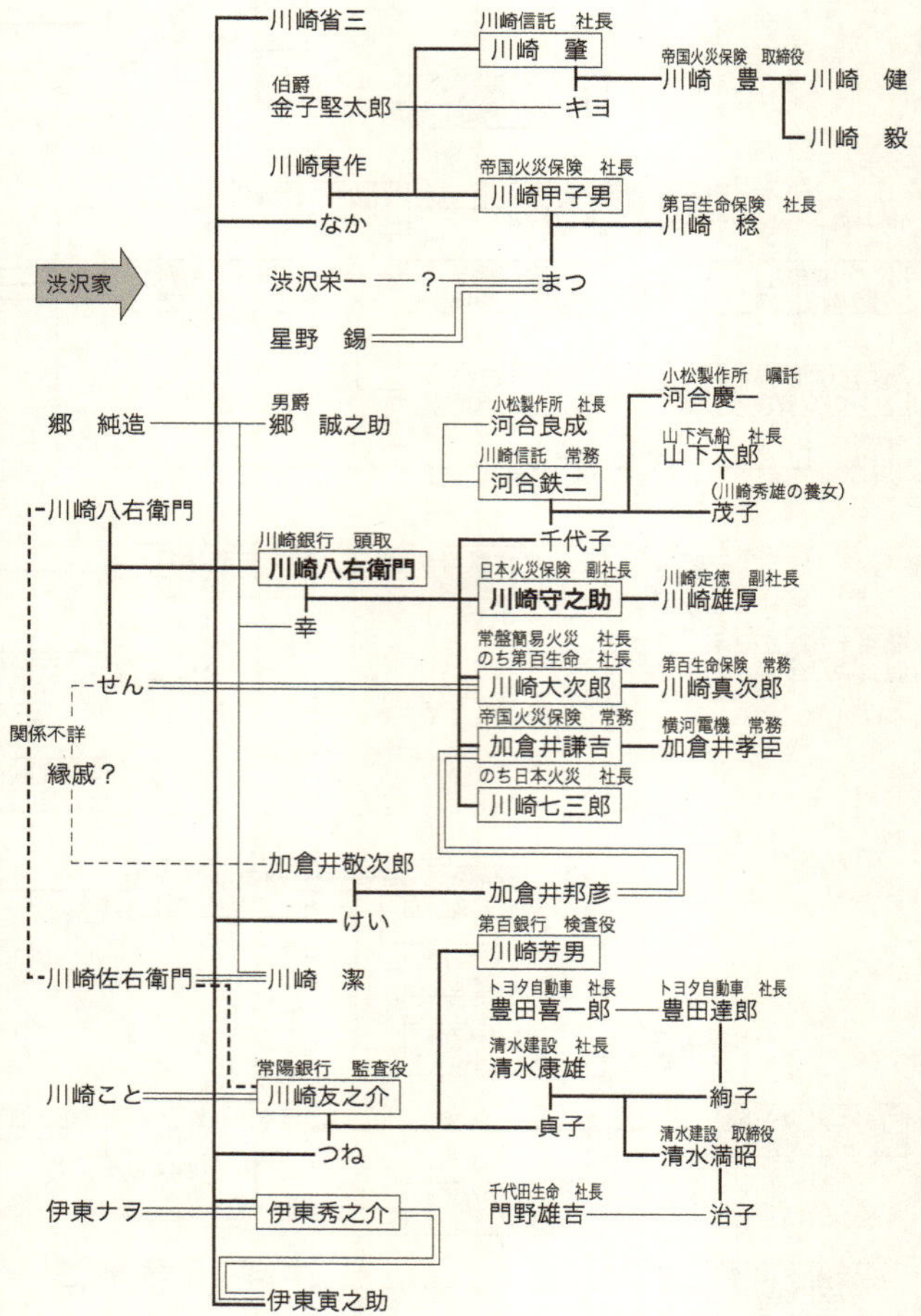
川崎省三
川崎信託　社長
川崎　肇
帝国火災保険　取締役
川崎　豊
川崎　健
川崎　毅
伯爵
金子堅太郎
キヨ
川崎東作
帝国火災保険　社長
川崎甲子男
第百生命保険　社長
川崎　稔
なか
渋沢家
渋沢栄一
？
まつ
星野　錫
男爵
郷　純造
郷　誠之助
小松製作所　嘱託
河合慶一
小松製作所　社長
河合良成
山下汽船　社長
山下太郎
川崎信託　常務
河合鉄二
(川崎秀雄の養女)
茂子
川崎八右衛門
千代子
川崎銀行　頭取
川崎八右衛門
日本火災保険　副社長
川崎守之助
川崎定徳　副社長
川崎雄厚
幸
常盤簡易火災　社長
のち第百生命　社長
川崎大次郎
第百生命保険　常務
川崎真次郎
せん
帝国火災保険　常務
加倉井謙吉
横河電機　常務
加倉井孝臣
関係不詳
縁戚？
のち日本火災　社長
川崎七三郎
加倉井敬次郎
加倉井邦彦
けい
第百銀行　検査役
川崎芳男
川崎佐右衛門
川崎　潔
トヨタ自動車　社長
豊田喜一郎
トヨタ自動車　社長
豊田達郎
清水建設　社長
清水康雄
常陽銀行　監査役
川崎こと
川崎友之介
絢子
貞子
清水建設　取締役
清水満昭
つね
千代田生命　社長
門野雄吉
伊東ナヲ
伊東秀之介
治子
伊東寅之助

第一一章　山口財閥・三和グループ

I　財閥の発展

山口銀行の設立

山口財閥とは、大阪を拠点とする山口家《やまぐち》が設立した株式会社山口銀行（株式会社三和銀行、株式会社UFJ銀行を経て、現 株式会社三菱UFJ銀行）や日本生命保険株式会社（現 相互会社）などからなる関西の金融財閥である（現在、山口県に山口銀行があるが、資本的には無関係である）。

山口家の先祖・山口半兵衛《はんべえ》（一七六一～一八一三）は、一七七〇年代に奈良の山口村《やまぐち》（現 葛城市《かつらぎ》）から大坂に出てきて呉服店を興した。

半兵衛の子、初代・山口吉郎兵衛《きちろうべえ》（一七九七～一八六七）は「布屋《ぬのや》」の屋号を名乗って、舶来反物《はくらいたんもの》商をはじめ、養子の二代目・山口吉郎兵衛（一八一九～一八七一）が積極的な商法で家業を拡大、のちに両替商に転身した。

三代目・山口吉郎兵衛（一八五一～八七）は一八七九年に第百四十八国立銀行を設立。一

八九六年に国立銀行の私立銀行への転換が可能となったため、山口家は一八九八年に個人経営の山口銀行を設立し、第百四十八国立銀行の営業を引き継いだ。

総理事・町田忠治の改革

山口銀行は「銀行」の看板を掲げてはいるが、行員は和服で前垂れ掛けという、江戸時代の両替商と変わらぬ前近代的な経営だった。

支配人の越野嘉助《こしのかすけ》は丁稚《でっち》時代から山口家に仕え、学はなかったが、この状況を憂いていた。一八九九年にストライキ事件で日本銀行の理事、支店長らが十数人規模で辞任すると、越野は日本銀行OBの日本生命保険社長・片岡直温に人材の斡旋《あっせん》を依頼。元大阪支店次長格の町《ま》田忠治《だちゅうじ》（一八六三～一九四六）を山口銀行総理事に迎えた。

町田は人材の招聘《しょうへい》、店舗の増設、預貸率の見直しなどの改革を実施。山口銀行は順調に業績を伸ばし、一九一〇年頃には大阪を代表する銀行の一つになった。

山口銀行は一九一七年に株式会社山口銀行に改組し、株式公開して資本金を一〇〇万円から二〇〇〇万円に増資した。

町田忠治は後任に日本銀行OBの菅沼達吉《すがぬまたつきち》（俳優・森繁久弥《もりしげひさや》の実父）を考えていたが、片岡直温が菅沼を大阪電燈会社（現 関西電力株式会社）の重役に抜擢《ばってき》したため、片岡と意見の齟齬《そご》を来した。当時、片岡は大阪財界の有力者だったので、町田は苦しい立場に追い込まれ、一九一〇年に山口銀行を辞した。

町田の後任には、三菱合資銀行部（のち株式会社三菱銀行を経て、現 株式会社三菱ＵＦＪ銀行）大阪支店長の坂野《ばんの》兼通《かねみち》（一八六三～一九三二）が選ばれた。なお、坂野は、ＮＨＫ朝の連続ドラマ小説『べっぴんさん』の主人公・坂東《ばんどう》すみれのモデル、坂野惇子《あつこ》の義父（夫・坂野通夫《みちお》の父）にあたる。

坂野は持株会社として一九二〇年に山口合資を設立。銀行以外の金融部門に多角化し、持株会社を頂点とした財閥形成を目論《もくろ》んだ。

山口財閥は銀行を中心に発展し、一九一〇年代以降には生命保険、損害保険、貯蓄銀行、信託会社に多角化していったが、戦時下の合併で支配力を失っていった。その軌跡は川崎金融財閥（第一〇章）とほとんど同じであった。

山口財閥の多角化

国内最大の生保・日本生命保険は、実は山口財閥の傘下企業であった。

もっとも、創業者は山口家ではない。日本生命保険は、一八八九年に滋賀県彦根《ひこね》の資産家・弘世《ひろせ》助三郎《すけさぶろう》（一八四三～一九一三）により、有限会社日本生命保険会社として創設された（一八八八年に日本生命保険株式会社に改組）。

創業当時、生命保険業は世間に認知されていなかったため、大阪きっての大富豪・鴻池善《ぜん》右衛門《うえもん》を社長に据え、信用補完を図った。ところが、一九〇〇年代初頭に鴻池家（第一二章）が堅実路線に転換し、日本生命保険の株式を売却する。

町田は生命保険事業の将来性を考え、片岡とも相談してその株式を取得し、山口家を筆頭株主としたのだ。こうして一九一九年に四代目・山口吉郎兵衛（一八八三〜一九五一）が日本生命保険会長に就任するが、実質的な経営は弘世一族が担っていた。

損害保険分野では、第一次世界大戦による海運・保険ブームで急成長を遂げたのを受け、共同火災保険株式会社（一九〇六年設立）の株式を徐々に買い増し、一九一七年に筆頭株主となり、山口銀行から会長を送り込んだ。

大阪貯蓄銀行株式会社は、一八九〇年に元日本銀行大阪支店長・外山脩造《とやましゅうぞう》が設立。信用補完のため、鴻池善右衛門を初代頭取に迎えたが、ここでも鴻池家は撤退したため、株式を買い増し、一九一六年に四代目・吉郎兵衛が大阪貯蓄銀行頭取に就任した。

関西信託株式会社は一九一二年に設立されたが、投機的な経営が批判を浴び、一九一六年に創業者が退陣。翌年に山口家が過半数の株式を押さえ、その支配下に置いた。

意外なところでは、カーペット製造の東洋リノリューム株式会社（現 東リ株式会社）の創業を支援し、その株式を取得して傘下に収めている。

山口財閥は、自ら企業を設立するのではなく、既存企業を買収して多角化していった。そのため、持株会社・山口合資は傘下企業を支配するにあたって必要最低限の株式を所有するにとどめ、山口家からトップを派遣し、専門経営者に経営を任せる手法をとった。

II　山口財閥の消滅と三和グループの形成

戦時下の合併・三和銀行の設立

一九二七年の昭和金融恐慌で多くの銀行が業績不振に陥り、その局面打開のため、一九三二年、大阪の有力銀行であった三十四銀行は、山口銀行、鴻池銀行との三行合併の斡旋を日本銀行大阪支店に申し入れた。

一九三三年一二月に三行は合併し、当時、国内最大規模の銀行・三和銀行（現 三菱UFJ銀行）が誕生した。

頭取には、合併を推進した日本銀行大阪支店長・中根《なかね》貞彦《さだひこ》（一八七八～一九六四）が着任した。

中根は新銀行の融和を重視し、旧行意識の排除、刷新を進めていった。そのため、山口家は筆頭株主であったが、三和銀行に対する支配力を急速に失っていった。

大阪貯蓄銀行は、一九四五年の貯蓄銀行九行の合併に合流し、日本貯蓄銀行となり、山口家の支配から離れた。なお、日本貯蓄銀行は一九四八年に普通銀行へ転換し、協和銀行(あさひ銀行を経て、現りそな銀行)となった。

関西信託は、三和銀行の合併にともない、一九四一年に鴻池信託、共同信託と合併して三和信託となり、最終的には三和銀行に吸収合併されてしまう。

共同火災保険は、一九四四年に横浜火災保険、神戸海上保険、朝日海上保険と合併し、同和火災海上保険(現あいおいニッセイ同和損害保険)となった。山口家は共同火災保険の筆頭株主とはいいながら、一五パーセント程度の株式しか持っておらず、経営への関与も積極的ではなかったため、合併後は旧神戸海上保険のオーナーであった岡崎《おかざき》家に支配権を奪われてしまう。

唯一、大型合併を経験しなかった日本生命保険は、戦後、GHQの指導で相互会社に転換し、山口家は大株主の座から追われた。

日本生命保険は、戦前、山口家が筆頭株主として君臨し、弘世家が実質的な経営を担っていた。しかし、戦後、弘世現《げん》は一九四八年から一九八二年まで社長に就任し、長期政権を樹立。日本生命保険は「弘世家の会社」になっていき、山口色は完全に払拭《ふっしょく》されてしまった(弘世現の長男が常務在任中に死去し、以後、専門経営者が社長を歴任している)。

ただし、旧山口財閥の関係で、三和銀行と日本生命保険、日本生命保険と同和火災海上保険との間に親しい関係が保持されていた。

三和グループの形成

三和銀行は六大都市銀行の一角を成し、戦後、三和グループを形成した。

三和グループは財閥的な出自をほとんど持っておらず、都市銀行（三和銀行）が融資先の企業を集めて企業集団を形成したものである。

その点では芙蓉グループの富士銀行に立場が近い。

しかし、三和グループの中核を担っていた三和銀行は、富士銀行ほど戦略的に企業集団形成を企画していたわけではなかった。

富士銀行や第一銀行が親密企業を結集させ、企業集団を形成していく中で、三和銀行とその親密企業が焦って社長会を設け、企業集団の体裁を整えようとしたに過ぎない。

一九六六年一二月、三和銀行の本館と別館の落成式に、有力取引先の会長や社長を招いて講演会を開いた。その席上で出席者のなかから、「相互の連携を密にし、お互いの啓発をはかるために継続的な会合をもちたい」という提案が期せずして起こった。

これに応《こた》えて、一九六七年一月、三和銀行が有力企業トップを集めて会合を催したのが、社長会「三水会《さんすいかい》」（毎月第三水曜日に開催）のはじまりだという。

クローバー会の結成

通常、社長会に参加する企業が企業集団の構成企業と認識されている。

しかし、三和グループの場合は、日本生命保険、日立製作所、日本通運、日商岩井（現双日）など本当に三和グループと見なして良いものか、疑問符が付く企業が多かった（日本通運と日商岩井は、一勧グループの社長会にも参加し、日立製作所は、芙蓉グループと一勧グループの社長会に参加している）。

企業集団の結束度を測る指標といわれている株式持ち合いは、比率こそ他の企業集団と遜《そん》色《しよく》ないが、三和銀行に次ぐ大株主・日本生命保険が「当社を三和グループとみられるのは心外」（『企業系列総覧』）と語る有様《ありさま》。さらに、事業会社間の株式持ち合いは明らかに進んでおらず、実態がともなっていない。

そこで、一九六九年六月に三和銀行は三水会とは別に、新たに親密企業の企画担当専務クラスを集めて、積極的にグループ活動を行う実務部隊「クローバー会」を発足させた。

グループ企業間の営業斡旋の強化や共同事業の推進を通じて、グループ結束を強めることを狙ったのである。また当時、脚光を浴びつつあった海洋産業、情報産業、都市再開発産業といった新産業を立ち上げることで、企業集団の有効性をアピールしようとした。

これらの新産業は、巨額の資金や多様な技術、豊富な人材を必要とするため、単独の企業では進出不可能な分野であった。企業集団の有効性を訴えるには好都合であり、すでに他の企業集団でも共同投資会社を設立していた。

こうして、クローバー会は共同投資会社（東洋海洋開発、東洋総合開発、東洋石油開発など）を次々と設立したが、一九七〇年代後半のオイル・ショックで、すべてにブレーキがかかってしまった。これらの共同投資会社で、現在でも活動しているのは東洋情報システム（現ＴＩＳ）ぐらいであろう。

都銀再編と三和グループの消滅

一九九九年の都銀再編で、三和銀行はさくら銀行（旧三井銀行）に経営統合を迫ったが、さくら銀行は住友銀行との統合を選んだ（第三章）。

相手を失った三和銀行は、東海銀行、あさひ銀行連合（一九九八年に業務提携）に割り込み、二〇〇〇年に三行経営統合を発表した。

しかし、スーパー・リージョナル・バンク（地域に特化した大規模銀行）を志向するあさひ銀行と、総合金融グループを志向する三和銀行の路線対立が起こり、東海銀行は三和銀行に

丸善石油	ダイハツ	山下新日本	日本通運	阪急電鉄	日綿実業	東洋建設	日新製鋼	積水化学	日立製作所	日本生命	大同生命	合計(%)
0.46	1.57	0.39	1.46	1.00	0.80	0.25	0.69	0.28	1.57	4.16	2.84	29.68
0.65	0.56	0.40	0.80	0.33	0.63	0.50	1.00	0.26	1.19	2.00	0.73	28.69
0.59		0.49				0.18	0.99	0.15		2.84	1.06	22.18
					0.40					6.77	0.85	13.87
		0.13			0.04					4.30		11.66
										6.34		15.56
										9.71		18.64
	0.11			0.06	0.50	0.15				6.60		13.18
	0.20	0.44			0.15	0.30			2.30	2.94		13.47
0.16					0.05					3.68		
–					0.91	0.30						12.04
					1.74			1.12		1.77	2.40	17.41
	–		0.27									11.29
		–				0.20						14.09
		0.07			0.41			0.29				8.46
	0.20	0.07	–							1.11		4.91
					0.11					3.51		16.17
						0.73			0.96	2.83		12.23
										9.21		16.43
				–						4.15		8.40
1.26		1.38			–	0.16	1.04	0.23		3.18	3.26	24.19
						0.54				3.66		14.03
										4.36		16.18
0.83		2.25			0.28	–				2.03		20.88
		0.27			12.73					1.65		34.90
							0.05			6.34		12.97
								0.63		1.93	1.74	14.90
	0.93									7.94	3.63	28.20
					0.06					7.07	2.96	21.04
		0.06			0.58		–			3.30	1.23	13.34
					0.11					3.17		6.93
					0.08			–		1.57		11.94
								19.78		1.07		25.81
	0.01						0.01		–	4.18		8.65
									66.16	1.09		71.97
		0.04			0.10				57.90	1.85		65.54
									57.40	2.73		65.27
0.14									33.18	4.10		60.02
0.11	0.21	0.14	0.18	0.11	0.28	0.08	0.14	0.34	2.54	3.76	0.61	16.89

より作成。

【三和グループの株式持ち合い（1979年）】

被所有＼所有	加入年	三和銀行	東洋信託	日商岩井	帝人	神戸製鋼所	関西ペイント	大林組	日立造船	宇部興産
三和銀行	1967	−		1.36	1.82	1.03	0.36	1.14	1.61	1.55
東洋信託銀行	1967	10.00	−	1.05	1.20		0.42	0.51	1.31	0.75
日商岩井	1967	7.37		−	1.04	3.09	1.04	0.24	0.81	1.43
帝　　人	1967	4.15		0.64	−					0.69
神戸製鋼所	1967	4.53		2.00	0.09	−		0.33	0.15	
徳山曹達	1967	5.23		3.90			0.10			
関西ペイント	1967	7.50	1.44				−			
大林組	1967	4.14	0.42	0.15	0.22			−	0.37	
日立造船	1967	5.00		1.07				0.30	−	0.57
宇部興産	1967	4.93	0.99	0.70	0.78	0.38		0.17		−
丸善石油	1967	4.97	3.59	1.15		0.50			0.61	
ユニチカ	1967	7.17	1.28		0.27			0.60		0.90
ダイハツ工業	1967	6.99	2.55				0.11	0.87		
山下新日本汽船	1967	6.44	1.27						5.72	
中山製鋼所	1967	5.00	2.34	0.64						
日本通運	1967	2.79	0.73							
東洋ゴム工業	1967	7.09	2.18		0.87					2.42
大阪セメント	1967	6.15	1.56							
高島屋	1967	5.54	1.21					0.38		
阪急電鉄	1967	3.41	0.46					0.16		
日綿実業	1971	8.19	2.27		1.05			1.04	0.45	
ＮＴＮ東洋ベアリング	1971	6.39	1.87	0.59				0.98		
岩崎通信機	1971	8.48	3.17							
東洋建設	1972	7.21	4.25	0.66				0.58	1.44	
オリエントリース	1972	6.17	6.12	7.30						
シャープ	1972	4.95	1.59							
岩谷産業	1972	6.39	3.14							
藤沢薬品工業	1972	7.14	2.91	5.48						
田辺製薬	1972	9.19	1.76							
日新製鋼	1978	3.60	2.27	1.58				0.09		
伊藤ハム栄養食品	1978	3.48			0.17					
積水化学工業	1971	5.64	1.11	0.38						
積水ハウス	1978	4.42				0.54				
日立製作所	1967	2.21	1.66		0.03	0.04		0.09	0.37	
日立化成工業	1972	2.33	1.04						0.62	
日立金属	1972	3.33	1.83	0.14						
日立電線	1972	2.61	2.41				0.15			
新明和工業	1971	5.18	2.69							
合　　計		4.14	1.03	0.70	0.33	0.22	0.08	0.29	0.45	0.31

※『東洋経済臨時増刊／データバンク　企業系列総覧』1980年版、『年報　系列の研究』第21集（1981年版

同調、あさひ銀行は離脱してしまう。

二〇〇一年に三和銀行、東海銀行、東洋信託銀行は共同で金融持株会社・UFJホールディングスを設立してその子会社となり、翌二〇〇二年に三和銀行と東海銀行が合併し、UFJ銀行となった。

「UFJ」とはUnited Financial of Japanの略であるが、USJ（Universal Studios Japan）とよく間違えられたという。

UFJ銀行を設立した二〇〇二年頃、「三水会」に東海銀行の融資先企業の一部を招聘し、新たに「水曜会」を設置した。しかし、三和銀行は東海銀行との経営統合にあたって、所有する三和グループ企業の株式を大幅に売却し、グループ企業と距離を置きはじめた。

しかも、三和グループの実質的なグループ運営を担っていた「クローバー会」を解散してしまった。

筆者は、三和グループの司令塔は「三水会」ではなく、「クローバー会」と考えているので、その「クローバー会」の解散は、三和グループ解散を意味するものと認識している。

さらに、二〇〇四年にUFJホールディングスは経営危機に陥り、三菱東京フィナンシャル・グループに救済合併され、三菱UFJフィナンシャル・グループとなってしまう。

UFJ銀行も東京三菱銀行（旧 三菱銀行）と合併して三菱東京UFJ銀行（現 三菱UFJ

銀行）となった。

ＵＦＪ銀行では、旧三和銀行が主導権を握ったが、三菱ＵＦＪ銀行では完全に旧三菱銀行が掌握するところとなり、以後、三和銀行出身の頭取は出ていない。

盟主・三和銀行が埋没してしまった三和グループに、ビジネス上のメリットは薄い。社長会「水曜会」は存続するものの、三和グループは完全に有名無実の集団と化してしまったのである。

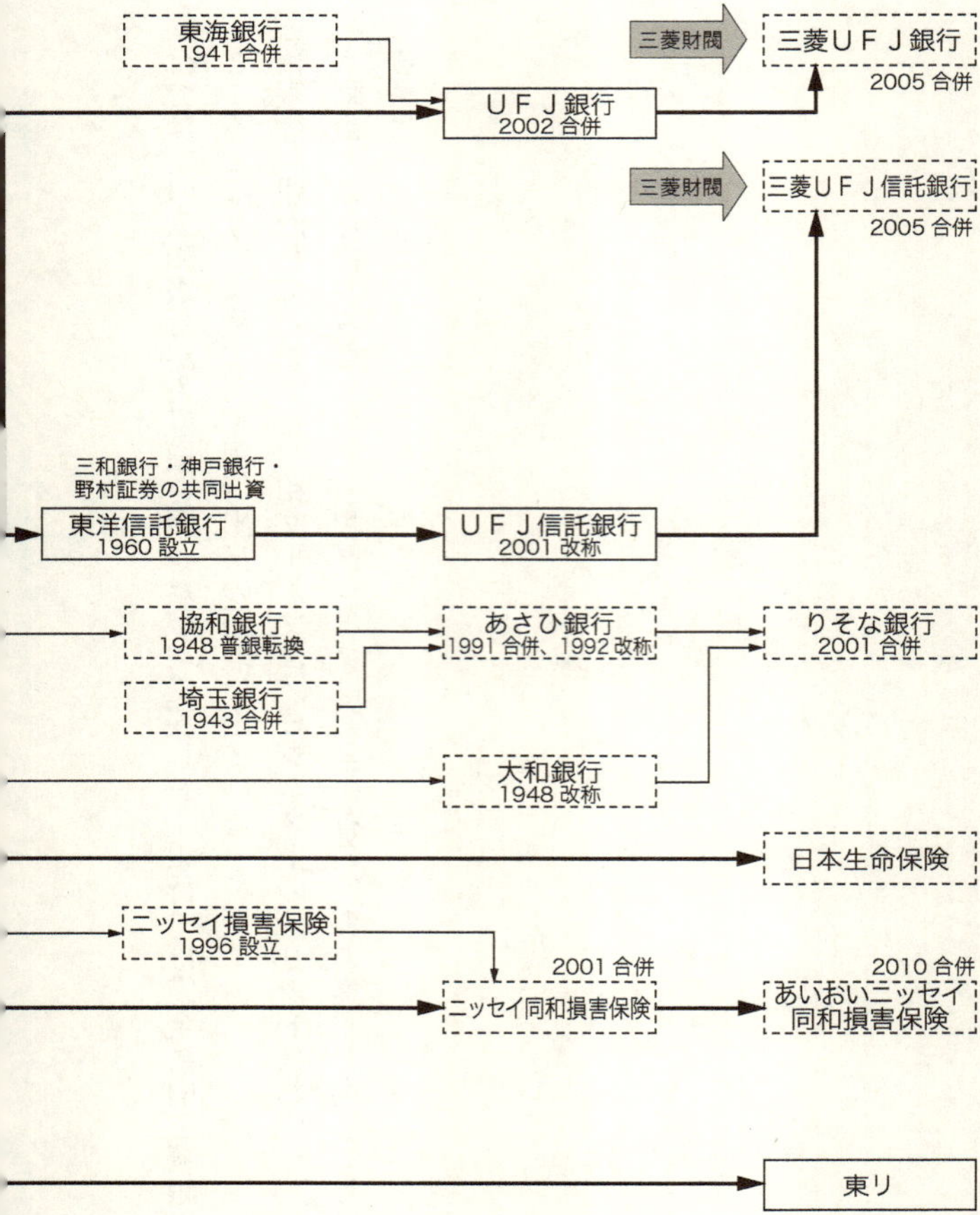
東海銀行
1941 合併
三菱財閥
三菱ＵＦＪ銀行
2005 合併
ＵＦＪ銀行
2002 合併
三菱財閥
三菱ＵＦＪ信託銀行
2005 合併
三和銀行・神戸銀行・
野村証券の共同出資
東洋信託銀行
1960 設立
ＵＦＪ信託銀行
2001 改称
協和銀行
1948 普銀転換
あさひ銀行
1991 合併、1992 改称
りそな銀行
2001 合併
埼玉銀行
1943 合併
大和銀行
1948 改称
日本生命保険
ニッセイ損害保険
1996 設立
2001 合併
ニッセイ同和損害保険
2010 合併
あいおいニッセイ
同和損害保険
東リ

【山口財閥の企業系統図】

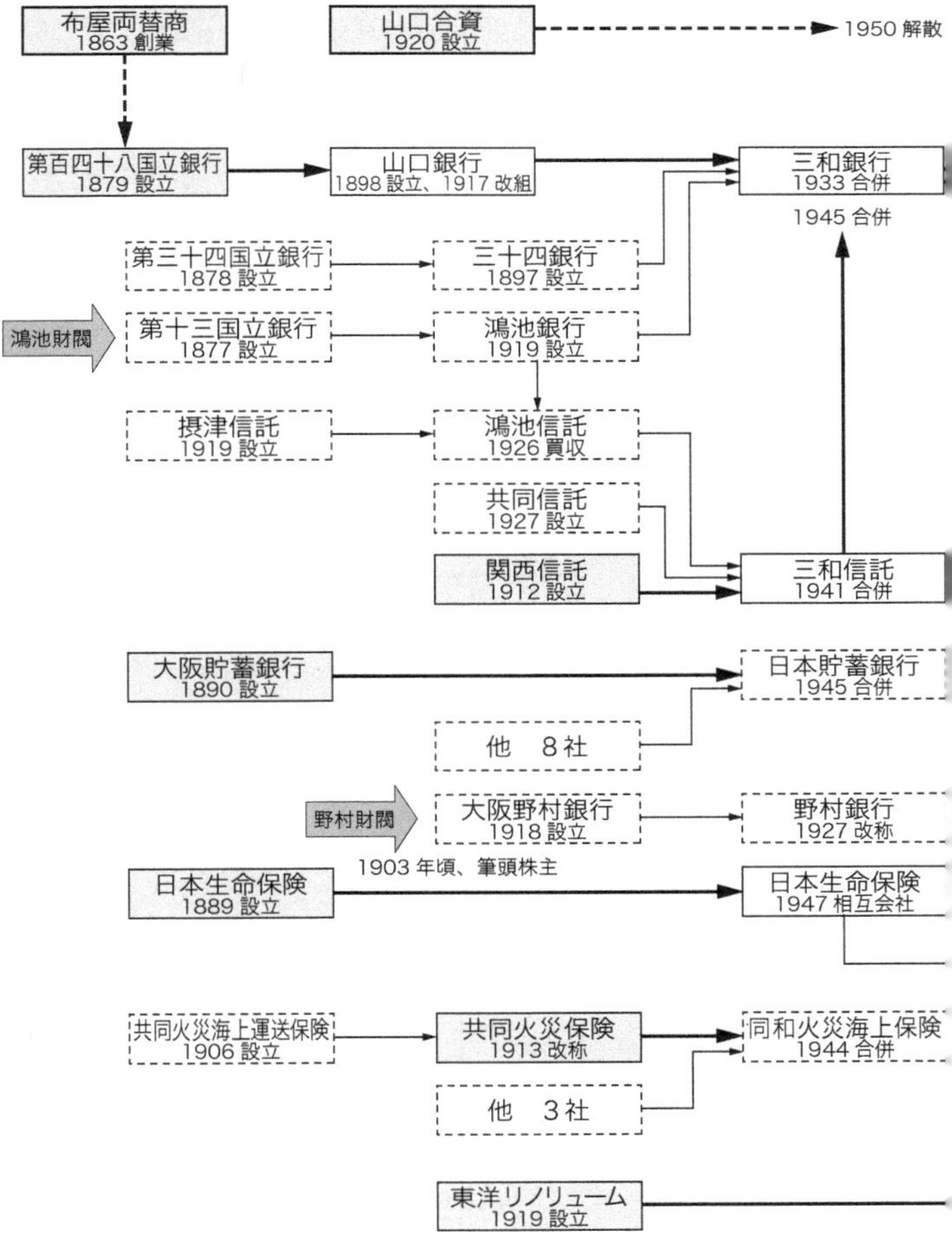
布屋両替商
1863 創業
山口合資
1920 設立
1950 解散
第百四十八国立銀行
1879 設立
山口銀行
1898 設立、1917 改組
三和銀行
1933 合併
1945 合併
第三十四国立銀行
1878 設立
三十四銀行
1897 設立
鴻池財閥
第十三国立銀行
1877 設立
鴻池銀行
1919 設立
摂津信託
1919 設立
鴻池信託
1926 買収
共同信託
1927 設立
関西信託
1912 設立
三和信託
1941 合併
大阪貯蓄銀行
1890 設立
日本貯蓄銀行
1945 合併
他　8 社
野村財閥
大阪野村銀行
1918 設立
野村銀行
1927 改称
1903 年頃、筆頭株主
日本生命保険
1889 設立
日本生命保険
1947 相互会社
共同火災海上運送保険
1906 設立
共同火災保険
1913 改称
同和火災海上保険
1944 合併
他　3 社
東洋リノリューム
1919 設立

【山口家系図】

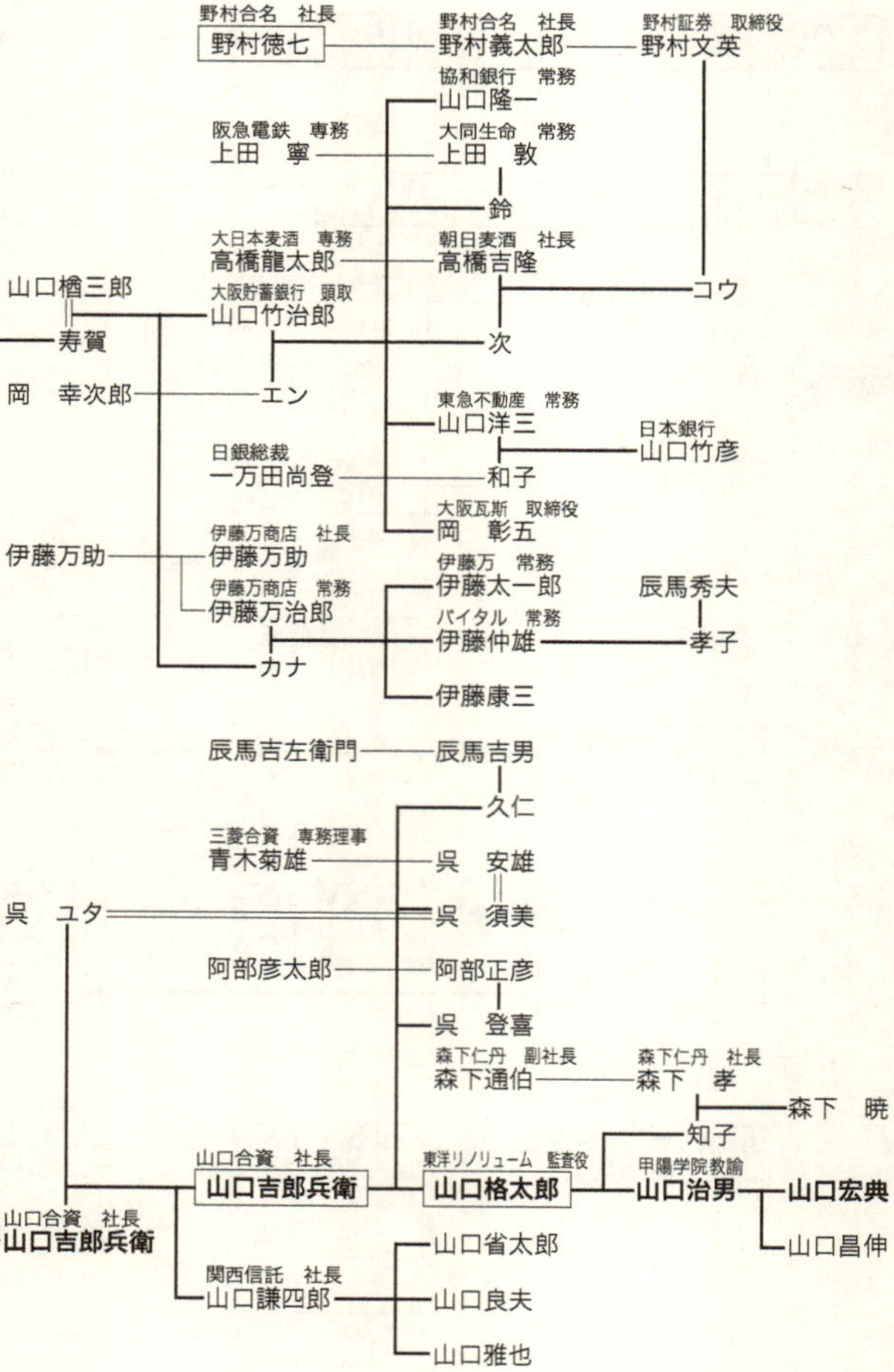
野村合名　社長
野村徳七
野村合名　社長
野村義太郎
野村証券　取締役
野村文英
協和銀行　常務
山口隆一
阪急電鉄　専務
上田　寧
大同生命　常務
上田　敦
鈴
大日本麦酒　専務
高橋龍太郎
朝日麦酒　社長
高橋吉隆
山口楢三郎
大阪貯蓄銀行　頭取
山口竹治郎
コウ
寿賀
次
岡　幸次郎
エン
東急不動産　常務
山口洋三
日本銀行
山口竹彦
日銀総裁
一万田尚登
和子
大阪瓦斯　取締役
岡　彰五
伊藤万助
伊藤万商店　社長
伊藤万助
伊藤万　常務
伊藤太一郎
辰馬秀夫
伊藤万商店　常務
伊藤万治郎
バイタル　常務
伊藤仲雄
孝子
カナ
伊藤康三
辰馬吉左衛門
辰馬吉男
久仁
三菱合資　専務理事
青木菊雄
呉　安雄
呉　ユタ
呉　須美
阿部彦太郎
阿部正彦
呉　登喜
森下仁丹　副社長
森下通伯
森下仁丹　社長
森下　孝
森下　暁
知子
山口合資　社長
山口吉郎兵衛
東洋リノリューム　監査役
山口格太郎
甲陽学院教諭
山口治男
山口宏典
山口合資　社長
山口吉郎兵衛
山口昌伸
山口省太郎
関西信託　社長
山口謙四郎
山口良夫
山口雅也

第一二章　鴻池財閥

I　財閥の発展

先祖は山中鹿之助

今でこそ「鴻池」の名を聞かないが、江戸時代には三井、住友と並ぶ三富豪の一角を占めていた。

鴻池《こうのいけ》家の先祖は、戦国時代の名将・山中鹿之介《やまなかしかの》幸盛《すけゆきもり》であったという伝説が残っている。鹿之助の遺児・山中新六幸元《しんろくゆきもと》が、摂津《せっつ》国伊丹《いたみ》（現 大阪府伊丹市）の鴻池に逃げ延び、酒造業を始めたのが、鴻池家の発祥と伝えられる。

新六は、どぶろく（濁り酒）に灰を混入すると清酒になることを発見（一説に、新六に恨みを持つ使用人が酒樽《さかだる》に灰をまいて逃げ、翌朝、どぶろくが清酒になっていたという）。どぶろくしかない当時、清酒は飛ぶように売れ、大船を擁して江戸に販路を拡大し、莫大《ばくだい》な利益を上げた。

新六の子が鴻池善右衛門《ぜんうえもん》を名乗り、以降、鴻池家の当主は代々善右衛門を襲名した。

初代・鴻池善右衛門

初代・鴻池善右衛門正成《まさなり》（一六〇八〜九三）は、清酒運送の経験を生かして海運業にも手を拡げ、その利益で両替商も始めた。

三代目・鴻池善右衛門宗利《むねとし》（一六六七〜一七三六）は酒造業を廃して両替商専業となり、鴻池家繁栄の基礎を築いた。幕府の新田《しんでん》開発奨励に沿って、河内国《かわちのくに》（現 大阪府南部）に鴻池新田を開発したことでも著名である。

鴻池家は大阪最大の両替商に成長し、大名相手に高利で金貸し（大名貸し）を行うようになっていく。一七世紀後半に鴻池家と取引のあった大名は三二藩、幕末には七六藩に及び、大名諸侯から「日本の富の七分は大坂にあり、大坂の富の八分は今橋《いまはし》（鴻池邸）にあり」といわれたほどであった。

幕末期には新撰組《しんせんぐみ》に脅されて二〇〇〇両を献金したことにより、明治政府から疎《うと》まれ、一八七一年の廃藩置県で大名貸しは棒引きされてしまった。

しかし、鴻池家の財力はそれぐらいでは尽きなかった。

一〇代目・鴻池善右衛門幸富《ゆきとみ》（一八四一〜一九二〇）は一八七七年に第十三国立銀行を設立。一八九六年に国立銀行の私立銀行転換が可能となったため、一八九七年に個人経営の鴻池銀行を設立して、第十三国立銀行の営業を引き継いだ（一九〇〇年に合名会社、一九一九年に株式会社に改組)。

鴻池家は大阪一の大富豪だったため、新規事業の創設にあたって、信用力のある「看板」として担ぎ出され、企業新設時に出資を要請されることが多かった。たとえば、一八八九年に日本生命保険株式会社社長、翌年に大阪貯蓄銀行株式会社頭取に担がれた(第一一章)。

原田二郎の堅実経営

しかし、一八八〇年代後半、鴻池家は保守的経営で衰退を始める。

一一代・鴻池善右衛門幸方《ゆきかた》(一八六五〜一九三一)の義父・三井高保《たかやす》は、鴻池家の衰退を憂いて、井上馨に人材の斡旋《あっせん》を請うた。

「中上川《なかみがわ》改革」で成功を収めていた三井銀行の総長(頭取)が高保その人だったからだ。

井上は一八九九年に外交官の島村久《しまむらひさし》を推し、鴻池銀行理事に押し込み、ついで、大蔵省出身の原田二郎《はらだじろう》が候補に擬せられた。鴻池銀行東京支店支配人・芦田順三郎《あしだじゅんざぶろう》の義兄弟だったからだという。

一九〇二年に井上は原田を鴻池銀行理事に指名し、一九〇七年に専務理事とした。

原田は徹底した堅実経営を行い、それまで方々に出資していた資金を引き揚げ、鴻池家が名誉的に就任していた会長職を辞任した(たとえば、日本生命保険、大阪貯蓄銀行の株式を売却して、役員を辞職し、両社は山口家［第一一章］の支配下となった）。こうして、鴻池の家業は金融（合名会社鴻池銀行）、倉庫（大阪倉庫株式会社）、農業に集約された。

しかも、取り付け騒ぎを恐れて鴻池銀行の神戸・名古屋《なごや》支店も他行に譲渡し、業績低迷を続けた大阪倉庫を一九一三年に東神《とうしん》倉庫株式会社（現 三井倉庫ホールディングス株式会社）に売却してしまう。その結果、一時的な現金収入はふえたが、原田の堅実経営が鴻池家の衰退を決定的なものにした。

遅すぎた加藤晴比古の改革

一九一九年に原田が引退すると、鴻池家でもさすがに消極的な経営方針が問題となった。そこで、日本銀行総裁・井上準之助の推薦で、日本銀行営業局長・加藤晴比古《かとうはるひこ》を招聘《しょうへい》し、鴻池財閥を立て直すこととなった。

加藤は、一九一九年に合名会社鴻池銀行を株式会社に改組し、三倍以上に増資した。また、一九二一年には鴻池合名会社（以下、鴻池合名。現 鴻池合資会社）を設立して、鴻池家の土地、有価証券らの資産を一括管理し、一大改革を試みた。

しかし、原田が消極策を講じていた明治時代末から大正時代にかけて、第一次世界大戦にともなう好況で、他財閥は大躍進を遂げていた。

加藤にいかなる才能があっても、その間、ひたすら守勢を決め込んでいた鴻池財閥に挽回《ばんかい》する余地はなかった。

『川崎・鴻池コンツェルン読本』では、持株会社・鴻池合名の他、鴻池財閥の傘下企業として株式会社鴻池銀行・鴻池信託株式会社・山上株式会社・鴻池ビルヂング株式会社の四社のみを挙げている。

通常、この手の書籍では、少しでも影響のある企業があれば、「傍系会社」「関係会社」として紹介するにもかかわらず、鴻池財閥ではそういう企業さえなかったということだろう（併せて紹介されている川崎金融財閥では、二七社が傘下企業として掲げられている）。

II　鴻池財閥の消滅

三和銀行への合併・鴻池財閥の消滅

一九三三年一二月、株式会社鴻池銀行は株式会社三十四銀行、株式会社山口銀行と三行合併し、株式会社三和銀行（現 株式会社三菱ＵＦＪ銀行）となった。

また、鴻池信託は、三和銀行の誕生を受け、一九四一年に関西信託や共同信託と合併して三和信託株式会社になり、最終的に三和銀行に合併されてしまう。結局、鴻池銀行、鴻池信託はともに三和銀行に収斂《しゅうれん》され、鴻池家の力が及ばないものになってしまった。

通常、財閥であれば、傘下企業といえないまでも、幾つかの企業に株式投資をしているものだが、原田が所有株式を売却してしまい、鴻池財閥には親密企業さえほとんど見当たらない。

川崎金融財閥・山口財閥では、傘下企業の系譜を引く金融機関同士が親密な関係を維持し、何らかの名残を残していたが、鴻池財閥ではそれもなく、「鴻池」を匂わせる痕跡《こんせき》は完全に消え去ってしまったのである。

【鴻池家系図】

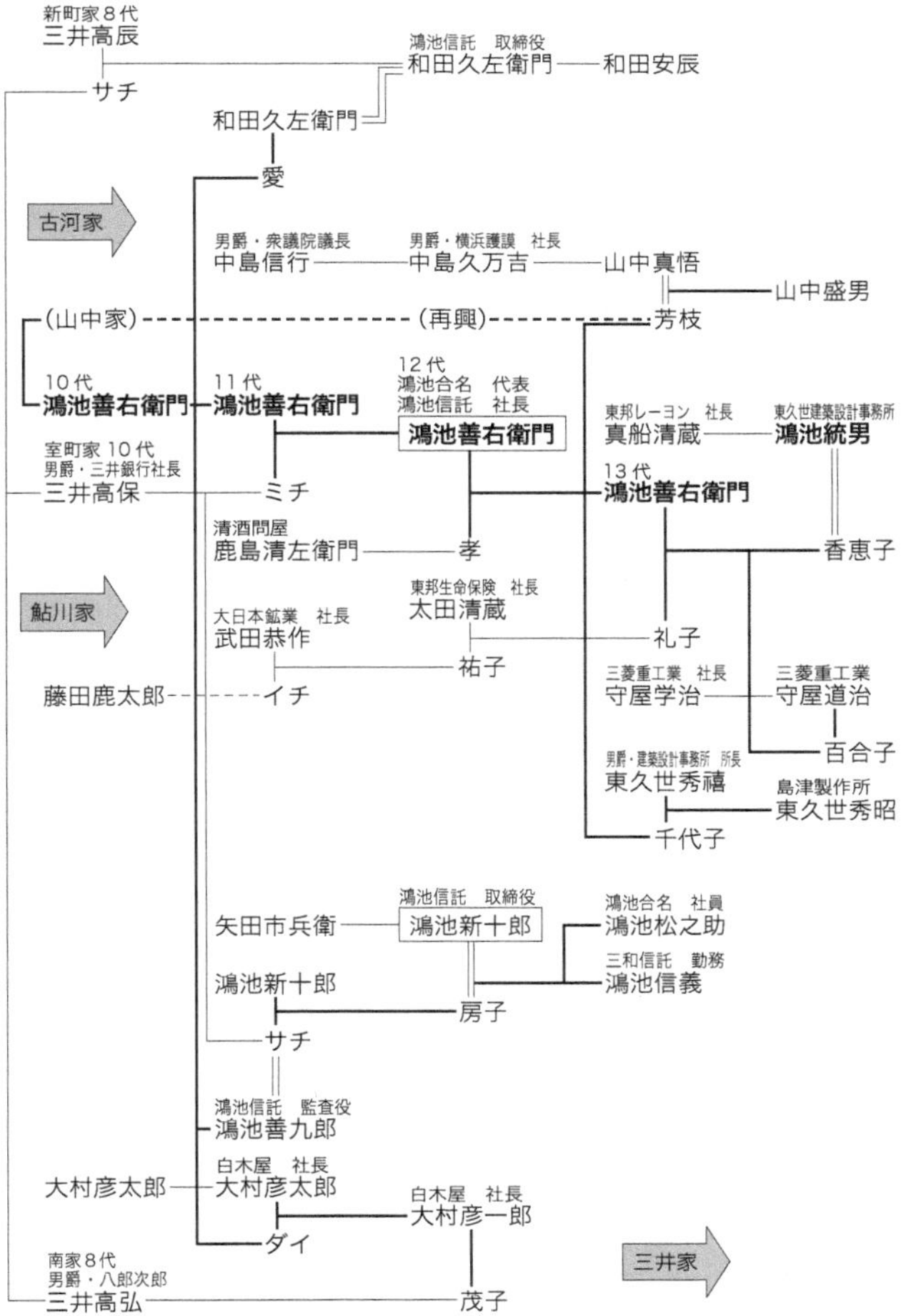
新町家８代
三井高辰
サチ
鴻池信託　取締役
和田久左衛門
和田安辰
和田久左衛門
愛
古河家
男爵・衆議院議長
中島信行
男爵・横浜護謨　社長
中島久万吉
山中真悟
山中盛男
（山中家）
（再興）
芳枝
10 代
鴻池善右衛門
11 代
鴻池善右衛門
12 代
鴻池合名　代表
鴻池信託　社長
鴻池善右衛門
東邦レーヨン　社長
真船清蔵
東久世建築設計事務所
鴻池統男
室町家 10 代
男爵・三井銀行社長
三井高保
ミチ
13 代
鴻池善右衛門
清酒問屋
鹿島清左衛門
孝
香恵子
鮎川家
東邦生命保険　社長
太田清蔵
大日本鉱業　社長
武田恭作
礼子
祐子
藤田鹿太郎
イチ
三菱重工業　社長
守屋学治
三菱重工業
守屋道治
百合子
男爵・建築設計事務所　所長
東久世秀禧
島津製作所
東久世秀昭
千代子
鴻池信託　取締役
矢田市兵衛
鴻池新十郎
鴻池合名　社員
鴻池松之助
三和信託　勤務
鴻池新十郎
鴻池信義
房子
サチ
鴻池信託　監査役
鴻池善九郎
白木屋　社長
大村彦太郎
大村彦太郎
白木屋　社長
大村彦一郎
ダイ
三井家
南家８代
男爵・八郎次郎
三井高弘
茂子

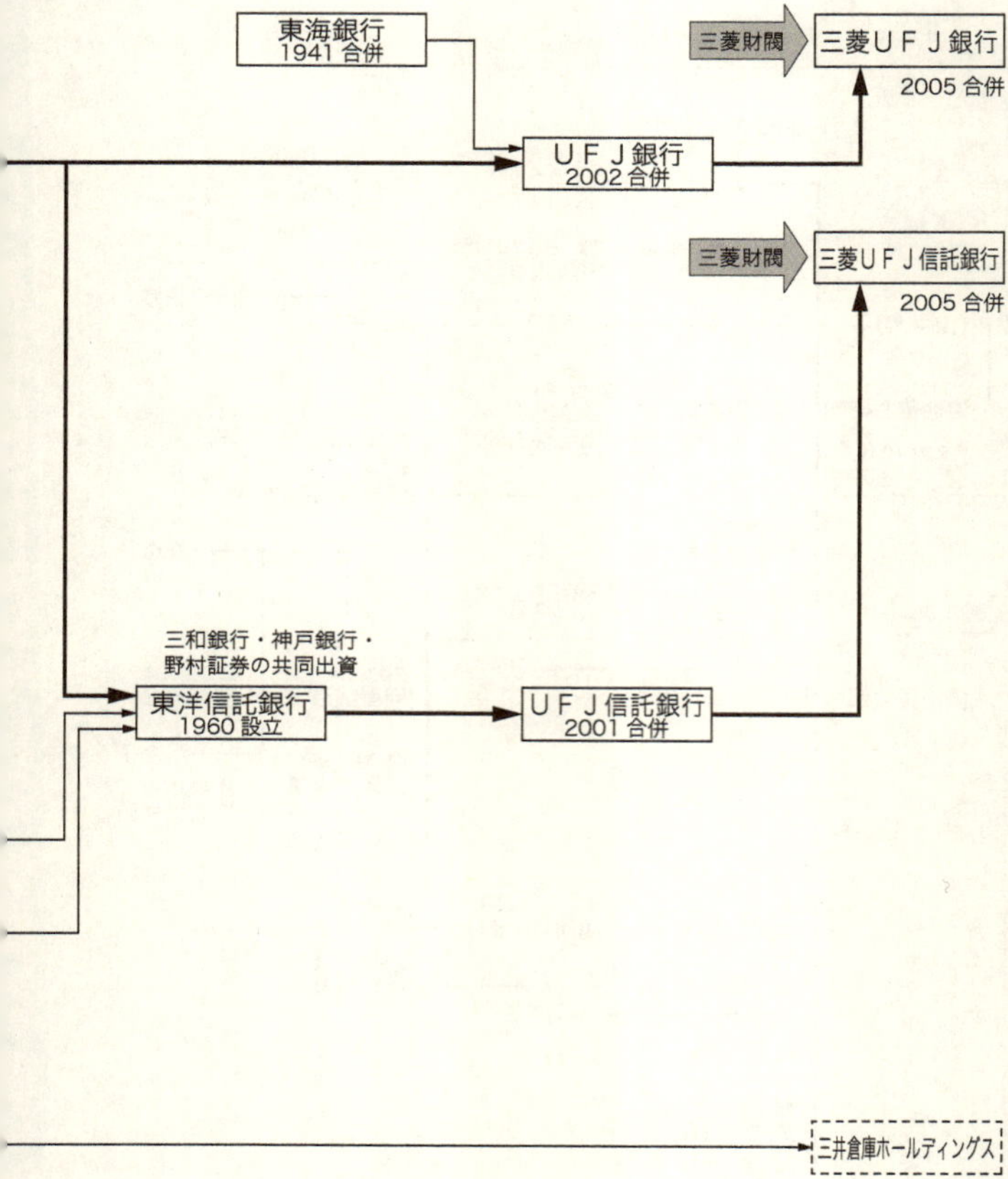
東海銀行
1941 合併
三菱財閥
三菱ＵＦＪ銀行
2005 合併
ＵＦＪ銀行
2002 合併
三菱財閥
三菱ＵＦＪ信託銀行
2005 合併
三和銀行・神戸銀行・
野村証券の共同出資
東洋信託銀行
1960 設立
ＵＦＪ信託銀行
2001 合併
三井倉庫ホールディングス

【鴻池財閥の企業系統図】

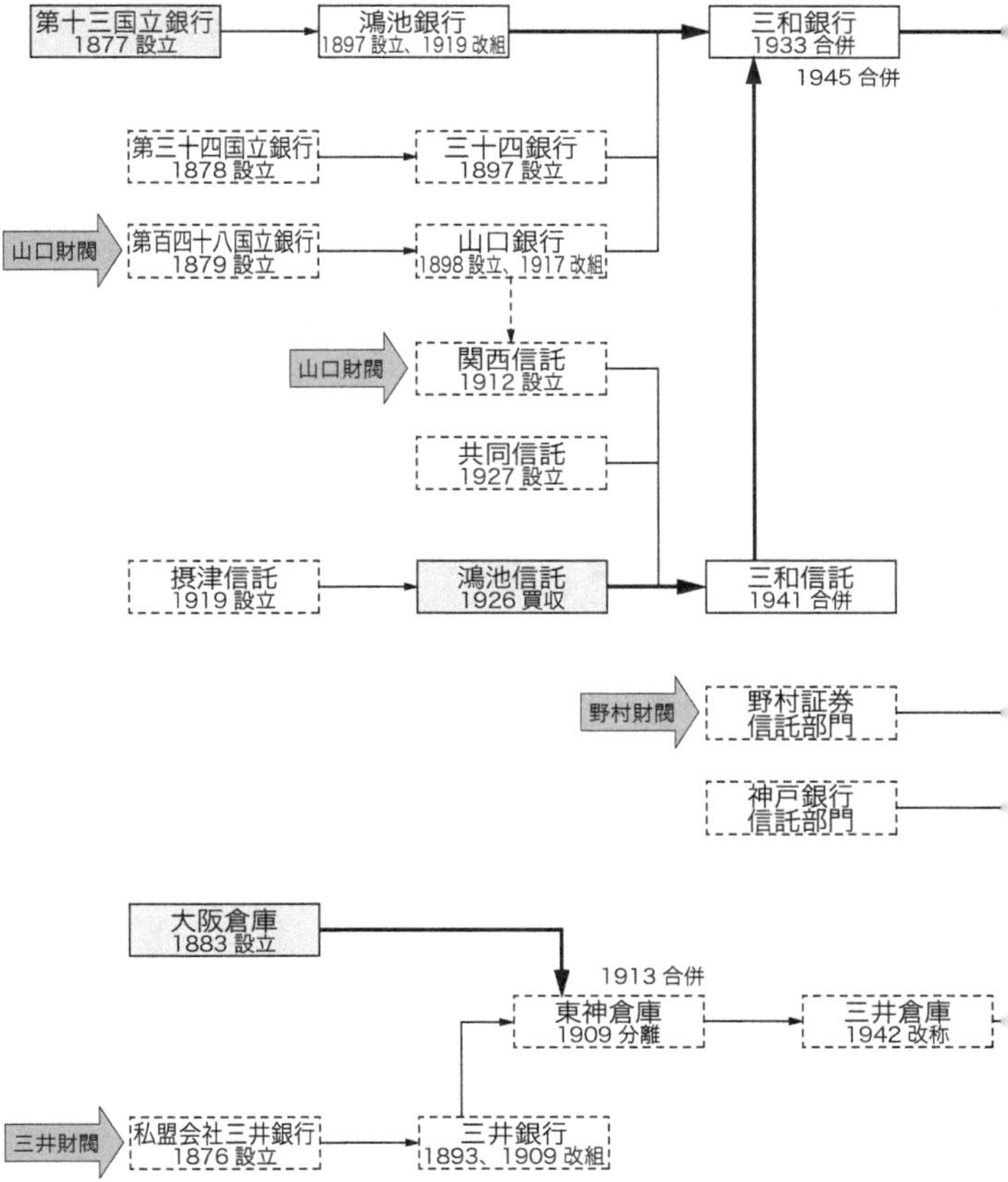

第十三国立銀行
1877 設立
鴻池銀行
1897 設立、1919 改組
三和銀行
1933 合併
1945 合併
第三十四国立銀行
1878 設立
三十四銀行
1897 設立
山口財閥
第百四十八国立銀行
1879 設立
山口銀行
1898 設立、1917 改組
山口財閥
関西信託
1912 設立
共同信託
1927 設立
摂津信託
1919 設立
鴻池信託
1926 買収
三和信託
1941 合併
野村財閥
野村証券
信託部門
神戸銀行
信託部門
大阪倉庫
1883 設立
1913 合併
東神倉庫
1909 分離
三井倉庫
1942 改称
三井財閥
私盟会社三井銀行
1876 設立
三井銀行
1893、1909 改組

第一三章　野村財閥

Ⅰ　財閥の発展

大阪野村銀行の設立

野村財閥は、大阪の実業家であった二代目・野村徳七《のむらとくしち》が創設した金融財閥である。

初代・野村徳七（一八五〇〜一九〇七）は河内（現 大阪府南部）に生まれ、大阪の両替商・大坂屋《おおさかや》に丁稚《でっち》奉公に出された。しかし、明治維新後に大坂屋が閉店すると、徳七は独立し、両替商を始めた。

二代目・野村徳七（一八七八〜一九四五）は家業である両替商の将来性を憂い、一九〇三年頃に父を説得して二万円の出資を仰ぎ、証券業「有価証券現物問屋　野村商店」を創業した。

従来の証券業者の多くが公社債・株式などの商品知識に乏しく、投機的な商いに終始していたことを批判し、調査に基づく科学的な証券業者を目指した。

一九〇六年には『大阪野村商報』を発行し、店内に調査部を設置。その正確な企業情報は好評を博し、顧客の来店をさばききれぬほど繁盛した。

こうして、今に至る「調査の野村」の基礎を確立したのである。

徳七は日露戦争後の狂乱相場で得た利益で欧米視察に出かけ、近代的な証券業の有様を目にする。帰国後、さらに調査部を充実させ、同業他社に先駆けて大卒社員の大量採用をはじめた。

第一次世界大戦の好景気に乗じて、一九一七年に野村徳七商店を株式会社野村商店に改組し、翌年に株式会社大阪野村銀行、野村総本店、大東物産株式会社（第一次世界大戦後の反動恐慌で、一九二〇年に破綻《はたん》）を相次いで設立。

一九二二年には持株会社の野村合名会社（以下、野村合名）を設立し、金融財閥としての体制を整えた。なお当時、徳七は三井銀行との付き合いが深く、三井財閥（第三章）をモデルに財閥化を進めたのだという。

野村証券の設立

しかし、反動恐慌により、大阪野村銀行（一九二七年に野村銀行に改称）は預金流出に見舞われる。出身母体が証券業であったため、投機に関係しているという世評による信用不安からであった。

そこで徳七は、銀行の信用を固めるため、一九二三年に証券業の野村商店を株式会社大阪屋商店と改称して減資し、株式の大部分を社員に譲って、証券業と絶縁した。

ところが、一九二九年の株式暴落で大阪屋商店が大損害を受けると、野村銀行も取り付け騒ぎに遭ってしまう。ここに至って、一九三〇年に大阪屋商店を解散し、株式売買と完全に決別した（後日、大阪屋証券として再興。現 岩井コスモ証券株式会社）。

徳七は、従来の証券売買業と絶縁する一方、公社債市場の発展を背景にして、一九二〇年に大阪野村銀行に公社債専門の証券部を設立した。証券部の収益は著しく向上し、一九二二年には独立採算制を採用。一九二五年に証券部は分離され、野村証券株式会社（現 野村ホールディングス株式会社）が設立された。

一九三一年の満州事変勃発《ぼっぱつ》後、わが国財政は急膨張し、国債の増発で公社債市場は活況を博し、野村証券も大躍進した。しかし、一九三〇年代中盤から公社債市場が不振になると、一九三八年に株式売買を開始した（野村証券は設立当初、大阪屋商店との競合を避けるため、定款に株式売買を掲げていなかった）。

野村財閥の多角化

一九二七年の昭和金融恐慌で、金融機関の破綻と統廃合が進む一方、破綻を免れた金融機関では、業務の多角化を模索した。こうした流れを背景として、野村財閥は既存の金融機関を買収し、信託・保険業に進出していく。

信託分野では、藤田財閥（第一五章）系の大正信託株式会社を買収し、一九三三年に大阪信託株式会社を開業。一九三八年、野村信託株式会社に改称した。しかし、一九四三年に普通銀行の信託兼営が公布されると、同社は一九四四年に野村銀行に吸収合併された。

生命保険分野では、藤田財閥系の共保生命保険株式会社を買収し、一九三四年に野村生命保険株式会社（現Ｔ＆Ｄフィナンシャル生命保険株式会社）と改称した。

なお、当時の損害保険の主力は海上保険であり、海運業を営んでいない野村財閥にとって旨《うま》みがなかったため、損害保険分野には進出しなかった。

また、二代目・野村徳七は一九一六年に大阪商船株式会社（現 株式会社商船三井）が企画した「台湾・南洋」旅行に参加し、日本の財閥が東南アジアに進出している実情を目の当たりにして、積極的に「南方事業」を推進した。農園経営やゴム精製工場の経営などが主力事業で、野村財閥では大きな比率を占めていたが、第二次世界大戦の敗戦で全て接収されてしまった。

野村財閥の主力である銀行業にも、大きな変革の波が押し寄せてきた。

一九三二年、大阪の有力銀行である株式会社三十四銀行、株式会社山口銀行、株式会社鴻池銀行が三行合併を企図し、野村銀行にも合併参加を勧奨してきた（第一一・一二章）。徳七は、「野村財閥の中枢・野村銀行を合併させることは、財閥自体の存亡に関わる」と判断し、これを拒否した。野村銀行は自主独立の道を貫き、全国第八位の銀行として、一流銀行の一つに数えられるまでに発展した。

傘下企業の株主構造、役員構成

野村財閥では一九二八年に傘下企業を以下の三つに分類した。

①直営事業　野村徳七または野村合名の直接指揮のもと経営する事業。

②直系事業　野村家が人的にも資本的にも密接な関係を有し、野村合名の周囲に、野村徳七の信任に基づく責任内閣の統轄の下に、それぞれ独自の発展を見つつある企業。

③主要投資企業　野村家がその株式に投資し、野村徳七が自ら重役として経営にも参加しつつある企業。

東南アジアの農園経営が直営事業に分類され、野村銀行・野村証券が直系事業に分類されているところが特徴である。つまり、野村徳七が手がけている未完の事業が直営事業で、すでに事業として完成し「独自の発展を見つつある」事業を直系事業としているのだろう。

しかし、その一〇年後、傘下企業は、①直系会社、②傍系会社（野村系重役一名以上が参加し、野村系で株式一〇パーセント以上を所有する企業)、③関係会社(野村系重役が参加している が、株式を一〇パーセント以下しか所有していない企業)という分類に変わっている。これは、傘下企業の分類が、事業の進捗《しんちょく》具合・完成度合いではなく、経営支配の度合いを指標とした、より組織的なものに変わってきたことを示すものだろう。

なお、創業者の二代目・野村徳七は、還暦を目前にして、病弱な嗣子・野村義太郎《よしたろう》に野村合名社長を譲り、従兄弟《いとこ》の山内貢《やまうちみつぐ》(一八九三〜一九六六)を専務理事に昇格させて一切の業務を統括させた。野村財閥は、トップマネジメントの面からも、これからという時期に終戦を迎えたのである。

II　戦後の動向

野村財閥、再結集せず

戦後の財閥解体で、野村合名会社、敷島紡績株式会社(第二次指定)が持株会社に指定され、野村合名が解散した。

戦後、野村財閥は、財閥としての統一した動きを取らず、各社がそれぞれの道を歩んだ。財閥商号使用禁止で、野村銀行は大和《だいわ》銀行(現 株式会社りそな銀行)、野村生命保険は東京生命保険と改称し、「野村」の看板をはずした。そして、その後、禁が解けても旧称に戻らなかった。

このことが示すように、野村財閥では再結集の動きが起こらなかったようだ。一九六〇年代に野村財閥の傘下企業が社長会をつくっていたらしいが、その実態はわかっていない。野村財閥の企業間の株式持ち合いも低調だったようだ。

戦後、有力都市銀行は企業集団を形成していったが、大和銀行は中堅都市銀行に過ぎず、同行をメインバンクとする巨大企業の数も少なく、単独で企業集団を形成していくだけの力はなかった。

大和銀行の最大の特徴は、一九九〇年代以前に唯一の信託兼営を認められた都市銀行だったことである。一九四三年に普通銀行の信託兼営が認められ、各行は信託を兼営していたが、一九六〇年頃、金融当局が信託分離を指示した。ところが、大和銀行頭取・寺尾《てらお》威夫《たけお》は一人頑強に抵抗し、信託兼営を守ったのだ。

野村証券の躍進

野村証券は、その積極果敢な営業姿勢で、住友銀行（現 三井住友銀行）と双璧《そうへき》を成し、有力な金融機関として認められるようになった。

戦後、しばらく株式市場は低迷が続いたが、野村証券は営業マンに過酷なノルマを課してその苦境を乗り切った。朝鮮戦争後、株式市況は好転したが、ノルマ営業は続行され、次第に「ノルマ証券」と批判を込めて呼ばれるようになってしまった。

しかし、その成果もあって、国内最大の証券会社として同業他社を圧倒した。高度経済成長期に有力証券会社は「四大証券」（野村証券、日興証券、大和証券、山一証券）と呼ばれたが、実際には「野村＋三社」ではないかといわれたほどであった。

また、「大蔵省証券局は、野村証券の霞《かすみがせき》ケ関出張所」と揶揄《やゆ》されるほど、証券行政にも影響力を持った。

なお、一九六五年、野村証券は、調査部をもとに野村総合研究所を設立。国内有数のシンクタンクとして高い評価を受けている。

大和銀行と東京生命保険の蹉跌

大和銀行は一九九五年九月にニューヨーク支店の米国債不正売買で一一億ドルの赤字を出した。しかし、これを隠蔽《いんぺい》して米国金融当局の怒りを買い、米国からの追放処分を受けた。その結果、一九九八年には海外業務からの撤退を余儀なくされた。

唯一の信託兼営行であった大和銀行は、当初は他の都市銀行から魅力ある合併相手と見られていた。しかし、一九九六年の日本版金融ビッグバンで、子会社方式による信託参入が可能になると、その旨みを失い、都銀再編から取り残されてしまう。

結局、二〇〇三年三月に大和銀行はあさひ銀行と経営統合し、りそな銀行となった。しかし、経営統合直後の二〇〇三年四月、自己資本比率を大幅に下回る可能性が発生し、政府による公的資金注入で事実上国有化された。会長にはJR東日本副社長・細谷《ほそや》英二《えいじ》が選ばれ、金融機関出身者ではないユニークな視点から銀行経営が図られた。

一方、東京生命保険は、一九九七年の金融危機で経営不振に陥り、二〇〇一年に破綻し、太陽生命保険・大同生命保険グループ（T&Dホールディングス）に買収された。買収後、株式会社に転換し、同グループの窓販専用生命保険会社・T&Dフィナンシャル生命保険として再発足した。

【野村家系図】

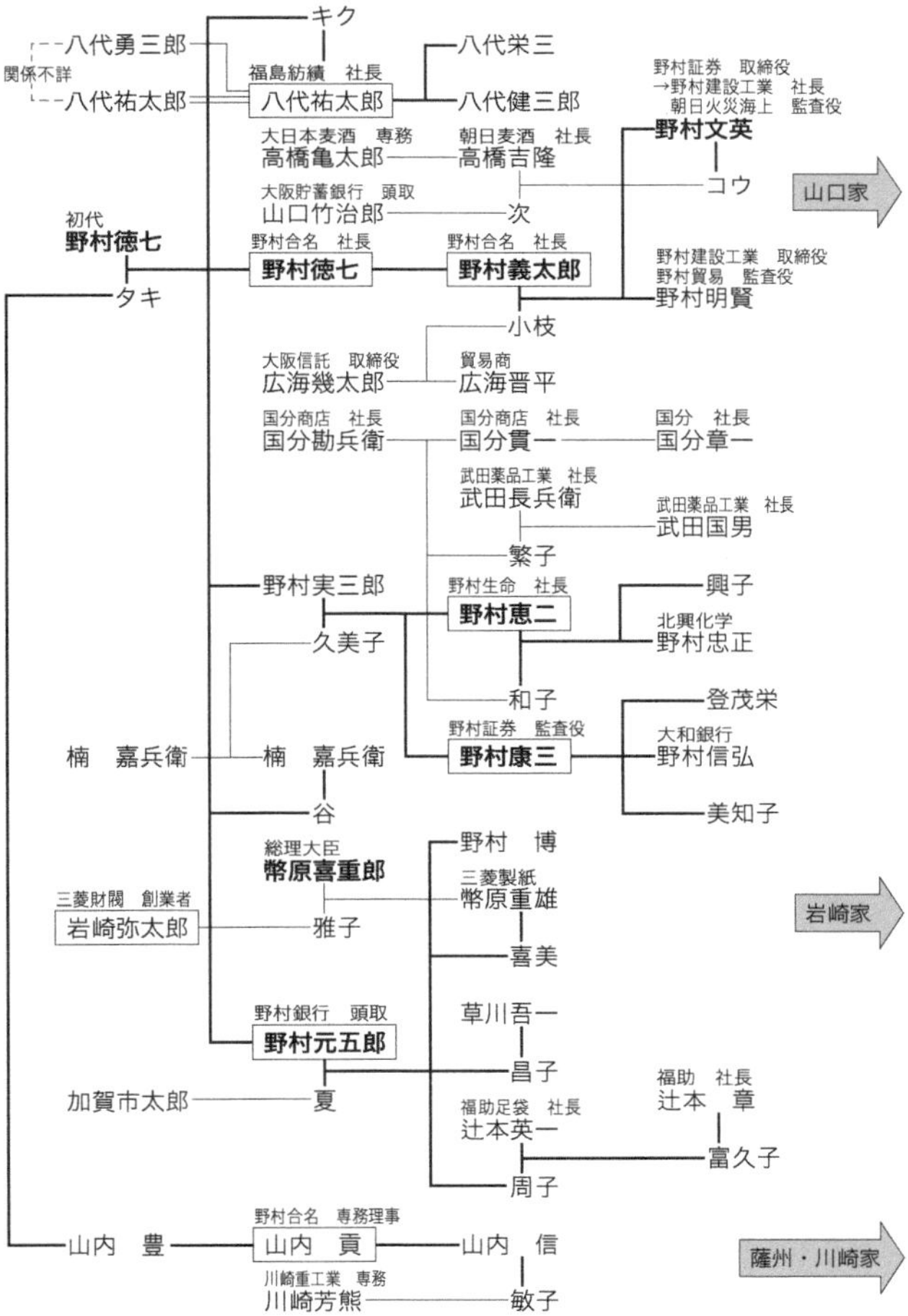
キク
八代勇三郎
関係不詳
八代祐太郎
福島紡績　社長
八代祐太郎
八代栄三
八代健三郎
野村証券　取締役
→野村建設工業　社長
朝日火災海上　監査役
野村文英
大日本麦酒　専務
高橋亀太郎
朝日麦酒　社長
高橋吉隆
コウ
山口家
大阪貯蓄銀行　頭取
山口竹治郎
次
初代
野村徳七
野村合名　社長
野村徳七
野村合名　社長
野村義太郎
野村建設工業　取締役
野村貿易　監査役
野村明賢
タキ
小枝
大阪信託　取締役
広海幾太郎
貿易商
広海晋平
国分商店　社長
国分勘兵衛
国分商店　社長
国分貫一
国分　社長
国分章一
武田薬品工業　社長
武田長兵衛
武田薬品工業　社長
武田国男
繁子
野村実三郎
野村生命　社長
野村恵二
興子
北興化学
野村忠正
久美子
和子
登茂栄
野村証券　監査役
野村康三
大和銀行
野村信弘
楠　嘉兵衛
楠　嘉兵衛
美知子
谷
野村　博
総理大臣
幣原喜重郎
三菱製紙
幣原重雄
三菱財閥　創業者
岩崎弥太郎
雅子
岩崎家
喜美
草川吾一
野村銀行　頭取
野村元五郎
昌子
福助　社長
辻本　章
加賀市太郎
夏
福助足袋　社長
辻本英一
富久子
周子
野村合名　専務理事
山内　豊
山内　貢
山内　信
薩州・川崎家
川崎重工業　専務
川崎芳熊
敏子

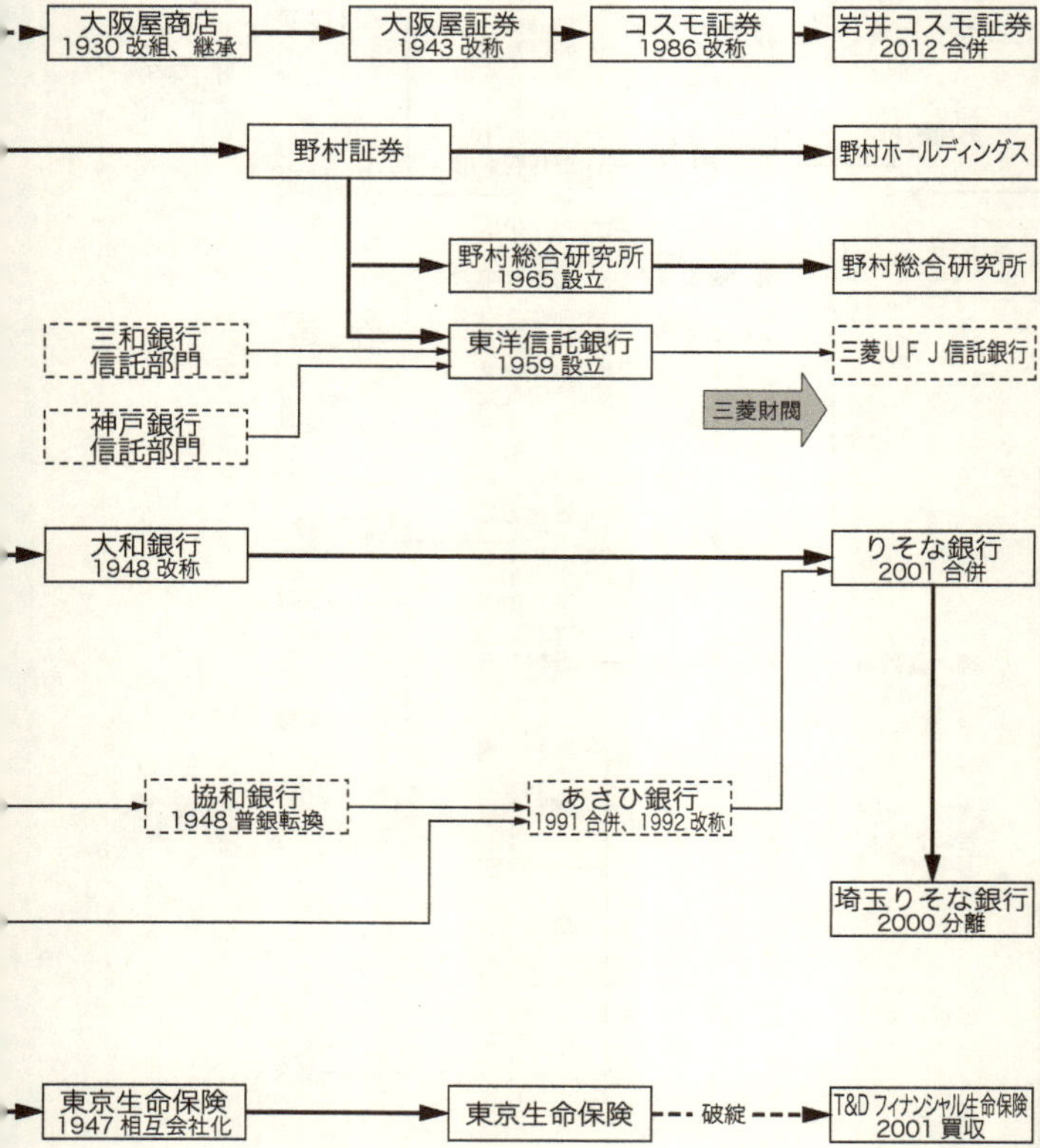
大阪屋商店
1930 改組、継承
大阪屋証券
1943 改称
コスモ証券
1986 改称
岩井コスモ証券
2012 合併
野村証券
野村ホールディングス
野村総合研究所
1965 設立
野村総合研究所
三和銀行
信託部門
東洋信託銀行
1959 設立
三菱ＵＦＪ信託銀行
神戸銀行
信託部門
三菱財閥
大和銀行
1948 改称
りそな銀行
2001 合併
協和銀行
1948 普銀転換
あさひ銀行
1991 合併、1992 改称
埼玉りそな銀行
2000 分離
東京生命保険
1947 相互会社化
東京生命保険
破綻
T&D フィナンシャル生命保険
2001 買収

【野村財閥の企業系統図】

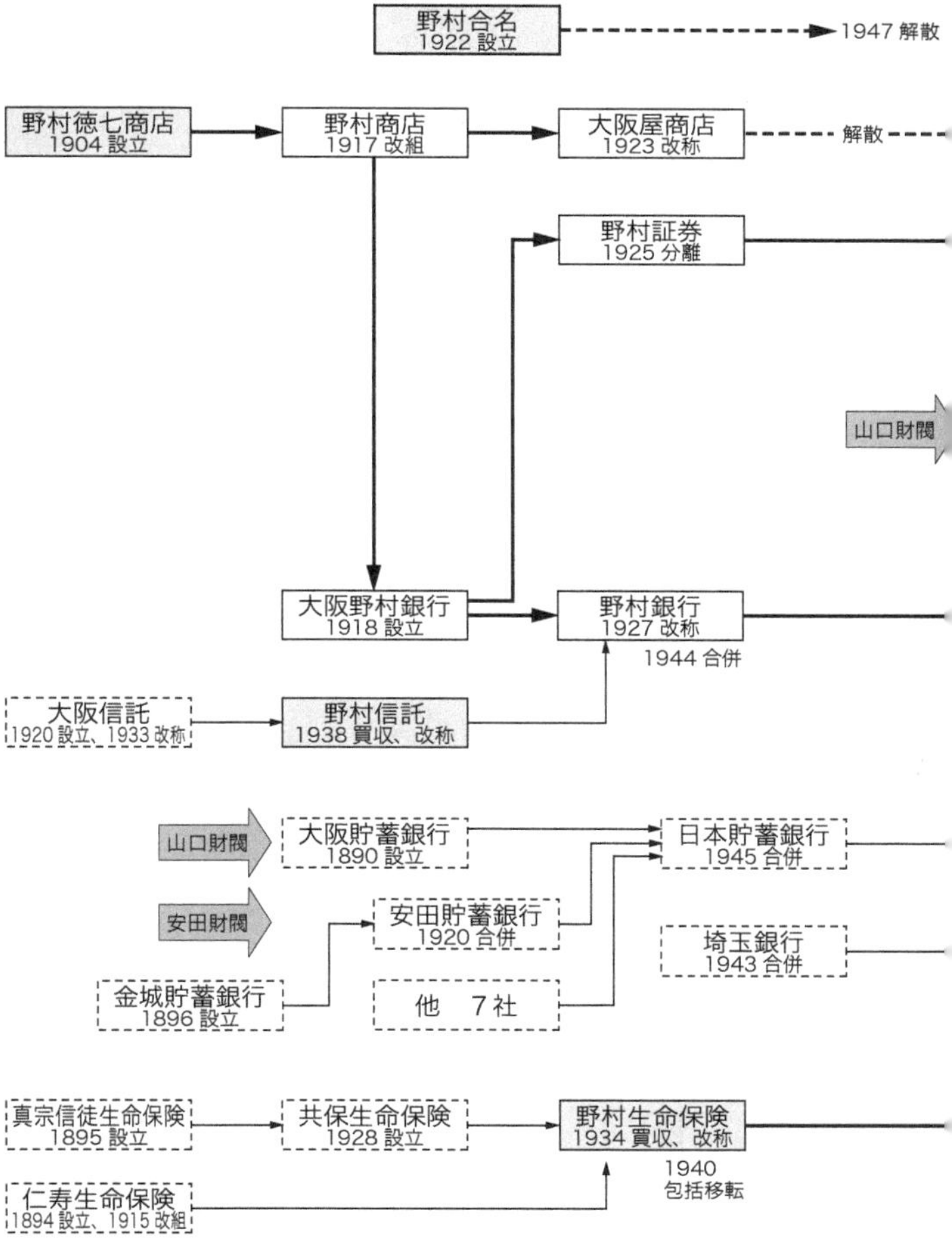
野村合名
1922 設立
1947 解散
野村徳七商店
1904 設立
野村商店
1917 改組
大阪屋商店
1923 改称
解散
野村証券
1925 分離
山口財閥
大阪野村銀行
1918 設立
野村銀行
1927 改称
1944 合併
大阪信託
1920 設立、1933 改称
野村信託
1938 買収、改称
山口財閥
大阪貯蓄銀行
1890 設立
日本貯蓄銀行
1945 合併
安田財閥
安田貯蓄銀行
1920 合併
埼玉銀行
1943 合併
金城貯蓄銀行
1896 設立
他 7社
真宗信徒生命保険
1895 設立
共保生命保険
1928 設立
野村生命保険
1934 買収、改称
1940
包括移転
仁寿生命保険
1894 設立、1915 改組

第一四章　旧鈴木財閥

Ⅰ　財閥の発展

創業者・鈴木岩治郎

「鈴木商店」と聞けば、近くの酒屋サンのように思われがちだが、明治時代から大正時代にかけて急成長し、一時は三井・三菱財閥を凌《しの》ぐほどの一大勢力を誇った財閥であった。

しかし、積極的な拡大戦略が裏目に出て一九二七年に倒産してしまう。その後、その系譜を引く企業は、戦後に急成長を遂げ、三和・一勧グループの主力企業として活躍することとなる。

鈴木商店は、明治時代初期に初代・鈴木《すずき》岩治郎《いわじろう》によって創設された。

鈴木家は代々武蔵《むさし》（現 埼玉県）川越《かわごえ》藩の下級武士で、貧窮により初代・鈴木岩治郎は幼児期に魚屋に養子に出され、兄は流浪の末に長崎で修業し、菓子職人となったという。

岩治郎は兄と再会して菓子職人を志し、長崎で修業した。しかし、江戸への帰途、岩治郎は神戸の発展を目にして同地に留《とど》まることを決意し、大坂の砂糖商であった辰巳屋《たつみや》恒七が経営する神戸出張所に雇われた。岩治郎は、長崎で培った砂糖鑑識眼と商才で、一八七四年頃には神戸出張所の番頭へと出世していった。

辰巳屋恒七は病気で引退するにあたり、大坂本店を娘婿に、神戸店を岩治郎に与えた。この神戸店こそ、鈴木商店の前身である。

その後、岩治郎は砂糖の輸入販売で頭角をあらわし、一八八七年頃には神戸の有力八大貿易商の一人に数えられるまでになり、神戸の貿易会所副頭取、神戸商業会議所常議員を歴任した。

金子直吉の抜擢と鈴木商店の大躍進

一八九四年、岩治郎が急逝すると、妻の鈴木よね（一八五二〜一九三八）が店主となり、鈴木商店の経営を二人の番頭（樟脳《しょうのう》部門担当の金子直吉《かねこなおきち》、砂糖部門担当の柳田富士松《やなぎたふじまつ》）に委《ゆだ》ねた。

その番頭・金子直吉の采配《さいはい》により、鈴木商店は三井・三菱財閥と並ぶまでに急成長を遂げていく。

金子直吉（一八六六〜一九四四）は土佐（現 高知県）の貧しい商家に生まれ、学校にも行かず、一一歳から紙屑《かみくず》拾いを始め、乾物屋に丁稚《でっち》奉公に出た。

その後、高知の砂糖商の番頭となったが、商人として成功することを夢み、一八八六年に神戸に出て、鈴木商店に入社した。

金子は初め砂糖、鰹節《かつおぶし》、茶、肥料の国内取引に従事していたが、樟脳（防腐剤・医薬品・セルロイド等の原料）取引の可能性に気付き、世界最大の生産地であった台湾に赴き、台湾総督府民政長官・後藤新平《ごとうしんぺい》の信頼を得た。

後藤は、樟脳を専売制度に移行することによって、台湾統治の財源を捻出《ねんしゅつ》しようとしていた。金子は後藤とともに専売制度実施に尽力した結果、一八九九年に樟脳油一手《いって》販売権を取得し、鈴木商店（一九〇二年に合名会社に改組）が大飛躍を遂げるきっかけを作った。

一九一四年七月、第一次世界大戦が勃発《ぼっぱつ》すると、金子は海外から打電してくる報告や、国内で収集した情報を総合的に判断し、同年一一月に「全ての商品船舶に対する一斉買い出動」という大方策に打って出た。

その三、四ヶ月後、大戦による需要で銑鉄、鋼材、船舶、砂糖、小麦などが大暴騰し、鈴木商店は一億数千万円の巨利を博した。

金子がイギリスの鉄に目を付け、ロンドン支店長・高畑誠一《たかはたせいいち》宛に「Buy any steel, any quantity, at any price」（鋼鉄と名のつく物は、何でもいいからカネに糸目を付けず買いまくれ）という異例の電文を打電したことは有名である。

高畑誠一（一八八七〜一九七八）は神戸高商を首席で卒業し、鈴木商店に入社。一九一二年にロンドン支店に派遣され、のちに二〇代の若さでロンドン支店長に就任。第一次世界大戦が勃発すると、縦横無尽に商才を発揮した。

船舶・食糧不足に悩む大英帝国政府・連合国に、北海道の豆類・デンプン・雑穀などを満載した船を、船ごと売却するという離れ業をやってのけ、「カイゼル（皇帝）を商人にしたような男」との評判を得た。

一九一七年、鈴木商店は三井物産、三菱商事の年商を凌ぐまでに急成長し、金子はロンドンの高畑宛に「三井三菱を圧倒するか、然《しか》らざるも彼等と並んで天下を三分《さんぶん》するか、是《これ》、鈴木商店全員の理想とする所也《なり》」と「天下三分の宣言書」を記し、拡大路線を明言した。

鈴木商店の倒産

しかし、鈴木商店の天下は長くは続かなかった。

一九一八年に米価高騰を原因とする民衆暴動（米騒動）が起き、新聞の誤報により鈴木商店が米買い占めの元凶と誤解され、神戸本店が焼き討ちにあってしまう（その状況を小説にしたものが、城山三郎《しろやまさぶろう》の『鼠――鈴木商店焼打ち事件』である）。

さらに、第一次世界大戦後の反動恐慌、関東大震災後の不況により、鈴木商店の傘下企業や、事実上のメインバンクである台湾銀行が経営不振に追い込まれてしまう。

台湾銀行は、鈴木商店が台湾の樟脳油一手販売権を取得した一八九九年に設立され、設立当初から鈴木商店との関係が深かった（一九二六年末には台湾銀行の貸し出し五億四〇〇〇万円のうち、その三分の二にあたる三億六〇〇〇万円が、鈴木商店関連事業で占められるまでに膨らんでいた）。一方、鈴木商店は莫大《ばくだい》な運用資金を台湾銀行に依存していた。

台湾銀行は債権保護のため、一九二二年に副頭取・下坂藤太郎《しもざかとうたろう》を鈴木商店へ役員派遣して金子直吉のワンマン体制を是正するように求めた。翌一九二三年に合名会社鈴木商店に持株会社機能を残して、新たに株式会社鈴木商店を設立して貿易部門を移管した。

一九二六年に傘下企業の日本製粉株式会社を日清製粉株式会社（現 株式会社日清製粉グループ本社）に合併させ、窮地を凌ごうとしたが、日本製粉の財務内容の悪さが露見して合併が破談となった。資金繰りの行き詰まった日本製粉と鈴木商店は、台湾銀行の緊急救済融資でかろうじて命脈を保ったが、その過程で鈴木商店の内情と台湾銀行との癒着ぶりがあらわになった。

一九二七年一月に震災手形の未決済分を処理することが通常帝国議会で話し合われたが、未決済額の半数が台湾銀行によるもので、全体の四四・五パーセントが鈴木商店関連であることが明らかとなり、貴族院は法案を通過させるにあたって台湾銀行調査委員会を設置する。

台湾銀行はコール（短資、銀行間での短期間の資金取引）市場で資金調達し、急場を凌ごうと考えた。しかし、コール市場に資金を供給していた株式会社三井銀行などは、鈴木商店と関わりの深かった台湾銀行に対する警戒感から、資金を引き揚げてしまう。

ここに至って台湾銀行は資金難に陥り、鈴木商店への資金援助を停止。

一九二七年四月二日、鈴木商店は倒産した。

傘下企業の株主構造、役員構成

鈴木商店倒産後、再興を模索する幹部たちは、子会社の一つである株式会社日本商業会社を改組して日商《にっしょう》（日商岩井を経て、現 双日《そうじつ》）と改称。鈴木商店の営業を日商に移転して、事実上の後継会社とした。

鈴木商店の傘下企業は一〇〇社近くあったといわれている。

日本商業会社以外に、日本製粉株式会社、クロード式窒素工業株式会社、株式会社神戸製鋼所、株式会社播磨造船所（石川島播磨重工業株式会社を経て、現 株式会社ＩＨＩ）、帝国人造《ていこくじんぞう》絹糸《けんし》株式会社（現 帝人株式会社）、豊年製油株式会社、太陽曹達《ソーダ》株式会社（現 太陽鉱工株式会社）などがあった。

このうち、日本製粉株式会社が三井物産株式会社へ、クロード式窒素工業株式会社（東洋高圧工業株式会社、三井東圧工業株式会社を経て、現 三井化学株式会社）が三井鉱山株式会社へ買収された。三井銀行（第三章）のコール資金引き上げが鈴木商店倒産の引き金を引いたこともあり、この買収は世間の批判を浴びた。

II　戦後の動向

社長会は結成したが

旧鈴木財閥の系譜を引く企業とその経営者は、一九五〇年代前半に「鈴和会《れいわかい》」という常務以上の懇親会を発足させ、一九六〇年代に日商、神戸製鋼所、帝人で「三社会」を結成した。また、従業員のＯＢ会として「辰巳《たつみ》会」も発足した。

しかし、親密さを深めるだけで、鈴木財閥そのものを再興（もしくは鈴木グループを形成）するような動きにはならなかった。

旧鈴木系企業のうち、帝人は三和グループ（第一一章）の「三水会」に参加し、日商と神戸製鋼所は、「三水会」と一勧グループ（第七章）の「三金会」に参加した。

第一銀行への接近

日商は、原子力産業への進出を契機として、第一銀行・古河グループと親密な関係を構築することに成功した。

一九五〇年代中盤、日本でも原子力産業（原子力発電、原子力船の建設）が勃興しつつあった。しかし、原子力産業は、技術的にも企業規模の上でも、単体の企業で進出できるものではなかった。そこで、三菱グループは共同投資会社・三菱原子力工業を設立して原子力産業に進出し、同様に三井・住友グループも共同投資会社を設立して追随した。

一九五五年頃、旧鈴木系企業の懇親会「鈴和会」で、高畑誠一が「日本でも原子力産業に取組むため、各財閥が結束を固め、グループを結成しようという動きがある。旧鈴木関係でも原子力に取組むためグループ結成はできないものだろうか」と提案した。原子力産業には重電機・重機会社の参加が必須《ひっす》であったが、三大財閥以外で原子力に参入できる企業は数少ないので、それらを結集させようと画策した。第一銀行をメインバンクとする富士電機製造ら古河グループ（第八章）、川崎重工業ら川崎グループ（第九章）に原子力グループ結成の必要性を説き、賛同を得、第一原子力産業グループが誕生した。

この経過で、日商は古河グループの中核商社となることに成功。ところが、川崎グループは、川崎製鉄の提唱で伊藤忠商事を窓口商社に据えてしまった。

川崎グループは旧鈴木系企業と重複する分野が多かった。その結果、第一銀行の親密企業に、伊藤忠商事―川崎製鉄―川崎重工業と、日商―神戸製鋼所―播磨造船所という二つの「商社―製鉄―造船」グループができあがってしまった。第一銀行は伊藤忠商事―川崎グループに重心を置いたようだ。

三和銀行への接近

一方、三和銀行は融資先に軽工業が多く、重化学工業との取引開拓を目指していた。そこで、財閥系銀行との関係が薄い旧鈴木系企業に注目し、一九六七年に社長会「三水会」を結成すると、日商、神戸製鋼所、帝人に参加を呼びかけた。

三和銀行の親密商社には、日綿実業《にちめんじつぎょう》（のちのニチメン）と岩井産業があったため、日商と岩井産業の合併を仲介し、一九六八年に日商岩井の誕生を演出した。三和銀行はさらに日綿実業を合併させ、親密商社を一本化しようとしたが、これは失敗に終わった。

そのため三和グループでは、プロジェクトを企画する度に、日商岩井とニチメンが互いに牽制《けんせい》しあい、プロジェクトに支障を来すほどであった（日商岩井とニチメンは二〇〇三年に合併し、双日となったが、その頃には三和グループは消滅しつつあり、この合併は経営不振に陥った総合商社の再編でしかなかった）。

第一勧業銀行へ再接近

一九七一年に第一銀行が日本勧業銀行と合併し、第一勧業銀行が誕生。一勧グループを形成し、社長会「三金会」を結成すると、日商岩井は（三水会に参加したまま）三金会への参加を申し込んだ。この他にも、第一銀行には親密商社として伊藤忠商事、日本勧業銀行には兼松江商（現 兼松）があり、「三金会」に参加した。

その結果、一勧グループでも親密商社を一本化することができず、ここでもプロジェクト推進でも支障を来す要因になった。

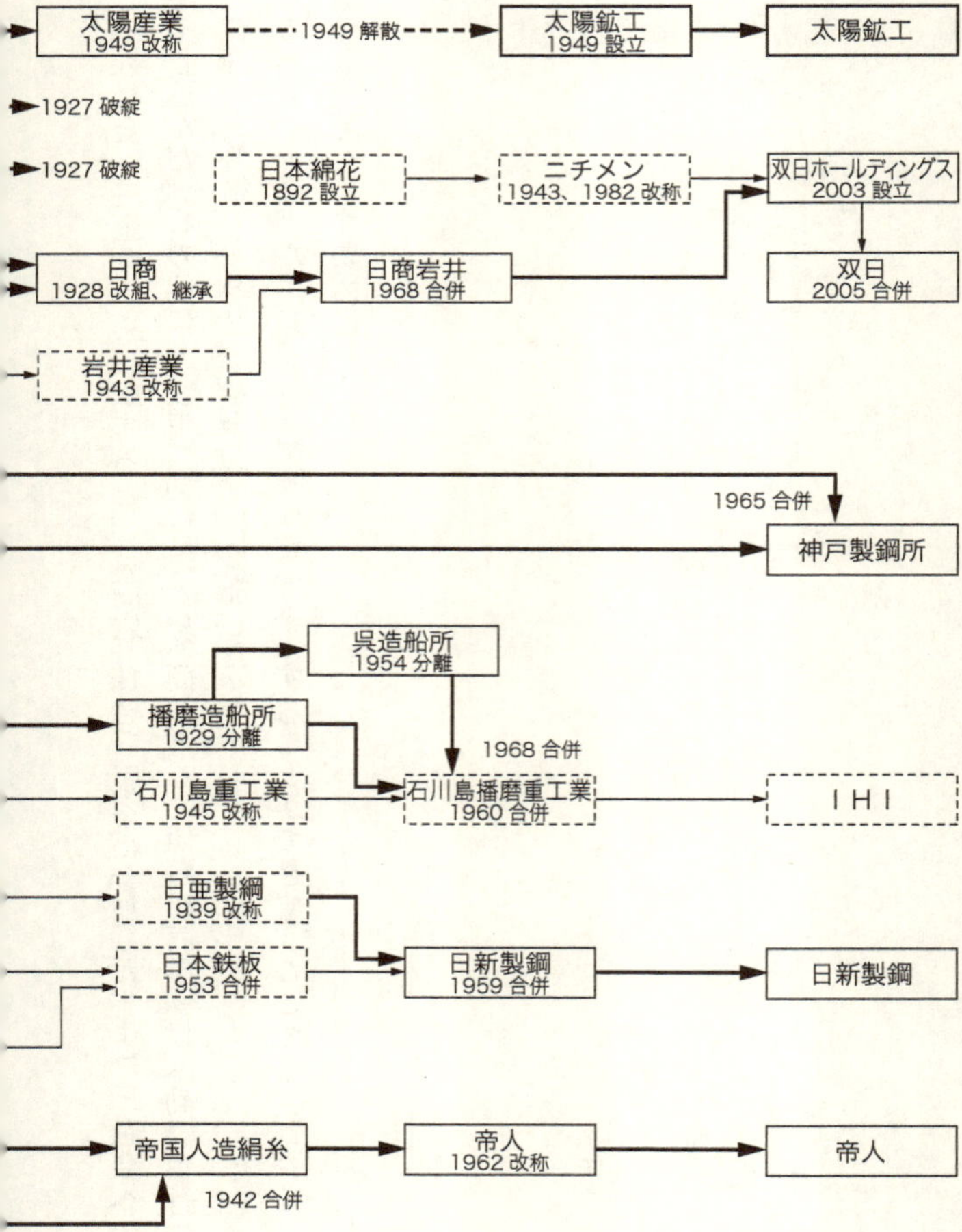
太陽産業
1949 改称
1949 解散
太陽鉱工
1949 設立
太陽鉱工
1927 破綻
1927 破綻
日本綿花
1892 設立
ニチメン
1943、1982 改称
双日ホールディングス
2003 設立
日商
1928 改組、継承
日商岩井
1968 合併
双日
2005 合併
岩井産業
1943 改称
1965 合併
神戸製鋼所
呉造船所
1954 分離
播磨造船所
1929 分離
1968 合併
石川島重工業
1945 改称
石川島播磨重工業
1960 合併
IHI
日亜製鋼
1939 改称
日本鉄板
1953 合併
日新製鋼
1959 合併
日新製鋼
帝国人造絹糸
帝人
1962 改称
帝人
1942 合併

【旧鈴木財閥の企業系統図】

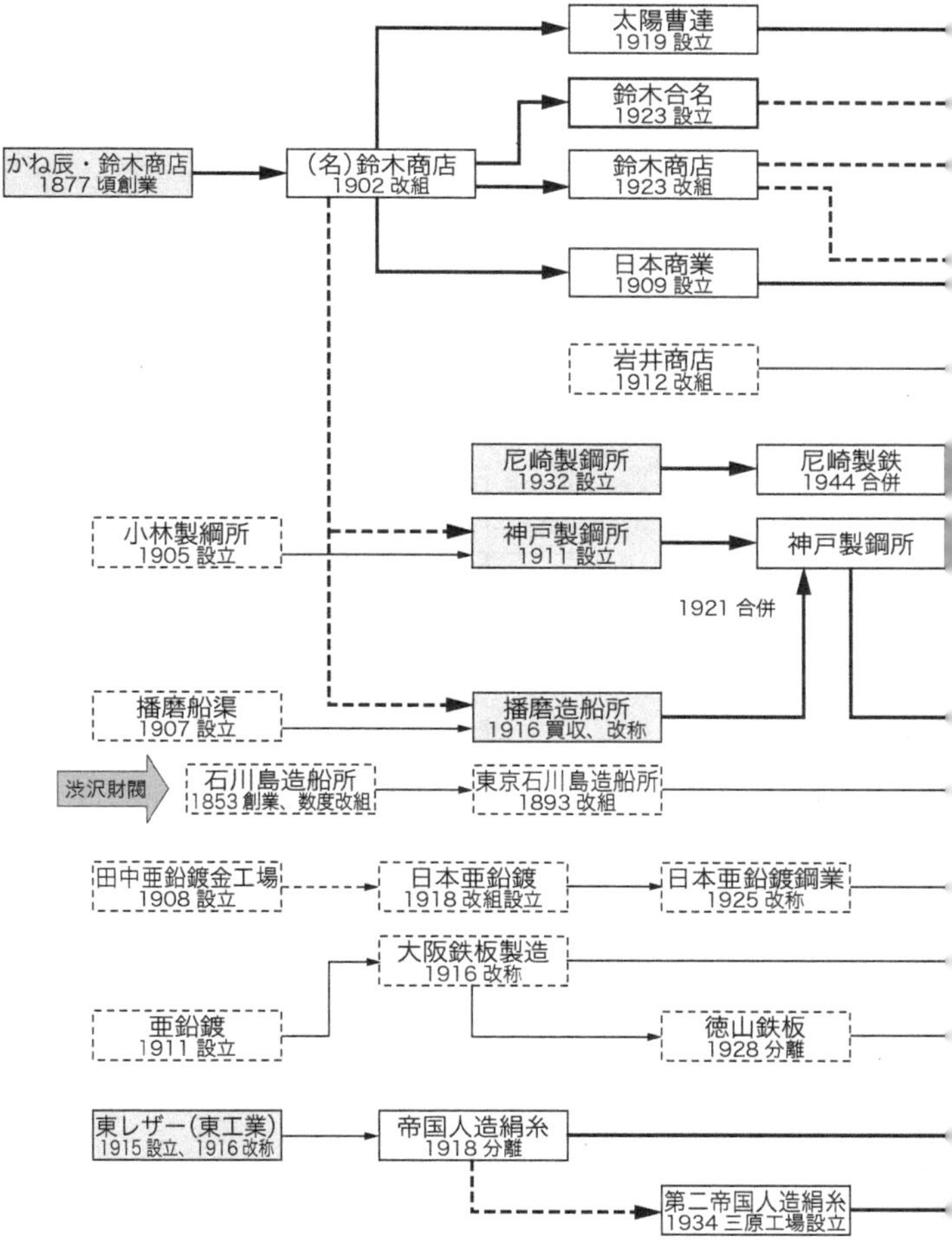

【鈴木家系図】

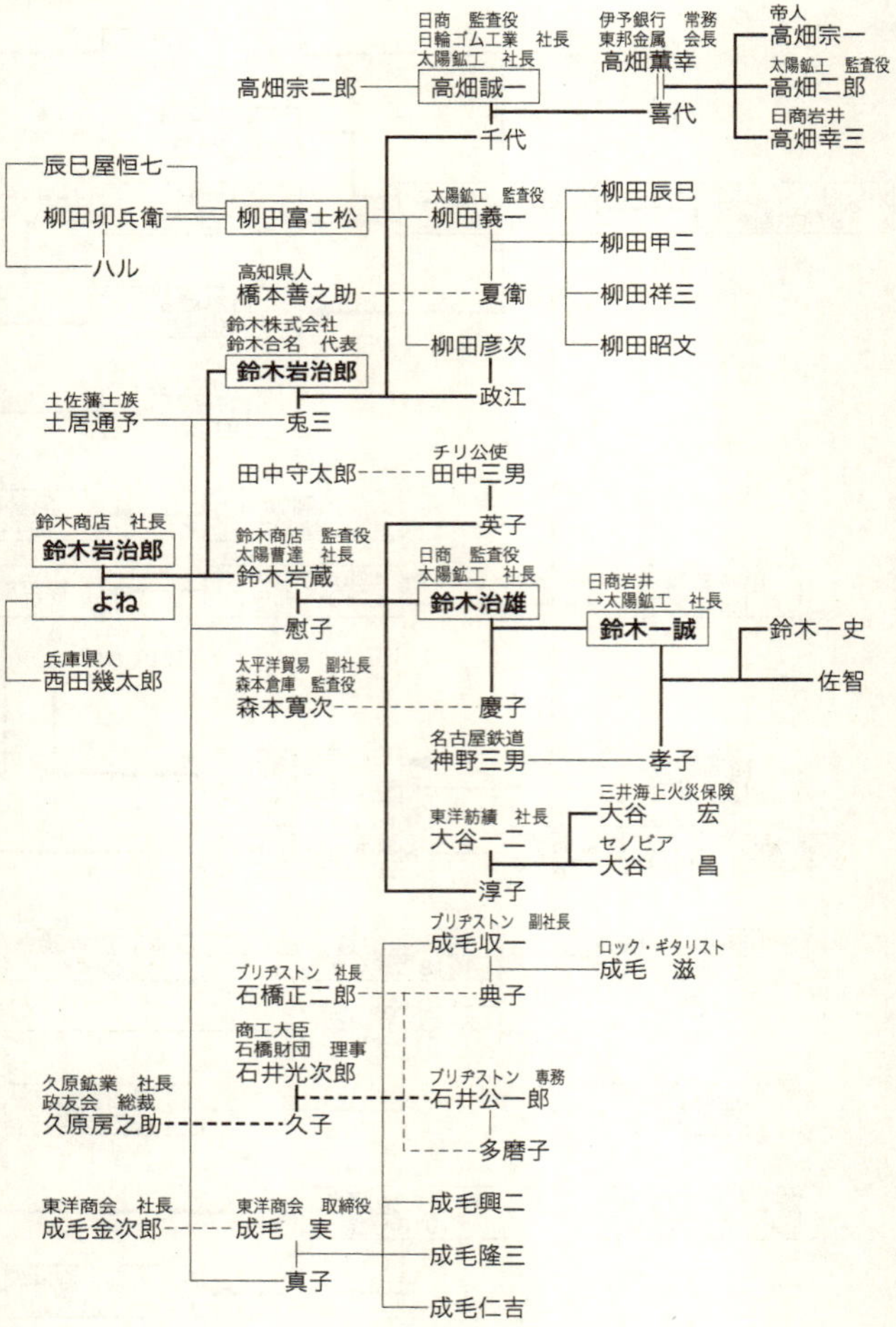
日商　監査役
日輪ゴム工業　社長
太陽鉱工　社長
高畑誠一
高畑宗二郎
伊予銀行　常務
東邦金属　会長
高畑薫幸
喜代
帝人
高畑宗一
太陽鉱工　監査役
高畑二郎
日商岩井
高畑幸三
千代
辰巳屋恒七
柳田卯兵衛
ハル
柳田富士松
太陽鉱工　監査役
柳田義一
柳田辰巳
柳田甲二
柳田祥三
柳田昭文
高知県人
橋本善之助
夏衛
柳田彦次
鈴木株式会社
鈴木合名　代表
鈴木岩治郎
政江
土佐藩士族
土居通予
兎三
チリ公使
田中三男
田中守太郎
英子
鈴木商店　社長
鈴木岩治郎
よね
鈴木商店　監査役
太陽曹達　社長
鈴木岩蔵
日商　監査役
太陽鉱工　社長
鈴木治雄
日商岩井
→太陽鉱工　社長
鈴木一誠
鈴木一史
佐智
慰子
兵庫県人
西田幾太郎
太平洋貿易　副社長
森本倉庫　監査役
森本寛次
慶子
名古屋鉄道
神野三男
孝子
三井海上火災保険
大谷　宏
東洋紡績　社長
大谷一二
セノビア
大谷　昌
淳子
ブリヂストン　副社長
成毛収一
ロック・ギタリスト
成毛　滋
ブリヂストン　社長
石橋正二郎
典子
商工大臣
石橋財団　理事
石井光次郎
ブリヂストン　専務
石井公一郎
久原鉱業　社長
政友会　総裁
久原房之助
久子
多磨子
東洋商会　社長
成毛金次郎
東洋商会　取締役
成毛　実
成毛興二
成毛隆三
真子
成毛仁吉

第一五章　日産コンツェルン・春光（日産・日立）グループ

Ⅰ　財閥の発展

前史としての藤田財閥

日産コンツェルンは山口出身の事業家・鮎川義介《あいかわよしすけ》によって創設された。

その前身は、鮎川の義弟・久原房之助《くはらふさのすけ》が創設した「久原財閥」である。しかし、第一次世界大戦後の反動恐慌で経営危機に陥り、その経営を託された鮎川が、久原財閥を再編して日産コンツェルンを創設したのだ。

久原房之助（一八六九～一九六五）は、長州（現 山口県）出身の政商・藤田家の出身で、藤田家もまた「藤田財閥」といわれ、財を築いた。

藤田財閥の祖は、房之助の叔父《おじ》・藤田伝三郎《でんざぶろう》（一八四一～一九一二）である。

伝三郎は幕末期に奇兵隊《きへいたい》に参加し、明治維新後は政商として活躍した。一八八一年に長兄・藤田鹿太郎《しかたろう》、次兄・久原庄三郎《しょうざぶろう》（久原家へ養子縁組み）と藤田組（同和鉱業を経て、現DOWA）を設立。政府から秋田県小坂《こさか》鉱山（銀山）の払い下げを受け、鉱山経営に着手した。

小坂鉱山は苦しい経営が続き、藤田組は閉山を決意。久原庄三郎の子・久原房之助を小坂鉱山所長心得《こころえ》（代行）に任命して残務処理に当たらせた。

しかし、房之助に閉山する気はなかった。

小坂鉱山の銀は枯渇していたが、銅鉱石が埋蔵量豊富であることに着眼し、銅山として再建しようと企図したのだ。

これが見事にあたり、小坂鉱山は全国有数の銅山になる。

この小坂鉱山の再建を契機に、藤田組の経営は軌道に乗り、業績は好転していく。

しかしその後、藤田家は経営の主導権を巡って親族間でいさかいが起こり、一九〇五年、房之助と藤田小太郎《こたろう》（長兄・藤田鹿太郎の遺児）は出資分を伝三郎に譲渡し、分与金を受け取って退社した。

前史としての久原財閥

房之助は、退社と同時に茨城県日立村《ひたち》（現 日立市）の赤沢《あかざわ》鉱山を買収、一九〇五年に合資会社久原鉱業所日立鉱山事務所と名付け、経営に乗り出す。

一九一二年、久原鉱業所を久原鉱業株式会社に改組。

一九一五年、久原鉱業の株式公開により、巨万の富を得た。房之助はその資金を元に多角化を進め、久原鉱業購買部を分離して久原商事株式会社を設立。

また、日立鉱山の工作機械修理工場を分離して株式会社日立製作所を設立した。房之助は事業拡大に熱心ではあったが、傘下企業の統括には注意を払わなかった。

その歪《ひず》みは、第一次世界大戦後の反動恐慌で訪れた。久原商事が一億円の負債を出して破《は》綻《たん》し、久原財閥は経営危機に陥った。

こうして久原鉱業以下の久原家諸事業は、一九二六年、久原の義兄・鮎川義介に債務整理が委《ゆだ》ねられた。

久原鉱業を持株会社・日本産業に改編

鮎川義介（一八八〇～一九六七）は元長州藩士の子に生まれ、東京帝国大学機械工学科を卒業後、工学士の肩書きを隠し、一職工として株式会社芝浦製作所（現 株式会社東芝）に入社した。

将来、独立して事業を興すには、現場での経験が必須《ひっす》との考えからであった。現場での経験や近在の工場を見聞した結果、わが国機械工業の弱点が鋼管・可鍛鋳鉄《かたんちゅうてつ》の製造技術の未熟さと結論づけた。

そこで、鮎川は芝浦製作所を二年で退社し、渡米して可鍛鋳鉄の技術を習得。日本人の器用さと勤勉さがあれば、欧米企業と対等に渡り合えるとの確信を持つに至った。

帰国後、親族縁者の支援を受け、一九一〇年に九州《きゅうしゅう》戸畑《とばた》に戸畑《とばた》鋳物《いもの》株式会社（現日産自動車株式会社）を設立。製品は高い品質を誇り、「可鍛鋳鉄といえば、「戸畑」と呼ばれるまでに成長した。

久原財閥が経営危機に陥ると、鮎川に経営再建が託された。

鮎川は資金調達に奔走。実弟・政輔《まさすけ》が故藤田小太郎の養子になっていたので、その未亡人に四〇万円の資金援助を申し入れた。生前の小太郎が鮎川を高く評価していたことから、未亡人は支援を即決。鮎川はそのカネで久原鉱業の債務整理に成功。一九二八年三月に久原鉱業社長に就任した。

鮎川は親族による資金拠出に限界を感じていた一方、久原鉱業はすでに一万五〇〇〇名近い個人株主を擁していた。

そこで一九二八年一二月、久原鉱業を日本産業株式会社と改称し、持株会社に改組。大衆資本を動員した「公開持株式会社」を実現することで、積極的な事業展開を図った。

日本産業は、鮎川の親族が経営する企業を次々と傘下に組み入れ、一九三七年頃には三井・三菱財閥に次ぐ、国内第三位の巨大財閥へと成長した。

日本産業の満州移転

一九三七年、日本産業は満州国《まんしゅう》（中国の北東部）の要請で同地に移転し、満州重工業開発株式会社と改称するとともに、倍額増資して増額分を満州国政府に引き受けさせ、半官半民の国策会社に転換する。

ことの発端は、満州国が一九三三年に発表した「満州経済建設基本綱要」にある。満州国はそれによって経済振興を企図したが、充分な成果を上げることができなかった。

そこで、一九三六年に鮎川ら事業家数人を招聘《しょうへい》して満州を視察させ、かれらに所見を求めた。その中で鮎川の発言が際立って優れていたため、満州国政府は鮎川構想を全面的に受け容れ、日本産業を誘致したのである。

こうして、鮎川は日産コンツェルンの本社機構を満州国に移転し、日本・満州両国にまたがる一大コンツェルンの建設を企図したのであった。

しかし、満州国の産業開拓は、鮎川が思った通りには進まなかった。

そこで、鮎川は、満州重工業開発が持つ日産コンツェルン傘下の日本企業の株式を、自らが経営する企業（株式会社日産）に移管した後、一九四二年に満州重工業開発総裁を辞任した。

鮎川家の閨閥と傘下企業

鮎川の母の叔父は、明治の元勲《げんくん》・井上馨であった。

井上は、西郷隆盛から「三井の大番頭」と揶揄《やゆ》され、三菱以外のすべての財閥に影響力があるといわれるほど、経済界に影響力があった。また、鮎川家は地方有数の資産家との婚姻関係を結んでおり、鮎川はこれら姻戚《いんせき》の事業を買収して日産コンツェルンに組み入れていった。

ここで鮎川の姻戚と日産コンツェルンの傘下企業について列記していこう。

まず、鮎川自身が設立した戸畑鋳物株式会社がある。

鋳物の用途は中小規模の製品に限られていたが、鮎川は「小さなものを造っていたのでは、会社はこれ以上発展しない。自動車エンジンの鋳物を主体として自動車関係にはいるのがよい」と考え、一九三三年、日本産業株式会社と戸畑鋳物の共同出資で、自動車製造株式会社を設立。翌一九三四年に日産自動車株式会社に改称した。いうまでもなく、「日産」とは日本産業の略である。

次いで、鮎川の義弟・久原家の事業に、日本鉱業株式会社（現 ＪＸＴＧホールディングス株式会社）、日立製作所株式会社、日産化学工業株式会社、日本油脂株式会社（現 日油《にちゆ》株式会社）、日産生命保険株式会社があった。

日本鉱業株式会社は、一九二九年に久原鉱業の鉱山事業を引き継いで設立された。株式会社日立製作所は日立鉱山工作課の修理工場を分離したものである。

また、久原は西本願寺《にしほんがんじ》門徒《もんと》が設立した共保《きょうほ》生命保険株式会社を一九一六年に買収し、一九四〇年に日産生命保険株式会社に改称した（戦後、相互会社に改組。一九九七年に破綻）。

さらに日本化学工業を買収して日産化学工業株式会社を設立し、その油脂部門を分離して日本油脂株式会社を設立した。

久原房之助の実兄・田村市郎《たむらいちろう》は母方の実家をつぎ、田村姓を名乗った。田村家の経営する共同漁業株式会社（のち日本水産株式会社、現 ニッスイ株式会社）と、同社の冷蔵販売部門を分離した日本冷蔵株式会社（現 ニチレイ株式会社）は日産コンツェルンに組み入れられた。

なお、田村家は造船業へも進出し、株式会社大阪鉄工所を買収して、一九四三年に日立造船株式会社と改称した。

鮎川義介の実弟・政輔の養子先である藤田家の経営する株式会社日本蓄音機《ちくおんき》商会（現 日本コロムビア株式会社）。鮎川の義弟・貝島《かいじま》家が経営する中央火災海上傷害保険株式会社（日産火災海上保険株式会社を経て、現 損保ジャパン日本興亜株式会社）も、日産コンツェルンに組み入れられた。

傘下企業の株主構造、役員構成

日産コンツェルンの研究で知られる宇田川勝《うだがわまさる》氏は「昭和八年上期頃までの日本産業は、持株会社といっても久原家から引き継いだ日本鉱業、日立製作所、日立製作所電力などの株式を所有するだけであったから、日本産業社長の鮎川義介がそれらの会社に『会長として入り、オーナー的存在で経営方針や融資のことを世話』する以外、とりたてて総合的管理を実施する必要がなかった。

だが、昭和八年上期以降、日産の本社機構・機能をフルに活用した多角化戦略が開始され、その結果異種多彩な会社が傘下に入ってくると、それらに相応したコンツェルン機能の整備と管理方式の確立が緊急に必要」となり、日産による傘下企業への横断的な管理を導入したという。しかし、「この横断的な管理方式は傘下企業の側からかなりの反発を受け、予期したほどの成果をあげえなかった」。

その理由として、各社が独自に長い歴史を有した当該産業分野の大会社であり、日産は大株主ではあったものの各社の旺盛《おうせい》な資金需要をまかないきれず、傘下企業が独自に資金調達し、独自性を強めていったからだと指摘している（『新興財閥』）。

II　戦後の動向

新興系企業集団の形成と日産・日立グループ

戦後の財閥解体で、株式会社日産、株式会社日立製作所、日産化学工業株式会社（第二次指定）、日本鉱業株式会社（第三次指定）が持株会社に指定され、日産が解散した。

日産コンツェルンは戦時中すでに財閥本社の消失（満州国への移転）を経験していたので、財閥解体後の緩やかな関係構築は円滑に進み、幾つかの懇親会の設立を経て、一九六二年に社長会「春光会《しゅんこうかい》」を結成した。

しかし、日産コンツェルンには銀行がなかったこともあり、日産・日立グループとして企業集団を形成するには至らず、他グループの脅威になるような集団にはならなかった。傘下企業はそれぞれ富士銀行（現 みずほ銀行）や三和銀行（ＵＦＪ銀行を経て、現 三菱ＵＦＪ銀行）と関係を強化していき、一九六〇年代に芙蓉グループや三和グループに組み込まれた。

日本冷蔵、日本油脂、日産自動車、日立製作所は、富士銀行を中心とする芙蓉グループの社長会「芙蓉会」に参加した。

日立造船、日立製作所は三和グループの社長会「三水会」に参加し、のちに日立製作所の子会社（日立化成工業、日立金属、日立電線、新明和工業、日東電気工業）も三水会に参加している。

また、日産火災海上保険、日本コロムビア、日立製作所は一勧グループの社長会「三金会」に参加した。

ちなみに日立製作所は、複数の都市銀行と等距離を保ち、三つの社長会（芙蓉会・三水会・三金会）に参加していた。

日産生命保険の破綻

日産・日立グループが一つの企業グループとして認識されたのは、皮肉にも日産生命保険の破綻をめぐってであった。

一九九七年四月、日産生命保険が債務超過に陥り、大蔵省から業務停止処分を受けた。事実上の破綻である。昨今では金融機関の破綻は珍しくないが、これが戦後はじめての生命保険会社の破綻であった。

未曾有《みぞう》の事態に大蔵省は迷走し、業界最大手の日本生命保険に救済を求めたが断られ、破綻処理は生命保険協会に委ねられた。生命保険協会は日産・日立グループ八社（日産自動車、日産火災海上保険、日立製作所、日本水産、ジャパンエナジー［旧日本鉱業］、日立金属、日立電線、ニチレイ）に対して出資を要請、その出資で株式会社形式の受け皿会社を設立することを検討した。

しかし、日産生命保険は株式会社ではなく相互会社なので資本関係がなく、日産・日立グループの企業が資本拠出する法的根拠が薄かった。そのため、グループの中核企業である日立製作所と日産自動車は、生命保険協会の案を一蹴《いっしゅう》した。

ここに至って生命保険協会は日産・日立グループによる再建の設立を断念。新規営業を行わず、既存契約の維持管理業務だけを行う新会社・あおば生命保険株式会社の設立を決定した。こうして、日産生命保険の契約は、あおば生命保険に包括移転された。

一九九九年、あおば生命保険は、仏プランタングループのアルテミス社に二五〇億円で売却され、二〇〇五年にプルデンシャル生命保険株式会社に吸収合併された。

日産自動車の経営再建

一九九九年三月、日産自動車は経営不振を打開するため、仏ルノー社と業務提携を結び、事実上その傘下に入った。仏ルノー社はカルロス・ゴーンを日産自動車ＣＯＯ（最高執行責任者）に派遣。

一九九九年一〇月、カルロス・ゴーンは再建計画「リバイバルプラン」を発表した。系列会社の株式を放出して系列取引関係を見直し、部品調達先の選択肢を広げて購買コストを引き下げるなど、次々と再建策を断行。日産自動車を見事に復活させた。

日産コンツェルンは、戦後、「日産・日立グループ」と呼ばれていたが、一九九〇年代に「日産」を社名に冠する企業の低迷が相次いだためか、自らを「春光グループ」と称している。

ちなみに社長会「春光会」の名のいわれは最初の開催地が春光会館《しゅんこう》だった事に由来する。春光会館は、戦前、日本鉱業の社長だった伊藤文吉《ぶんきち》（総理大臣・伊藤博文の庶子）の邸宅で、文吉の雅号である「春光《しゅんこう》」から命名された。

【鮎川家系図】

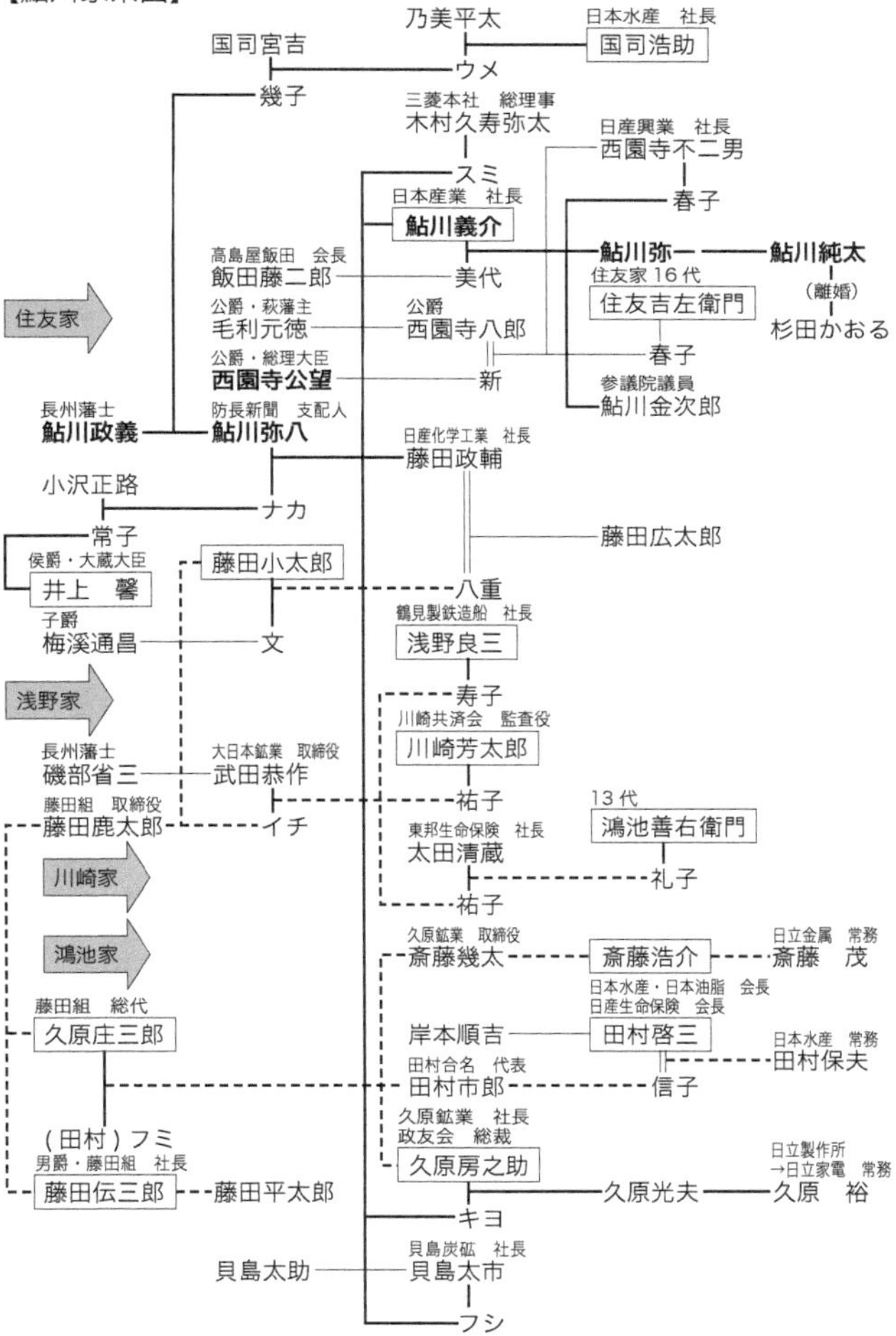

乃美平太
日本水産　社長
国司浩助
国司宮吉
ウメ
幾子
三菱本社　総理事
木村久寿弥太
日産興業　社長
西園寺不二男
スミ
春子
日本産業　社長
鮎川義介
鮎川弥一
鮎川純太
（離婚）
杉田かおる
高島屋飯田　会長
飯田藤二郎
美代
住友家16代
住友吉左衛門
住友家
公爵・萩藩主
毛利元徳
公爵
西園寺八郎
春子
公爵・総理大臣
西園寺公望
新
参議院議員
鮎川金次郎
長州藩士
鮎川政義
防長新聞　支配人
鮎川弥八
日産化学工業　社長
藤田政輔
小沢正路
ナカ
常子
藤田広太郎
侯爵・大蔵大臣
井上　馨
藤田小太郎
八重
子爵
梅溪通昌
文
鶴見製鉄造船　社長
浅野良三
浅野家
寿子
川崎共済会　監査役
川崎芳太郎
長州藩士
磯部省三
大日本鉱業　取締役
武田恭作
祐子
13代
鴻池善右衛門
藤田組　取締役
藤田鹿太郎
イチ
東邦生命保険　社長
太田清蔵
川崎家
礼子
祐子
鴻池家
久原鉱業　取締役
斎藤幾太
斎藤浩介
日立金属　常務
斎藤　茂
日本水産・日本油脂　会長
日産生命保険　会長
藤田組　総代
久原庄三郎
岸本順吉
田村啓三
日本水産　常務
田村保夫
田村合名　代表
田村市郎
信子
久原鉱業　社長
政友会　総裁
（田村）フミ
男爵・藤田組　社長
藤田伝三郎
藤田平太郎
久原房之助
日立製作所
→日立家電　常務
久原光夫
久原　裕
キヨ
貝島炭砿　社長
貝島太助
貝島太市
フシ

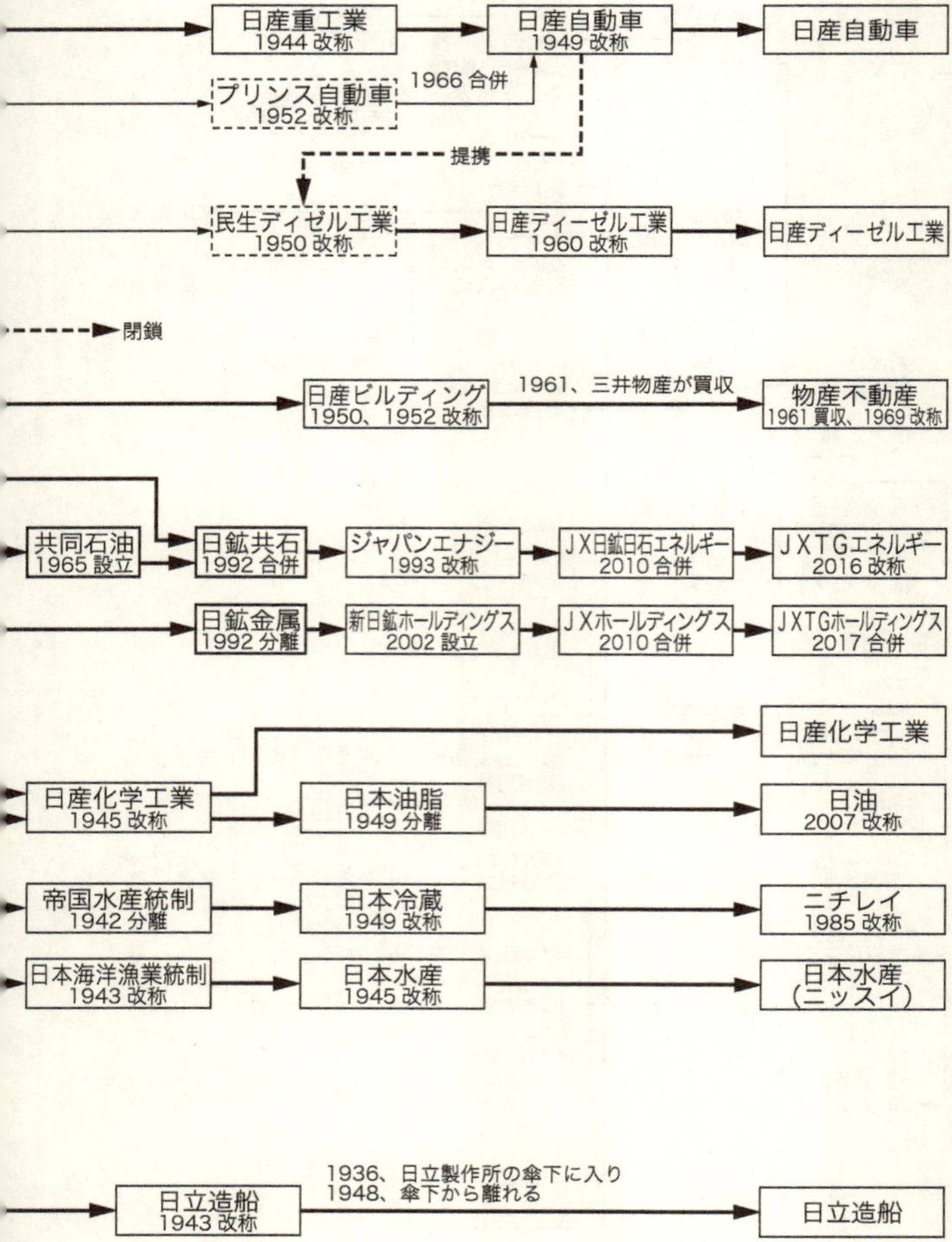
日産重工業
1944 改称
日産自動車
1949 改称
日産自動車
プリンス自動車
1952 改称
1966 合併
提携
民生ディゼル工業
1950 改称
日産ディーゼル工業
1960 改称
日産ディーゼル工業
閉鎖
日産ビルディング
1950、1952 改称
1961、三井物産が買収
物産不動産
1961 買収、1969 改称
共同石油
1965 設立
日鉱共石
1992 合併
ジャパンエナジー
1993 改称
JX日鉱日石エネルギー
2010 合併
JXTGエネルギー
2016 改称
日鉱金属
1992 分離
新日鉱ホールディングス
2002 設立
JXホールディングス
2010 合併
JXTGホールディングス
2017 合併
日産化学工業
日産化学工業
1945 改称
日本油脂
1949 分離
日油
2007 改称
帝国水産統制
1942 分離
日本冷蔵
1949 改称
ニチレイ
1985 改称
日本海洋漁業統制
1943 改称
日本水産
1945 改称
日本水産
(ニッスイ)
日立造船
1943 改称
1936、日立製作所の傘下に入り
1948、傘下から離れる
日立造船

【日産コンツェルンの企業系統図❶】

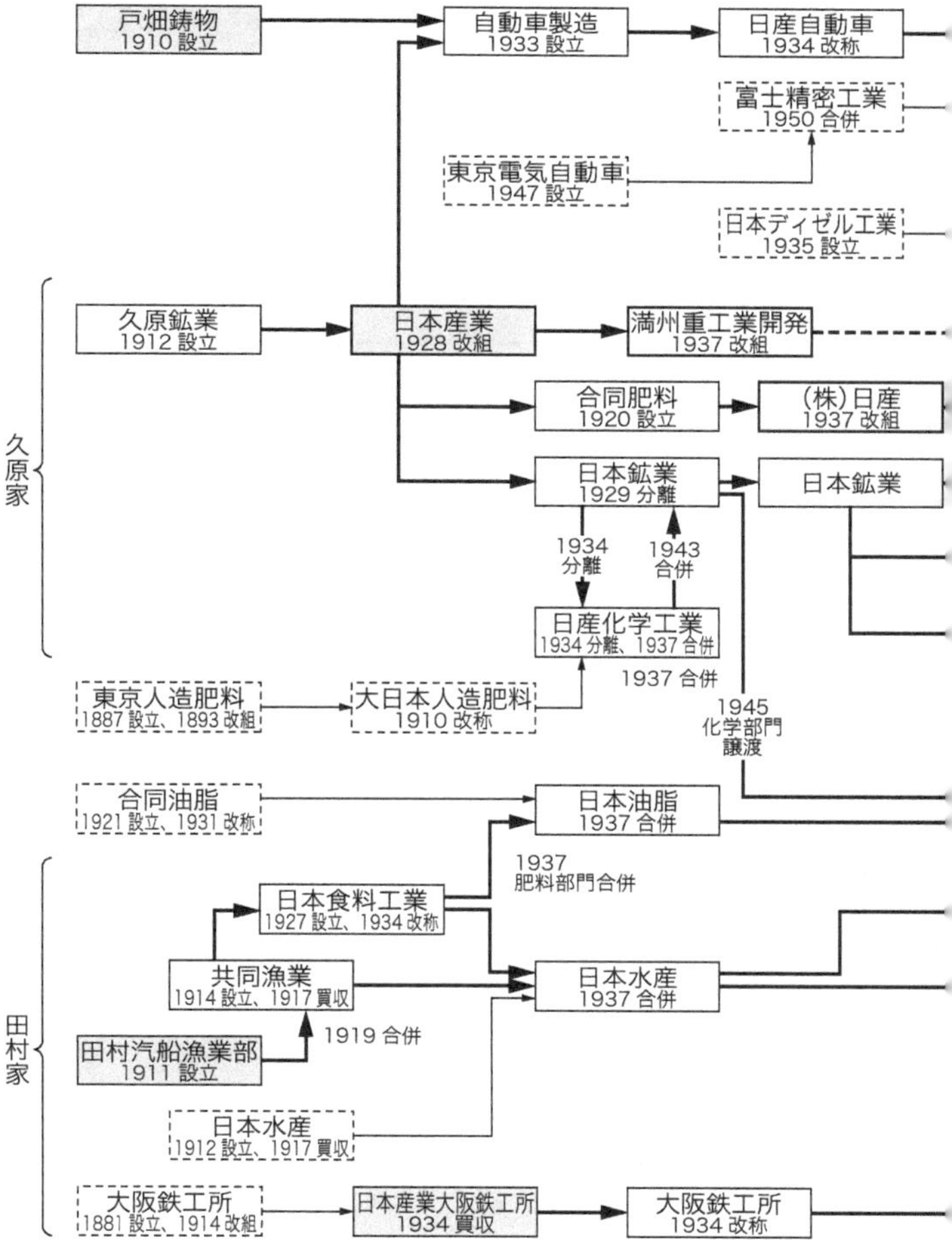

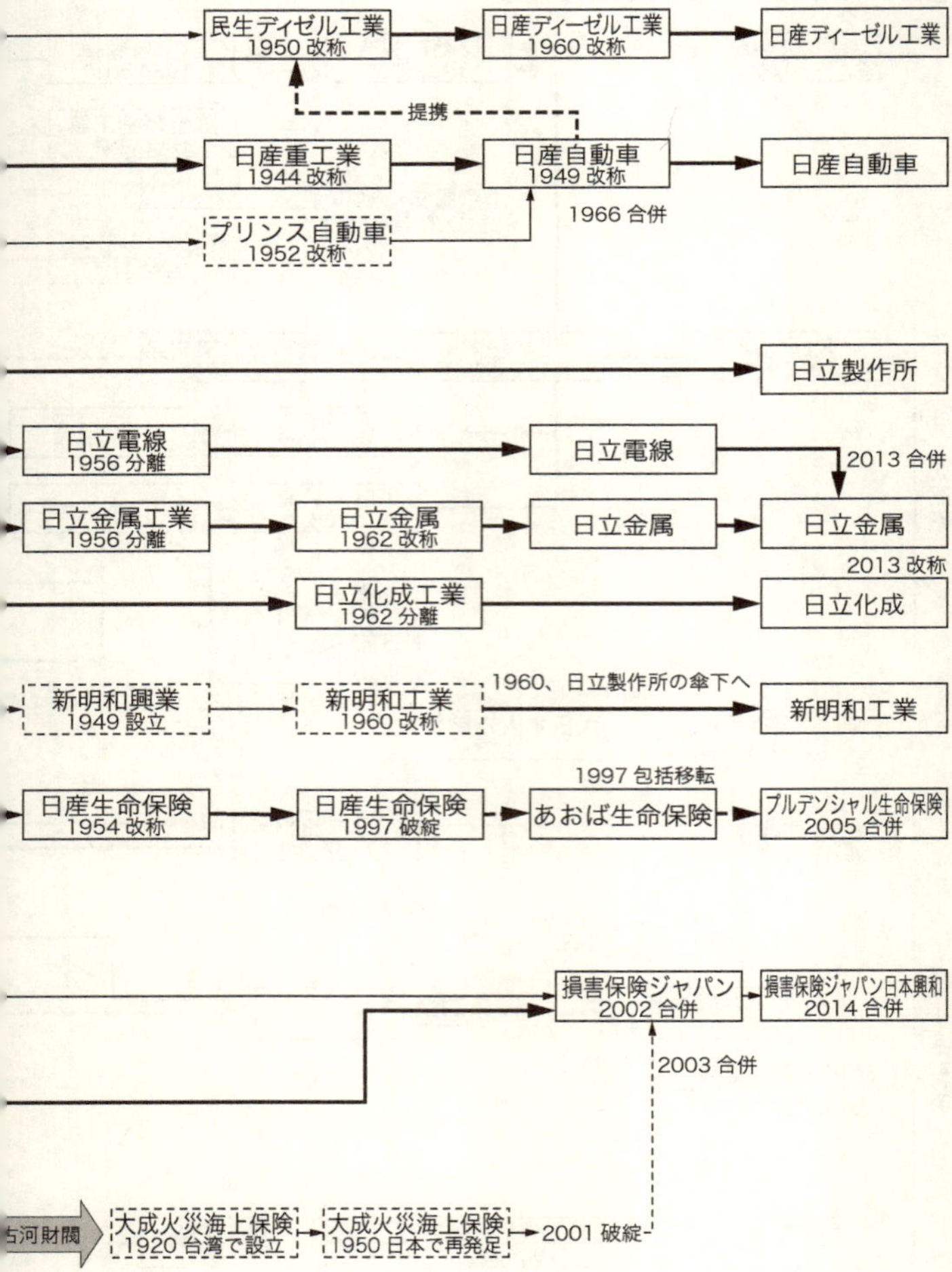

民生ディゼル工業
1950 改称
日産ディーゼル工業
1960 改称
日産ディーゼル工業
提携
日産重工業
1944 改称
日産自動車
1949 改称
日産自動車
1966 合併
プリンス自動車
1952 改称
日立製作所
日立電線
1956 分離
日立電線
2013 合併
日立金属工業
1956 分離
日立金属
1962 改称
日立金属
日立金属
2013 改称
日立化成工業
1962 分離
日立化成
新明和興業
1949 設立
新明和工業
1960 改称
1960、日立製作所の傘下へ
新明和工業
1997 包括移転
日産生命保険
1954 改称
日産生命保険
1997 破綻
あおば生命保険
プルデンシャル生命保険
2005 合併
損害保険ジャパン
2002 合併
損害保険ジャパン日本興和
2014 合併
2003 合併
古河財閥
大成火災海上保険
1920 台湾で設立
大成火災海上保険
1950 日本で再発足
2001 破綻

【日産コンツェルンの企業系統図❷】

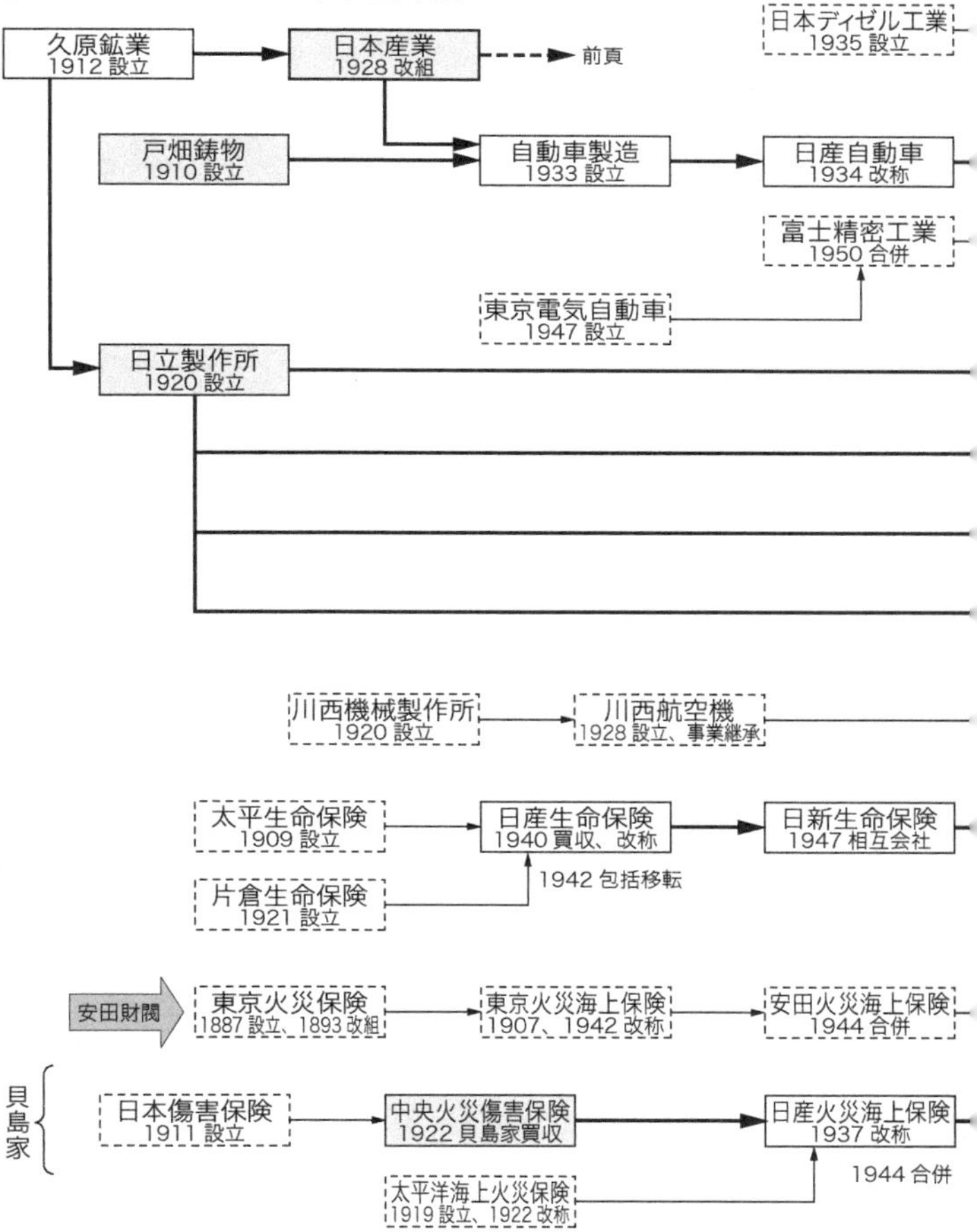

「最新版」あとがき

本書は、二〇〇九年に平凡社から出版した『日本の15大財閥』に手を加え、最新版としたものである。

筆者は企業集団・企業系列の研究者だが、興味の赴くまま、多少専門分野から外れたテーマも調査し、書籍や論文を書いている。中には没になる題材がある。一九四〇年の役員兼任分析もその一つだった。

役員兼任分析とは、役員録を調べて誰がどの企業の役員を務めているか、どんなグルーピングができるかという、ひたすら地道な作業だ。役員は大概《たいがい》どこかの資本系列（戦前でいえば財閥）に属しているので、その系列に沿ってグルーピングしていく必要がある。

それを調べていこうと財閥関連の書籍を漁《あさ》りはじめたのだが、これが実に厄介だった。

財閥に関する書籍は「狭く深く」書いたものが多く、「広く浅く」書いたものが少ない。いくつもの書籍をひっくり返して調べなければならないし、一冊一冊が高額で、なんとなく敷居が高いのだ。

もっと、わかりやすく、主要な財閥をまとめたものがないものか。

中世史や近世史なら、時代劇感覚で親しみやすい書籍がある。

財閥史も近代史の一部である。同じことができないはずがない……はず。

「戦国大名一覧や武田《たけだ》二四将特集みたいなノリで、財閥企業を語れないか」という不謹慎この上ない考えで、筆者は執筆をはじめた。

また、財閥研究というと、ほとんどが江戸時代から第二次世界大戦の敗戦までしかフォローしていない。しかし、現代企業にまで話を拡げ、そのルーツがわかってこそ妙味があるはず。

「あの企業とこの企業が同じ系譜を引いていた」ということがわかれば、企業に対する見方も変わってくるのではないかというのが、筆者の考えである。

そこで、日本の財閥を幾つか抜粋して、その概観をまとめ、現代企業に至るまでなぞってみたのが、前著『日本の15大財閥』（平凡社新書）である。

私は出版社の担当編集者に「この一冊で『日本の財閥がわかる』というようなハデな書名は付けないでほしい」と、何度も何度も念押しした。

経営史の学術団体に入っているので、財閥研究の偉い先生をたくさん知っている。

私が学術団体に入ったのは三〇歳を過ぎてからだった。

入社二年目に「学者になろう」と考え、毎日定時退社して一日四時間勉強していた。

数年して実力がつき、橘川武郎《きっかわたけお》・東京大学助教授（当時）の論文に反論を送ったところ、却《かえ》って評価され、先生の発表に来るように勧められたのだ。

そして、その場で出た諸先生のちょっとした疑問を、私は全て即答してしまった。

森川《もりかわ》先生「金融機関の経営者は公職追放の対象になったんだっけ……」

キクチ「明治生命保険社長の牧野《まきの》亀治郎《かめじろう》が訴願によって対象外になった記憶がありますから、金融機関も対象だったんでしょう」

由比《ゆい》先生「オイルショック後の、いつだったかの独禁法改正で……」

キクチ「昭和五二年の独禁法改正ですね」

由比先生「そう、その時、三井銀行の小山五郎《こやまごろう》がこんなことを言い出して……」

という風な感じである。

私は大学院を出ていない。研究機関に在籍したこともない。

学会に出ていた若手研究者は、見たこともない一介のサラリーマンの博覧強記ぶりに、相当驚いたらしい。そのうち、「キクチに論文を書かせてみろ」という話になった。私は論文や著作を書くスピードが速い方なので、多い時期には二年間で六本の論文を量産した。これには「大学院生より生産性が高い」と橘川先生も呆《あき》れていた。

しかし、私はもともと財閥の研究者ではない。それが僭越《せんえつ》なことに、財閥研究ダイジェスト版のような本を出してしまったのである。

私は諸先生におこられるのが怖くて、しばらく学術団体の会合に顔を出さなかった。

ところが、ある高名な先生の「あの本、便利でいいよね」というようなお言葉を伝え聞き、ホッとした次第である。

多くの人に読んでもらえれば筆者として嬉《うれ》しいと思っている。

参考文献（財閥）

さて、本書はいわば既存の財閥研究のダイジェスト版なので、参考となる書籍をいくつかあげておこう。

まず、財閥の通史であるが、武田晴人『財閥の時代――日本型企業の源流をさぐる』新曜社（一九九五年）がとにかくいい。なぜかというと、当時の社会・経済情勢から個々の事例が丹念に記述され、わかりやすいのだ。

他にも森川英正『（教育社歴史新書　日本史一二三）日本財閥史』教育社（一九七八年）などがあるが、入手しづらいので、通史なら武田氏の前掲書がお勧めである。

基本的な資料としては、持株会社整理委員会編『日本財閥とその解体　資料編』（一九五〇年）が詳細なデータを掲載している。財閥解体に携わっていたE・M・ハードレー女史が記した『日本財閥の解体と再編成』東洋経済新報社（一九七三年）も参考になる。

個々の財閥研究では、一九八〇年代中盤に書かれた日本経済新聞社の日本財閥経営史シリーズが参考になる。さすがに現在では書店に並んでいないので、図書館で閲覧する（か、古書店で購入する）ほかないのだが。

・三島康雄編『三菱財閥』
・安岡重明編『三井財閥』
・作道洋太郎編『住友財閥』
・由井常彦編『安田財閥』
・宇田川勝編『新興財閥』（日産・日窒・日曹・森・理研）
・三島康雄編『阪神財閥――野村・山口・川崎（＝薩州）』
・森川英正編『地方財閥』（相馬・茂木・中野・片倉・鈴与・中埜・神野・伊藤・辰馬・寺田・坂口・貝島・麻生）

残念ながら、浅野・大倉・渋沢・古河・川崎金融・鴻池・鈴木はこの中に入っていない。

そこで、一九三〇年代に書かれた春秋社の日本コンツェルン全書シリーズが参考になる（なぜかX巻が二冊ある。欠番は満鉄、生保、証券、紡績コンツェルン読本等だ）。

・和田日出吉『日本コンツェルン全書（Ⅱ）三井コンツェルン読本』

・岩井良太郎『日本コンツェルン全書（Ⅲ）三菱コンツェルン読本』
・西野喜与作『日本コンツェルン全書（Ⅳ）住友コンツェルン読本』
・小汀利得『日本コンツェルン全書（Ⅴ）安田コンツェルン読本』
・和田日出吉『日本コンツェルン全書（Ⅵ）日産コンツェルン読本』
・西野入愛一『日本コンツェルン全書（Ⅸ）浅野・渋沢・大川・古河コンツェルン読本』
・勝田貞次『日本コンツェルン全書（Ⅹ①）大倉・根津コンツェルン読本』
・勝田貞次『日本コンツェルン全書（Ⅹ②）川崎・鴻池コンツェルン読本』
・三宅晴輝『日本コンツェルン全書（Ⅺ）新興コンツェルン読本』
・鈴木茂三郎『日本コンツェルン全書（Ⅻ）財界人物読本』

また、高橋亀吉『日本財閥の解剖』中央公論社（一九三〇年）があり、三井・三菱・住友・安田・浅野・大倉・古河・川崎金融財閥が掲載されている。

一方、各財閥（およびその関係者）が製作した書籍では、次のものが読みやすい。

・三菱創業百年記念事業委員会編『三菱の百年』（一九七〇年）
・三井八郎右衛門高棟伝編纂委員会編『三井八郎右衛門高棟伝』三井文庫（一九八八年）
・星野靖之助『三井百年』鹿島研究所出版会（一九六八年）
・「安田保善社とその関係事業史」編修委員会編『安田保善社とその関係事業史』（一九七四

年）

・古河従純君伝編纂委員会編『古河従純君伝』古河林業（一九七一年）

とにかく財閥関係書籍は古いものが多い。一九九〇年代以降に発行された書籍なら、比較的に手に入りやすいと思われるので、次に掲げておこう。

・菊地浩之『三菱グループの研究——最強組織の実像に迫る』洋泉社（二〇一七年）
・菊地浩之『三井グループの研究——実力主義が支えた名門集団』洋泉社（二〇一七年）
・菊地浩之『住友グループの研究——〝結束力〟を誇った企業集団』洋泉社（二〇一七年）
・山本一雄『住友本社経営史（上・下）』京都大学学術出版会（二〇一〇年）
・斎藤　憲『稼ぐに追いつく貧乏なし——浅野総一郎と浅野財閥』東洋経済新報社（一九九八年）
・島田昌和『渋沢栄一の企業者活動の研究——戦前期企業システムの創出と出資者経営者の役割』日本経済評論社（二〇〇七年）
・佐野真一『(文春新書〇一五)渋沢家三代』（一九九八年）
・下谷政弘『新興コンツェルンと財閥——理論と歴史』日本経済評論社（二〇〇八年）
・辻　節雄『関西系総合商社——総合商社化過程の研究』晃洋書房（一九九七年）

次いで、本書に掲げなかった財閥、特に地方財閥については次に掲げておこう。

・渋谷隆一・加藤隆・岡田和喜編『地方財閥の展開と銀行』日本評論社（一九八九年）
・菊地浩之『日本の地方財閥30家――知られざる経済名門』平凡社（二〇一二年）
・菊地浩之『47都道府県別　日本の地方財閥』平凡社（二〇一四年）

なお、財閥家族の家系図は次の書籍を参考にしたが、実際は『人事興信録』各年版を地道に調べた結果である。

・人事興信所編『財界家系図』（一九五六年）
・常磐書院編『財界家系譜大観』（一九六七年〜各年版）
・佐藤朝泰『門閥――旧華族階層の復権』立風書房（一九八七年）

参考文献（企業集団）

戦後の企業集団については、奥村宏『新・日本の六大企業集団』ダイヤモンド社（一九八三年）が最も網羅的・包括的に書かれており、しかも読みやすい。同書は一九九四年に朝日新聞社から朝日文庫『日本の六大企業集団』として再刊されている。

奥村著作以外で体系的にまとまっているものを次に掲げておこう。

・菊地浩之『三井・三菱・住友・芙蓉・三和・一勧――日本の六大企業集団』ＫＡＤＯＫＡＷＡ（二〇一七年）

・橘川武郎『産業経営史シリーズ8　財閥と企業グループ』日本経営史研究所（二〇一六年）
・公正取引委員会事務局編『日本の六大企業集団――その組織と行動』東洋経済新報社（一九九二年）
・法政大学産業情報センター・橋本寿朗・武田晴人編『日本経済の発展と企業集団』東京大学出版会（一九九二年）

やや局所的なテーマになっているが、参考になるものを次に掲げておこう。

・菊地浩之『企業集団の形成と解体――社長会の研究』日本経済評論社（二〇〇五年）
・下谷政弘『日本の系列と企業グループ――その歴史と理論』有斐閣（一九九三年）
・鈴木　健『六大企業集団の崩壊――再編される大企業体制』新日本出版社（二〇〇八年）
・樋口　弘『財閥の復活』内外経済社（一九五三年）

最後に本書の文庫化をすすめてくれ（新書になりましたが）、尽力してくれたＫＡＤＯＫＡＷＡ文芸局学芸ノンフィクション編集部の竹内祐子さんにこの場を借りて感謝いたします。

本書は、二〇〇九年二月に平凡社から刊行された
『日本の15大財閥―現代企業のルーツをひもとく』
に加筆・修正し、最新版としたものです。

菊地浩之（きくち・ひろゆき）

1963年北海道生まれ。國學院大學経済学部を卒業後、ソフトウェア会社に入社。勤務の傍ら、論文・著作を発表。専門は企業集団、企業系列の研究。2005-06年、明治学院大学経済学部非常勤講師を兼務。06年、國學院大學博士（経済学）号を取得。著書に『企業集団の形成と解体』（日本経済評論社）、『日本の地方財閥30家』『日本の長者番付』（平凡社）、『図解　損害保険システムの基礎知識』（保険毎日新聞社）、『図ですぐわかる！ 日本100大企業の系譜』『図ですぐわかる！ 日本100大企業の系譜２』『三井・三菱・住友・芙蓉・三和・一勧』（KADOKAWA）、『三菱グループの研究』『三井グループの研究』『住友グループの研究』（洋泉社）など多数。

最新版《さいしんばん》 日本《にほん》の15大財閥《だいざいばつ》

菊地浩之《きくちひろゆき》

2019年 3月10日　初版発行
2025年 6月10日　11版発行

発行者　山下直久
発　行　株式会社KADOKAWA
〒102-8177　東京都千代田区富士見2-13-3
電話　0570-002-301（ナビダイヤル）

装 丁 者　緒方修一（ラーフイン・ワークショップ）
ロゴデザイン　good design company
オビデザイン　Zapp!　白金正之
印 刷 所　株式会社KADOKAWA
製 本 所　株式会社KADOKAWA

角川新書

ISBN978-4-04-082258-7 C0233

KADOKAWAの新書 ❦ 好評既刊

ネットカルマ
邪悪なバーチャル世界からの脱出

佐々木 閑

現代、インターネットの出現が、ネットカルマとも呼ぶべき新たな苦しみを生み出しつつある。仏教研究者が、ブッダの智恵を手がかりに、ネットの怖さを克服しながら生きるすべを探る。

衣笠祥雄 最後のシーズン

山際淳司

2018年に亡くなったプロ野球界の往年のヒーローである衣笠祥雄と星野仙一。彼らと同時代に生き、信頼も厚かった作家は、昭和のレジェンドたちをどう描いてきたのか。山際淳司が遺したプロ野球短編傑作選。

日本人のための軍事学

橋爪大三郎
折木良一

武力とは？ 軍とは？ 安全保障の基礎を徹底的に考え抜くことで、目前の国際情勢までもが一気に読み解ける。自衛隊元最高幹部の折木氏と橋爪氏の対話のなかで浮かび上がる、日本人がどうしても知らなければいけない新しい「教養」。

間違いだらけのご臨終

志賀 貢

今の日本の臨終を巡る家族関係の在り方にどこか大きな間違いがあるのではないか。老衰死は全体の7・1％という現代で、臨終間近な患者の医療と介護の在り方、臨終に際しての家族の在り方を現役医師が説く。

流れをつかむ日本史

山本博文

時代が動くには理由がある。その転換点を押さえ、大きな流れの中で歴史を捉えることで、歴史の本質をつかむことができる——。原始時代から現代まで、各時代の特徴と、時代が推移した要因を解説。史実の間の因果関係を丁寧に紐解く！